Jeannette Bragger & Donald Rice

The Pennsylvania State University

Hamline University

ON Y VA!

DEUXIÈME∗NIVEAU

Le français par étapes

HH HEINLE & HEINLE PUBLISHERS, INC.
Boston, Massachusetts 02116 USA

Publisher: Stanley J. Galek
Editorial Director: Janet L. Dracksdorf
Assistant Editor: Julianna Nielsen
Production Coordinator: Patricia Jalbert
Project Management: Spectrum Publisher Services
Production Editor: Barbara Russiello
Manufacturing Director: Erek Smith
Art Direction and Design: Marsha Cohen/Parallelogram
Photographer: Stuart Cohen
Illustrator: Jane O'Conor
Illustration Coordinator: Len Shalansky

Manufactured in the United States of America.

ISBN 0-8384-1682-9

10 9 8 7 6 5 4 3 2

Printed in the United States of America.

To the student

As you continue your study of French, you will not only discover how much you can already do with the language, but you will also learn to build on what you already know. By now, you know how to talk about yourself, your family, and your friends; you can get around towns, use the subway in Paris, and give directions; you are able to make purchases in a variety of stores; you can talk about the city of Paris and its various attractions; you have learned to use the appropriate language in a variety of social interactions.

As you move forward, your cultural knowledge will expand to include all of France with its varied customs, traditions, landscapes, and points of interest. You will learn to describe people and things, know how to talk about your residence and be able to get lodging (hotel), interact with others about your leisure-time and vacation activities, and talk about health concerns. *Remember that the most important task ahead of you is NOT to accumulate a large quantity of knowledge about French grammar and vocabulary, but rather to USE what you do know as effectively and creatively as you can.*

Communication in a foreign language means *understanding* what others say and *transmitting* your own messages in ways that avoid misunderstandings. As you learn to do this, you will make the kinds of errors that are necessary to language learning. DO NOT BE AFRAID TO MAKE MISTAKES! Instead, try to see errors as positive steps toward effective communication. They don't hold you back; they advance you in your efforts.

ON Y VA! has been written with your needs in mind. It places you in situations that you (as a young person) might really encounter in a French-speaking environment. Whether you are working with vocabulary or grammar, it leads you from controlled exercises (that show you just how a word or structure is used) to bridging exercises (that allow you to introduce your own personal context into what you are saying or writing) to open-ended exercises (in which you are asked to handle a situation much as you might in actual experience). These situations are intended to give you the freedom to be creative and express yourself without anxiety. They are the real test of what you can DO with the French you have learned.

Learning a language is hard work, but it can also be lots of fun. We hope that you find your experience with *ON Y VA!* both rewarding and enjoyable.

Table des matières

Unité quatre On s'occupe de sa santé / 265

Acknowledgments

Creating a secondary language program is a long, complicated, and difficult process. We must express our great thanks first of all to our editor, Janet Dracksdorf—who patiently, sometimes nervously, but always very supportively guided the project from its inception through to its realization. She and our assistant editor, Julianna Nielsen, probably know *ON Y VA!* as well as we do. We would also like to thank our production manager, Pat Jalbert; our copy editor, Cynthia Fostle; our native readers Sylvaine Egron-Sparrow, Sylvie Romanowski, and Laurent Carrer, as well as our designer, Marsha Cohen; our photographer, Stuart Cohen; and our illustrator, Jane O'Conor. All of these people worked very closely and very ably with the actual book that you are now holding in your hands. We would be remiss, however, if we did not also point out the help of those behind the scenes—in particular, José Wehnes Q., Roger Hooper and Jeanne Fryar (in Sales and Marketing), and, of course, the publisher, Stan Galek.

We also wish to express our appreciation to Bernard Petit for creating the *ON Y VA!* video program; to André and Roby Ariew for the *ON Y VA!* software program, to Kathleen Cook for her excellent work on the Testing Program, to the students who helped with the training video, and to Carlyle Carter, Colleen Campion, Deborah Fogel, David Kazimer, and Florence Boisse-Kilgo, who provided additional editorial help.

Finally, as always, our special thanks go to Baiba and Mary, who once again have cheerfully (for the most part) supported and encouraged us throughout another endeavor. As for Alexander (age 5) and his baby sister Hilary (whose arrival on the scene preceded that of this book by only a few months), we hope that they both will have the chance to learn French from *ON Y VA!* when they get to high school!

J.D.B.
D.B.R.

The Publisher and authors wish to thank the following teachers who pilot tested the *ON Y VA!* program. Their valuable feedback on teaching with these materials has greatly improved the final product. We are grateful to each one of them for their dedication and commitment to teaching with the program in a prepublication format.

David Hamilton
Lynn Nahabetian
Ada Cosgrove Junior High School
Spencerport, NY

Beth Harris
Alief ISD
Houston, TX

Beryl Hogshead
Elsik High School
Houston, TX

Sandy Parker
Michele Adams
Hastings High School
Houston, TX

Donna Watkins
Holub Middle School
Houston, TX

Janet Southard
Olle Middle School
Houston, TX

Floy Miller
Boston Archdiocese Choir School
Cambridge, MA

Geraldine Oehlschlager
Central Catholic High School
Modesto, CA

Mary Lee Black
Sacred Heart
Danville, VA

Joyce Goodhue
Verna Lofaro
Cherry Creek High School
Englewood, CO

Renée Rollin
Valentine Petoukhoff
Cherry Hill East High School
Cherry Hill, NJ

Linda Dodulik
Beck Middle School
Cherry Hill, NJ

Judith Speiller
Marta De Gisi
Mary D. Potts
Andrea Niessner
Cherry Hill West High School
Cherry Hill, NJ

Ann Wells
Carusi Junior High School
Cherry Hill, NJ

Yvonne Steffen
Hogan High School
Vallejo, CA

Cynthia DeMaagd
Holland Junior High School
Holland, MI

Galen Boehme
Kinsley High School
Kinsley, KS

Mary Harris
LSU Laboratory School
Baton Rouge, LA

Shirley Beauchamp
Pittsfield High School
Pittsfield, MA

Paul Connors
Lynn Harding
Randolph High School
Randolph, MA

Nicole Merritt
San Mateo High School
San Mateo, CA

Jane Flood
Marge Hildebrandt
Somers High School
Lincolndale, NY

Joseph Martin
St. Ignatius High School
Cleveland, OH

Analissa Magnelia
Turlock High School
Turlock, CA

Peter Haggerty
Sylvia Malzacher
Wellesley High School
Wellesley, MA

Lynn Moore-Benson
Linda Zug
Wellesley Middle School
Wellesley, MA

The publisher and authors would also like to thank the following people who reviewed the ON Y VA! program at various stages of its development. Their comments and suggestions have also been invaluable to us.

Virginia Duffey (Riverside Sr High School, Riverdale, GA); Charlotte Cole (Walpole High School, Walpole, MA); Mary Hayes (Wellesley High School, Wellesley, MA); Claire Jackson (Newton High School South, Newton Center, MA); Janet Wohlers (Weston High School, Weston, MA); Gail Connell (Enloe High School, Raleigh, NC); Pam Cross (Cary High School, Cary, NC); Bettye Myer (Miami University, Oxford, OH); Mary Troxel (Hamilton High School, Oxford, OH); Nancy Gabel (Strath Haven High School, Wallingford, PA); Diana Regan (John Bartram High School, Philadelphia, PA); Mary Flynn (H. B. Woodlawn Program, Arlington, VA); Kathy Hardenbergh (Millard South High School, Omaha, NE); Beth Llewellyn (Southwest High School, Ft. Worth, TX); Karen Neal (J. J. Pearce High School, Richardson, TX); Theresa Curry (Berkner High School, Richardson, TX); Linda Robertson (Bolton High School, Alexandria, LA); Pamela Raitz (Louisville Collegiate School, Louisville, KY); Jane Baskerville (Chesterfield Public Schools, Chesterfield, VA); Fran Maples (Richardson School District, Richardson, TX); Annette Lowry (Ft. Worth ISD, Ft. Worth, TX); Kathleen Riordan (Springfield Public Schools, Springfield, MA); Joan Feindler (The Wheatley School, Old Westbury, NY); Marilyn Bente (San Diego City Schools, San Diego, CA); Robert Decker (Long Beach Unified School District, Long Beach, CA); Kaye Nyffeler (Millard Sr. High School, Omaha, NE); Carmine Zinn (Pinellas County School District, Largo, FL); Michelle Shockey (Henry M. Gunn High School, Palo Alto, CA); Mary de Lopez (La Cueva High School, Albuquerque, NM); Al Turner (Glenbrook South High School, Glenview, IL); Doris Kays (Northeast ISD, San Antonio, TX); Mary Francis Crabtree (Glenbrook South High School, Glenview, IL); Marilyn Lowenstein (Hamilton High School, Los Angeles, CA); Kathleen Cook (Cheyenne Mt. High School, Colorado Springs, CO)

AMÉRIQUE
DU NORD

QUÉBEC

Québec
Montréal

Nouveau-Brun
Nouvelle-Ecos

Maine
NOUVELLE-ANGLETER

LOUISIANE

La Nouvelle -Orléans

L'Océan
Atlantiqu

HAÏTI

Port-au-
Prince

GUADELOUPE

Antilles

MARTINIQUE

L'Océan
Pacifique

GUYANE
FRANÇAISE

AMÉRIQUE
DU SUD

NOUVELLE
HÉBRIDES

NOUVELLE-
CALÉDONIE

POLYNÉSIE FRANÇAISE

Tahiti

LE MONDE
FRANCOPHONE

ASIE

EUROPE

uxelles BELGIQUE
LUXEMBOURG
ris Genève
RANCE SUISSE
ro CORSE

t
C Alger Tunis
TUNISIE
ALGÉRIE

LAOS
Hanoi
15 Vientiane
KAMPUCHEA VIÊT-NAM
AFRIQUE Phnom Penh

1
2
3
8
7
11 10
18 9
12 13
14
16
17

SRI LANKA

ÎLES SEYCHELLES L'Océan
Indien
ÎLES COMORES

ÎLES MAURICE
RÉUNION
RÉPUBLIQUE
DÉMOCRATIQUE DE MADAGASCAR
Tananarive

AUSTRALIE

1. Mali	5. Mauritanie	9. Bénin
2. Niger	6. Guinée	10. République Centrafricaine
3. Tchad	7. Côte-D'Ivoire	11. Cameroun
4. Sénégal	8. Burkina-Fasso	12. Gabon

13. Congo	17. Burundi
14. Zaïre	18. Togo
15. Djibouti	
16. Rwanda	

ANGLETERRE

Mer du Nord

PAYS-BAS

ALLEMAGN

La Manche

Dunkerque
Lille
NORD
Valenciennes
Amiens
BELGIQUE
LUXEMBOURG
Reims
Metz
Nancy
LORRAINE
Strasbourg
VOSGES
ALSACE

Brest
Le Havre
Rouen
HAUTE
NORMANDIE
PICARDIE
Caen
BASSE
NORMANDIE
PARIS
Versailles
ÎLE DE
FRANCE
CHAMPAGNE-
ARDENNE

Saint-Malo
Fougères
BRETAGNE
Rennes
PAYS
DE LA
Le Mans
Nemours
Troyes
Mulhouse

St-Nazaire
Angers
Saumur
Tours
Orléans
Blois Chambord
Chaumont
Chenonceaux
LOIRE
Dijon
FRANCHE-
COMTÉ
Besançon
SUISSE
LIECHTENSTEIN
AUTR

Nantes
LOIRE
Chinon
Azay-le-
Rideau
CENTRE
BOURGOGNE
JURA

POITOU-
La Rochelle
CHARENTES
LIMOUSIN
Chalon-
sur-Saône
Annecy

*OCÉAN
ATLANTIQUE*
Limoges
Vichy
Lyon
RHÔNE-
ALPES
ITALIE

Clermont-
Ferrand
Saint-
Étienne
Grenobl

AUVERGNE
Rhône
ALPES

Bordeaux
MASSIF
CENTRAL

AQUITAINE
Garonne
Avignon
Beaucaire
Nîmes
Tarascon
PROVENCE-
CÔTE D'AZUR
Nice
Menton
Grasse
Eze
Cannes Antibes
Juan-les-Pins

Biarritz
Bayonne
Pau
MIDI-PYRÉNÉES
Toulouse
Montpellier
Aix-en-
Provence
Marseille
Toulon

Carcassonne
LANGUEDOC-
ROUSSILLON
PYRÉNÉES
ANDORRE
Perpignan

ESPAGNE
COR
Aja

SARDA

Mer Méditerranée

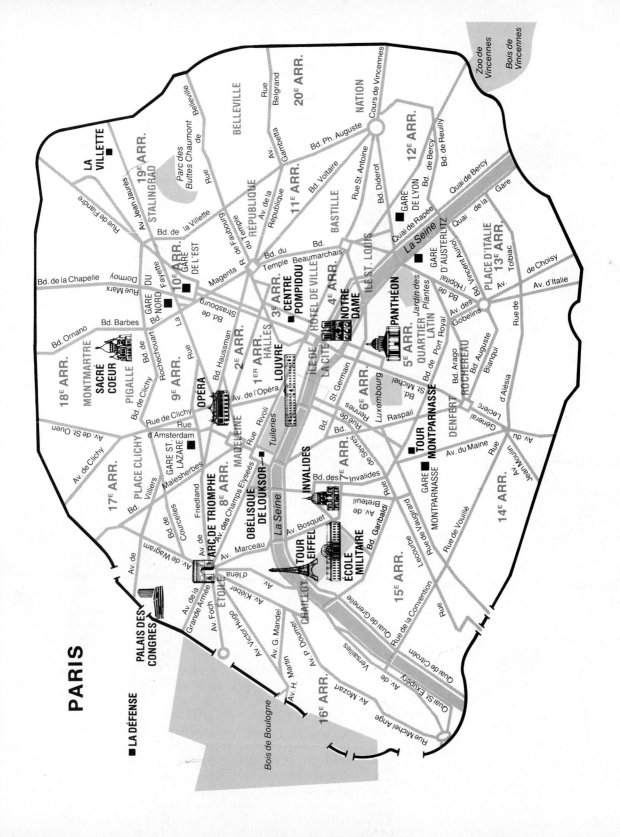

Chapitre préliminaire A

Qui suis-je?

Objectives

In this preliminary chapter, you will:

- review words and expressions needed to talk about yourself and your family;
- review regular verbs ending in **-er** and the irregular verbs **avoir** and **être;**
- practice describing yourself and your family, greeting people, and making introductions.

Première étape

Je m'appelle...

Je m'appelle Marie-Claude Desjardins. J'ai seize ans. Je suis canadienne. J'habite dans un appartement à Montréal avec mon père et mon petit frère. J'aime beaucoup les sports d'hiver—surtout le ski et le patinage. J'aime aussi écouter la radio. J'adore la musique populaire américaine.

Je m'appelle Jacques Aubert. J'ai quinze ans. Je suis français. Ma famille et moi, nous habitons à Nemours, une petite ville qui n'est pas très loin de Paris. Nous avons une grande maison à l'extérieur de la ville. Moi, j'aime beaucoup la musique: je joue du piano et de la clarinette. J'aime aussi aller au cinéma avec mes copains.

Compréhension ■■■■■■■■■■■■■■■■■■■■■■■■■■■■■■

A. **Marie-Claude et Jacques aux États-Unis.** Imagine that Marie-Claude Desjardins and Jacques Aubert are delegates to an international meeting of young people being held in your region of the United States. You have met them both and would like to introduce them to your teacher. Prepare your introductions of both Marie-Claude and Jacques by answering the following questions. Begin by saying, **"Madame (Monsieur), je voudrais vous présenter. . . Il (elle) est . . ."**

> *Quel est son nom? Quelle est sa nationalité? Quel âge a-t-il (elle)? Où est-ce qu'il (elle) habite? Avec qui? Est-ce qu'il (elle) habite dans une maison ou dans un appartement? Quelles activités est-ce qu'il (elle) aime?*

Révision: *Regular verbs ending in -er*

To conjugate regular **-er** verbs in the present tense, drop the **-er** from the infinitive and add the appropriate ending: **-e, -es, -e, -ons, -ez,** or **-ent.** Remember that **je** becomes **j'** before a vowel or a vowel sound. Remember also that the **s** of **nous, vous, ils,** and **elles** is silent except when it precedes a vowel or a vowel sound.

regarder		écouter	
je regarde	nous regard**ons**	j'écoute	nous écout**ons**
tu regardes	vous regardez	tu écoutes	vous écoutez
il, elle, on regarde	ils, elles regard**ent**	il, elle, on écoute	ils, elles écout**ent**

Application ■■■■■■■■■■■■■■■■■■■■■■■■■■■■■■

B. Replace the words in italics and make the necessary changes.

1. *Elle* travaille beaucoup. (nous / je / il / vous / tu / elles)
2. *Il* parle espagnol aussi? (tu / vous / elle / ils)
3. *Ils* habitent à Lille. (elle / nous / je / il / elles)
4. Est-ce qu'*elles* aiment regarder la télé? (tu / vous / il / ils)

RAPPEL

To ask a yes-no question, raise your voice at the end of the statement, or, in addition to raising your voice, begin the question with **est-ce que:**

Il habite près de Paris?

Est-ce que vous aimez les sports?

To answer a question negatively, simply put **ne** before the conjugated verb and **pas** directly after it. Remember that **ne** becomes **n'** before a vowel or a vowel sound.

Il **ne** parle **pas** allemand.
Je **n'**étudie **pas** les mathématiques.

RAPPEL

The definite articles in French are **le, la, l',** and **les.** They are often used after verbs like **aimer** to indicate a general like (or dislike) of something:

Nous aimons beaucoup **les** sports.
Elle adore **la** danse, mais elle n'aime pas **le** football.
Et toi, tu aimes **l'**art moderne?

C. **Renseignons-nous!** Find out about your classmates by asking them the following questions.

1. *Ask about your classmate:* Tu aimes écouter la radio? Quelle sorte de musique préfères-tu—le jazz, la musique classique, le rock, la musique populaire d'aujourd'hui? Est-ce que tu joues d'un instrument de musique? Tu aimes chanter? Tu chantes bien ou tu chantes faux *(off-key)?*

2. *Ask about your classmate's father and mother:* Est-ce que tes parents travaillent? Où est-ce qu'ils travaillent? Ils aiment travailler? Ils voyagent beaucoup? Qu'est-ce que tes parents aiment comme distractions? Ils aiment danser? Ils dansent bien ou non?

3. *Ask about your classmate's cousin:* Où est-ce que ton cousin (ta cousine) habite? Est-ce qu'il (elle) habite dans une maison ou dans un appartement? Est-ce qu'il (elle) parle une langue étrangère? Est-ce qu'il (elle) aime les sports? Qu'est-ce qu'il (elle) aime mieux—regarder un film ou aller au concert?

4. *Ask about your classmate and his/her friends:* Toi et tes amis, vous étudiez beaucoup (très peu, assez)? Vous aimez l'école? Vous allez au fast-food de temps en temps? Vous mangez beaucoup? Qu'est-ce que vous aimez mieux—aller au cinéma ou rester à la maison pour regarder la télé?

Révision: *The irregular verb* **être**

The present-tense forms of **être** *(to be)* are:

être	
je **suis**	nous **sommes**
tu **es**	vous **êtes**
il, elle, on **est**	ils, elles **sont**

RAPPEL

When **être** is followed by an adjective (such as a description of nationality), the adjective must agree in gender (masculine or feminine) and number (singular or plural) with the subject of **être**:

Il est **américain;** ils sont **américains.**
Elle est **canadienne;** elles sont **canadiennes.**

Application ■■■■■■■■■■■■■■■■■■■■■■■■■■■■■■■

D. Replace the words in italics and make the necessary changes.

1. *Il* est de Bordeaux. (elle / nous / je / ils / tu / vous)
2. *Elle* est russe? (il / vous / tu / ils)
3. *Ils* ne sont pas d'ici. (elle / je / vous / tu / elles / nous)
4. *Elles* sont espagnoles, non? (vous / il / tu / ils)

E. **Les délégués.** At a reception being held as part of the international student congress, you point out some of the delegates, indicate their nationality, and tell what city they are from.

MODÈLES: Jacques Aubert / Nemours, France
Voilà Jacques. Il est français. Il est de Nemours.

                Marie-Claude Ducharme et Christiane Belliveau / Montréal, Canada
Voilà Marie-Claude et Christiane. Elles sont canadiennes. Elles sont de Montréal.

1. Hans Jurgens / Munich, Germany
2. Silvia Marconi / Rome, Italy
3. George Herbert et Ralph Withers / Manchester, England
4. Janet Nielsen et Julianna Swanson / Boston, USA
5. Rosa Cueto / Mexico City, Mexico
6. Tashi Yokoshura / Tokyo, Japan
7. Anne-Marie Pelliser et Jean Firmin / Geneva, Switzerland
8. Ivan Medchenko / Moscow, USSR

Situations modèles:
Salutations et présentations ■■■■■■■■■■■■■■■■■

a) **Dans la rue**
    —Bonjour, Madame.
    —Bonjour, Monsieur. Comment allez-vous?
    —Très bien, merci. Et vous?
    —Je vais très bien, merci. Vous allez en ville?
    —Non, je rentre à la maison.
    —Ah bon. Au revoir, Monsieur.
    —Au revoir, Madame.

b) **Devant le centre commercial**
    —Tiens! Salut, Michèle!
    —Salut, Dominique! Ça va?
    —Ah, oui. Ca va très bien. Et toi?
    —Oh, ça va. Écoute, je veux te présenter ma copine, Isabelle.
    —Bonjour, Isabelle.
    —Bonjour, Dominique.
    —Vous allez au centre, vous deux?
    —Oui. Toi aussi? Alors, on y va ensemble?
    —D'accord.

c) **Chez Jean-Pierre**
—Maman, Papa, je voudrais vous présenter M. Cavaillon. C'est le père de François.
—Ah, oui. Bonjour, Monsieur. Je suis heureux de faire votre connaissance.
—Moi aussi. François m'a beaucoup parlé de vous... et de votre femme. Enchanté, Madame.
—Très heureuse, Monsieur.

d) **Dans la rue**
—Martin! Martin!
—Ah, salut, Patrick! Ça va?
—Oui, oui, ça va. Et toi?
—Ça va bien. Tu vas à l'école?
—Pas tout de suite. J'ai une course à faire d'abord.
—D'accord. À tout à l'heure.
—C'est ça. À tout à l'heure.

À vous! ■■■■■■■■■■■■■■■■■■■■■■■■■■■■■■■

F. Match the preceding four conversations with the following drawings.

1.

2.

3.

4.

G. **Débrouillons-nous!** What would you say to accomplish each of the following everyday tasks?

1. Greet your teacher, whom you have just run into while downtown.
2. Introduce a new classmate to your teacher. Imagine that it is the first time they have met.
3. Greet a classmate in the street and find out where he/she is going. Then decide whether to go along or to go your own way.
4. Introduce a friend to your parents.
5. Introduce a friend's mother or father to your parents.

Activités ■■■■■■■■■■■■■■■■■■■■■■■■■■■■■■

H. Introduce yourself to the class. Tell where you are from, where you live and with whom, what you like to do, and what you do not like to do.

I. Introduce yourself to one of your classmates, giving some of the information suggested in Exercise H. Your classmate will give you similar information. Then the two of you will introduce each other to two additional classmates.

Fiches lexicales

Pour vous identifier

Je m'appelle...
Mon nom (prénom, nom de famille) est...

Pour parler de vos origines et de votre nationalité

Je suis de... (ville).

Je suis allemand(e).	espagnol(e).
américain(e).	français(e).
anglais(e).	italien(ne).
brésilien(ne).	japonais(e).
canadien(ne).	mexicain(e).
chinois(e).	russe.
égyptien(ne).	suisse.

Je suis d'origine allemande (américaine, etc.).

Pour indiquer où vous habitez

J'habite à...
J'habite dans un appartement.
       une maison.

Pour parler de vos activités

J'aime (bien, beaucoup) chanter.   manger.
         danser.   parler.
         étudier.   travailler.
         gagner de l'argent. voyager.
Je n'aime pas (du tout) le camping.   la musique
        le cinéma.   (moderne, classique, populaire).
        les langues.   le jazz.
        la littérature.   le rock.
        les mathématiques.
J'adore la nature.   les sports.
   la politique.   le basket.
   la science.   le football (américain).
   la sculpture.   le tennis.
             le théâtre.

Pour saluer quelqu'un

Bonjour, Monsieur (Madame, Mademoiselle). Comment ça va?
Comment allez-vous?   Ça va bien. Et toi?
  Je vais très bien, merci. Et vous?   Ça va?
Salut,... (prénom)   Oui, ça va. Et toi?

Pour faire une présentation

Je vous présente...   Je te présente...
Je voudrais vous présenter...   Bonjour.
  Enchanté(e).
  Je suis très heureux(-se) de faire votre connaissance.

Pour prendre congé

Au revoir, Monsieur (Madame, Mademoiselle). À tout à l'heure.
Allez, au revoir.   Salut.
À bientôt.

Deuxième étape

Ma famille

Ma mère est morte il y a cinq ans. Mon père, mon frère et moi, nous habitons dans un appartement à Montréal. Mon père, qui a quarante-quatre ans, travaille dans une banque. Mon frère, qui a huit ans, va à l'école élémentaire. Moi, je suis élève au Lycée Champlain.

Mon père a une voiture—c'est une Ford. Moi, j'ai un vélo. Nous avons une télévision et une chaîne stéréo. Et nous avons aussi un chien; il s'appelle Bruno.

Marie

Mon père est avocat. Il travaille à Nemours. Ma mère reste à la maison avec ma petite sœur (elle a seulement trois ans). Mes deux autres sœurs et moi, nous sommes élèves au Collège St-Sauveur. Mon frère André, qui a vingt-cinq ans, est marié. Il habite à Paris.

Mes parents ont deux voitures—une Peugeot 205 et une Renault 9. Moi, j'ai un vélomoteur. À la maison nous avons un ordinateur et un magnétoscope. Mes sœurs et moi, nous aimons regarder les vidéo-clips, mais mes parents préfèrent les films. Nous avons aussi deux chats.

Jacques

Compréhension ■■■■■■■■■■■■■■■■■■■■■■■■

A. **Qui est-ce?** Based on the comments made by Marie-Claude et Jacques, identify the following people or animals.

MODÈLE: *C'est la petite sœur de Jacques.*

1.

2.

3.

4.

5.

6.

Révision: *The irregular verb* ***avoir***

The present-tense forms of **avoir** *(to have)* are:

avoir	
j'**ai**	nous **avons**
tu **as**	vous **avez**
il, elle, on **a**	ils, elles **ont**

RAPPEL

The verb **avoir** is often followed by an indefinite article: **un, une, des.** Remember, however, that after **ne. . . pas,** the indefinite article becomes **de (d'):**

> J'ai **une** calculatrice, **un** cahier et **des** stylos, mais je n'ai pas **de** livres.

Application ■■■■■■■■■■■■■■■■■■■■■■■■■■■■

B. Replace the words in italics and make the necessary changes.

1. *Elle* a un chien et deux chats. (ils / nous / vous / je / il / tu)
2. Est-ce qu'*ils* ont une voiture? (tu / vous / elles / il)
3. *Il* n'a pas d'amis. (elle / je / vous / nous / ils / tu)

C. **Qu'est-ce qu'on a? Qu'est-ce qu'on n'a pas?** Consult the **Fiches lexicales** (p. 16) and indicate what each person possesses or does not possess.

MODÈLE: votre sœur
>   *Ma sœur a un vélo, une guitare, des livres et un radio-réveil. Elle n'a pas d'ordinateur, elle n'a pas de chaîne stéréo.*

1. vous
2. votre mère
3. vos grands-parents
4. vous et vos frères (et vos sœurs, et vos amis)
5. votre voisin(e) *(neighbor, person sitting next to you)*

Révision: *Possessive adjectives*

Possessive adjectives in French agree with the object possessed (not with the person who is the possessor). Here are the forms of the possessive adjectives:

Subject	Possessive adjective			English equivalent
je	mon	ma	mes	*my*
tu	ton	ta	tes	*your*
il, elle, on	son	sa	ses	*his, her*
nous	notre	notre	nos	*our*
vous	votre	votre	vos	*your*
ils, elles	leur	leur	leurs	*their*

If a feminine noun begins with a vowel or a vowel sound, remember to use the masculine form **mon, ton,** or **son:**

sa sœur et **son** amie   ma maison et **mon** école

Application ■■■■■■■■■■■■■■■■■■■■■■■■■■■■■■

D. Replace the words in italics and make the necessary changes.

 1. Voici ma *chambre.* (vélo / disques / calculatrice / école)
 2. Où est ton *frère?* (mère / ami / amie / parents)
 3. Voilà son *stylo.* (cahiers / walk-man / chambre / clés)
 4. Regarde notre *maison.* (voiture / cassettes / appartement / livres)
 5. C'est votre *appareil-photo?* (hôtel / maison / amis / cahiers)
 6. Qui a leur *livre?* (ordinateur / clés / disques / voiture)

RAPPEL

Question words may be used to ask for specific information. Among the question words you know are:

où	*where* **Où** est mon stylo?
où est-ce que	**Où est-ce que** vous habitez?
combien de	**Combien de** frères est-ce que tu as?
qu'est-ce que	*what* **Qu'est-ce que** tu regardes?
quel	**Quel** âge a ta sœur?

E. **La curiosité.** As your friends talk about themselves and their families, you are very curious and ask for additional information. Follow the model, being sure to use the appropriate possessive adjective in each case.

MODÈLE: Quel âge...?
     a. J'ai un frère.
        Quel âge a ton frère?
     b. Il est marié.
        Quel âge a sa femme?
     c. Ils ont un fils.
        Quel âge a leur fils?

1. Comment s'appelle...?
   a. J'ai une sœur.
   b. Elle est mariée.
   c. Ils ont une fille.
2. Où est-ce que... travaille?
   a. J'ai un oncle.
   b. Il a deux fils.
   c. Ils sont mariés, tous les deux.
3. Quel âge a...?
   a. Nous avons un frère.
   b. Il a trois enfants.
   c. Ils ont une nourrice *(nurse)*.
4. Où est-ce que... habite?
   a. Nous avons trois amis.
   b. Ils ont une cousine.
   c. Elle a des grands-parents.

Présentations modèles: La famille ■■■■■■■■■■■■

a) Je m'appelle Nicole Doré. J'ai une famille traditionnelle. Il y a ma mère, mon père et mon petit frère Alain.

b) Je m'appelle Jacques Bolloré. Ma famille n'est pas traditionnelle, pas du tout. Mes parents ont divorcé il y a cinq ans. Ma mère s'est remariée et j'habite avec ma mère, mon beau-père et son fils.

c) Mon nom est Paul Gerondeau. Je suis d'une famille nombreuse. Il y a, bien sûr, mon père et ma mère. J'ai deux frères et quatre sœurs. En plus, mes grands-parents du côté de ma mère habitent avec nous aussi.

d) Mon nom est Catherine Duguy. Je suis fille unique, c'est-à-dire que je n'ai pas de frères et que je n'ai pas de sœurs non plus. J'habite avec mes parents.

F. **C'est la famille de qui?** Match the preceding four descriptions with the following family portraits.

1.

2.

3.   4.

G. **Et ta famille?** Ask a classmate the following questions about his/her family.

1. Est-ce que tu es d'une famille traditionnelle? D'une famille non traditionnelle? D'une famille nombreuse? Es-tu fils (fille) unique?
2. Combien de frères et de sœurs as-tu? Comment est-ce qu'ils s'appellent? Quel âge ont-ils?
3. Est-ce que tu as des grands-parents du côté de ta mère? Du côté de ton père?
4. Est-ce que ta mère est d'une famille nombreuse? Combien d'oncles et de tantes as-tu du côté de ta mère? Et du côté de ton père? Tu as beaucoup de cousins et de cousines aussi?

Activités ■■■ ■

H. **Mon ami(e).** Tell your classmates about one of your friends. Describe his/her family, where he/she lives, what he/she likes to do, and what things he/she owns or does not own.

I. **Ma famille.** Tell a classmate about your family. Describe both your immediate family (those you live with) and some of your other relatives (grandparents, aunts, uncles, and cousins). Your classmate will try to find out additional information about each family member, such as how old he/she is, where he/she lives, where he/she works, and what he/she likes to do.

Fiches lexicales

Pour parler de votre âge

   Quel âge as-tu?
   J'ai __ ans.

Pour parler de votre famille

Je suis d'une petite famille.   J'ai un père.
         d'une famille nombreuse.   une mère.
         d'une famille traditionnelle.   un beau-père.
         d'une famille non traditionnelle. une belle-mère.
         fils (fille) unique.   un frère.
                                         une sœur.

Du côté de ma mère (mon père), j'ai un grand-père.
                                      une grand-mère.
                                      un oncle.
                                        une tante.
                                        un(e) cousin(e).

Mon père (ma mère) s'appelle ___ .
Mon frère (ma sœur) est marié(e).
                        divorcé(e).
Mon grand-père (ma grand-mère) est mort(e).
Mon oncle et ma tante ont une fille.
                      un fils.
                 n'ont pas d'enfants.

Pour parler de vos possessions

Pour aller à l'école, j'ai un cahier.   un livre.
                  une calculatrice.   un sac à dos.
                  un carnet.   une serviette.
                  un feutre.   un stylo.
                  une gomme.   un taille-crayon.

Pour aller en ville, j'ai une motocyclette. un vélomoteur.
                 un vélo.   une voiture (une auto).

Dans ma chambre, j'ai un bureau.   un ordinateur.
                  une chaîne stéréo.   une plante verte.
                  un lit.   un poster (une affiche).
                  une machine à écrire.   un radio-réveil.
                  un magnétoscope.   une télévision (un téléviseur).

J'ai aussi une cassette.
         un chat.   un portefeuille.
         un chien.   une radio-cassette.
        un disque.   un sac (à main).

Où est-ce qu'on va?

Objectives

In this preliminary chapter, you will:

- review words and expressions needed to talk about your town or city;
- review the irregular verbs **aller** and **prendre**;
- practice describing where places are located.

Première étape

Ma ville

■■■

Je suis de Montréal, la deuxième ville francophone du monde (après Paris, bien sûr). Montréal a environ trois millions d'habitants. Au Vieux Montréal il y a des rues et des maisons qui datent du dix-septième siècle. Mais il y a aussi la ville moderne: le Parc du Mont-Royal, où on peut pique-niquer ou faire du ski; la rue Sainte-Catherine, la rue commerciale principale de la ville, où on trouve beaucoup de magasins, de cinémas, de discothèques; et le Stade Olympique, construit pour les Jeux Olympiques de 1976.

Marie

Moi, je suis de Nemours, une petite ville de 12 000 habitants, située à 80 kilomètres au sud de Paris. Une petite rivière, le Loing, divise la ville en deux parties. Au bord du Loing se trouvent un petit château et l'Eglise Saint-Jean Baptiste. Comme dans la plupart des villes françaises, il y a une grande place au centre, ici nommée la place de la République.

Jacques

19

Compréhension ■■■■■■■■■■■■■■■■■■■■■■■■■■■■

A. **Montréal et Nemours.** Name three major sites of Montréal and three major sites of Nemours.

B. **Votre ville.** Answer the following questions about the city or town where you live.

1. Est-ce que votre ville est grande (assez grande, petite, très petite)?
2. Elle a combien d'habitants?
3. Est-ce qu'elle est située au nord (au sud, à l'est, à l'ouest, au centre) des États-Unis?
4. Est-ce qu'elle est près d'une (autre) grande ville? Elle est à combien de *miles* de cette ville?
5. Dans votre ville, est-ce qu'il y a un hôtel? Combien d'hôtels y a-t-il? Est-ce qu'il y a un restaurant fast-food? Un café? Une église? Un stade? Une piscine? Un lycée? Un musée? Un cinéma? Un théâtre? Une bibliothèque? Un magasin de disques? Une boulangerie-pâtisserie? Un supermarché? Une gare? Un aéroport?

Révision: *The irregular verb* ***aller***

The present-tense forms of **aller** are:

aller	
je **vais**	nous **allons**
tu **vas**	vous **allez**
il, elle, on **va**	ils, elles **vont**

The verb **aller** is often used with adverbs such as **toujours, souvent, de temps en temps, quelquefois, rarement,** and **ne . . . jamais.**

RAPPEL

The preposition **à** contracts with the article **le (au)** and the article **les (aux).** There is no contraction with the article **la (à la)** and the article **l' (à l')**:

Je vais **à la** banque et ensuite **au** commissariat de police.
Nous parlons **à l'**instituteur et **aux** élèves.

Application ■■■■■■■■■■■■■■■■■■■■■■■■■■■■■■

C. **Où est-ce qu'on va?** You have been conducting a survey to find out where your classmates go after class, in the evening, and on weekends. Based on the following cues, report the results of your survey.

MODÈLE: Où est-ce qu'on va souvent?
          Jacques / à la discothèque
          Jacques va souvent à la discothèque.

1. Où est-ce qu'on va souvent?
   a. Marie-Claire et Louise / à la librairie
   b. nous / au cinéma
   c. vous / au supermarché

MODÈLE: Où est-ce qu'on va de temps en temps?
          Georges et ses parents / à l'hôtel de ville
          De temps en temps, Georges et ses parents vont à l'hôtel de ville.

2. Où est-ce qu'on va de temps en temps?
   a. tu / au centre commercial
   b. Suzanne / au musée
   c. je / à la bibliothèque

MODÈLE: Où est-ce qu'on va rarement?
          Antoinette / au bureau de poste
          Antoinette va rarement au bureau de poste.

3. Où est-ce qu'on va rarement?
   a. je / au stade
   b. Marc et sa sœur / au théâtre
   c. nous / à la gare

MODÈLE: Où est-ce qu'on ne va jamais?
          Hélène et Jeanne / à la piscine
          Hélène et Jeanne ne vont jamais à la piscine.

4. Où est-ce qu'on ne va jamais?
   a. vous / à l'hôpital
   b. Robert / au commissariat de police
   c. tu / à la Fnac

D. **Et vous?** Indicate with what frequency you go to the following places.

> MODÈLE: à la bibliothèque
> *Je vais souvent à la bibliothèque.* ou:
> *De temps en temps je vais à la bibliothèque.* ou:
> *Je vais rarement à la bibliothèque.* ou:
> *Je ne vais jamais à la bibliothèque.*

1. au cinéma
2. au centre commercial
3. au musée
4. à la piscine
5. à l'aéroport

6. au stade
7. au théâtre
8. à l'église
9. au supermarché
10. à la librairie

RAPPEL

The verb **aller** is used with an infinitive to indicate the immediate future—that is, what *is going to happen soon:*

> Ce soir **je vais téléphoner** à Denise.
> **Mes parents ne vont pas aller** en ville demain.
> Dimanche **Jeanne va dîner** chez nous.

The verb **espérer** and the expression **avoir l'intention de** may also be used to talk about the immediate future:

> **J'espère** visiter le Musée d'Orsay cette semaine.
> **Mes amis ont l'intention de voir** le défilé cet après-midi.

E. **Ce week-end.** Jean-Michel is talking to his sister Véronique about what she and her friends are planning to do this weekend. Based on the drawings, give Véronique's answers to her brother's questions.

MODÈLES:

Véronique, tu vas aller au centre commercial?
Oui, je vais aller au centre commercial.

Est-ce que Michèle va étudier?
Non, elle va regarder la télé.

1. Est-ce que Janine va faire du ski?

2. Toi et Francine, vous allez déjeuner au Quick?

3. Est-ce que François et son frère vont faire de la moto?

4. Est-ce que Jean-Marc va jouer du piano?

5. Véronique, tu vas travailler sur l'ordinateur?

6. Est-ce que Micheline et Thérèse vont aller au cinéma?

Révision: *Prepositions of place*

Many prepositions of place include **de:**

près de *(near)*	**en face de** *(across from)*
loin de *(far from)*	**au bout de** *(at the end of)*
à côté de *(next to)*	**au coin de** *(on the corner of)*

Some prepositions of place are followed directly by the noun:

derrière *(behind)*
devant *(in front of)*
entre *(between)*
dans *(in)*

L'église est **en face de** l'hôtel, **dans** la rue Michelet.
Nous sommes **près de** la gare; elle est **derrière** le château, **à côté du** jardin public.

RAPPEL

The preposition **de** contracts with the article **le (du)** and the article **les (des)**. There is no contraction with the article **la (de la)** and the article **l' (de l')**:

> L'hôtel est en face **du bureau de tabac** et **de la banque**.
> Le restaurant est près **de l'église**.

F. **À Nemours.** Jacques Aubert is trying to help you find your way around Nemours. Using the map, play the role of Jacques and precisely describe the location of the following places.

MODÈLE: l'Hôtel Les Roches
L'Hôtel Les Roches est dans l'avenue Pelletier, près de l'Église Saint-Pierre.

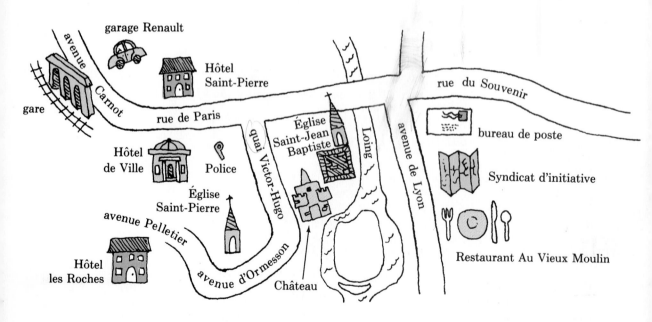

1. l'Hôtel Saint-Pierre
2. le bureau de poste
3. le commissariat de police
4. le syndicat d'initiative
5. l'hôtel de ville
6. le Restaurant Au Vieux Moulin
7. le garage Renault
8. l'église Saint-Jean Baptiste

Situations modèles: Où se trouve. . .? ■■■■■■■■■■

a) **Devant la cathédrale**
   —S'il vous plaît, Madame. Est-ce qu'il y a un bureau de poste près d'ici?
   —Mais oui, Monsieur, au coin de la rue Montpensier et du boulevard Pasteur. Allez tout droit.
   —Merci, Madame.
   —Je vous en prie, Monsieur.

b) **Au lycée**
   —Alors, on se retrouve chez Martine ce soir?
   —Oui, d'accord. Tu sais où elle habite?
   —Oui, oui. C'est près du bureau de poste dans l'avenue Briand, non?
   —Non, non. C'est derrière l'hôpital. Tu prends la rue de la Chapelle, tu vas jusqu'au bout et son immeuble est là devant toi, à côté du bureau de tabac.

c) **À la gare**
   —Pardon, Monsieur. Est-ce que l'Hôtel Richelieu est près d'ici?
   —Mais non, Madame. Il est de l'autre côté de la ville. Il faut prendre l'autobus. Vous descendez à la place Jourdan. Le Richelieu est à gauche. Il y a une statue devant l'hôtel.

d) **Dans la rue**
   —Tu as besoin d'autre chose?
   —Oui. Je voudrais m'acheter un journal.
   —Bon. Il y a un bureau de tabac dans la rue Lafayette, juste en face du commissariat de police.
   —Très bien. J'y vais et je reviens dans un instant.

À vous! ■■■■■■■■■■■■■■■■■■■■■■■■■■■■■■■■■■■■■■

G. Match the preceding conversations with the following drawings.

rue Lafayette

1.   rue de la Chapelle   *2.*

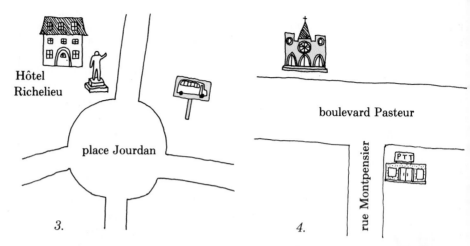

place Jourdan

boulevard Pasteur

rue Montpensier

3.   4.

H. **Un(e) Français(e) à. . .** Play the role of a French exchange student who has just arrived in your city or town. Ask one of your classmates whether certain places exist in your town (for example, **Est-ce qu'il y a un restaurant fast-food à Wellesley?**) and where certain places are located (for instance, **Où est le bureau de poste?).** Your classmate will answer your questions.

Activités ■■■■■■■■■■■■■■■■■■■■■■■■■■■■■■■■■

I. Describe to a classmate, in as much detail as possible, the section of town where you live. Give the names of the main streets, point out the major landmarks, and locate your house.

J. Choose a town or city other than your own with which you are familiar (for example, a place where you used to live or the town where your grandparents live). Briefly describe this town or city in the same way that Marie-Claude describes Montreal and Jacques describes Nemours.

Fiches lexicales

Pour parler de votre ville

Elle est (très, assez) grande.
                 petite.
Elle est située au nord des Etats-Unis.
         au sud
         à l'est
         à l'ouest
         au centre

Dans ma ville il y a un aéroport.
une banque.
une bibliothèque.
une boucherie.
une boulangerie.
un bureau de poste.
un bureau de tabac.
une cathédrale.
un château.
un cinéma.
un commissariat de police.
une discothèque.
une école.
une église.
une épicerie.
une gare.
un hôpital.
un hôtel.
un hôtel de ville.
une librairie.
un lycée.
un musée.
un parc.
une pharmacie.
une piscine.
un restaurant.
un stade.
une synagogue.
un théâtre.
une université.

Pour situer les endroits

Il (elle) est (se trouve) près du (de la, de l')...
loin du (de la, de l')...
à côté du (de la, de l')...
en face du (de la, de l')...
devant le (la, l')...
derrière le (la, l')...
entre le (la, l')... et le (la, l')...
au bout du boulevard (de la rue,
de l'avenue)...
au coin du... et de la...

Pour indiquer où vous allez

Je vais souvent au (à la, à l')...
rarement
De temps en temps je vais au (à la, à l')...
Quelquefois
Je ne vais jamais au (à la, à l')...

Pour parler de l'avenir (future)

Je vais faire un voyage.
J'espère aller à Paris.
J'ai l'intention de visiter le Louvre.

Deuxième étape

On va en ville

■ ■

J'habite près de l'université de Montréal, au nord de Montréal. Quand je veux aller en ville, je prends d'habitude le métro. C'est très facile. Je vais à la Station Plamondon, qui n'est pas loin de mon immeuble. Normalement j'achète un carnet de six billets, qui coûte seulement 5 dollars canadiens. Puis je prends la direction Henri-Bourassa et en 10 minutes je suis à la place Saint-Henri. C'est là que je descends, par exemple, si je vais à la rue Sainte-Catherine pour faire du lèche-vitrine. Ou bien, si je veux aller au Complexe Desjardins, je change à Lionel-Groulx, direction Honoré-Beaugrand, et je descends à la place des Arts.

Marie

Ma maison est près du Mont Saint-Martin, à la sortie de la ville de Nemours. Le lycée où je suis élève est au centre-ville. Pour y aller, je prends d'habitude mon vélo. Il faut un quart d'heure pour y aller à vélo avec mes deux sœurs. Quelquefois mon père nous amène au lycée dans sa Peugeot. Ces jours-là, il nous faut seulement cinq minutes pour aller de chez moi à l'école. Le week-end, la famille aime faire des promenades à pied à la campagne.

Jacques

À *vous!* ■■■■■■■■■■■■■■■■■■■■■■■■■■■

A. **Prenons le métro!** You have been living in Montreal for some time and know the subway system very well. A French friend arrives and indicates that she would like to visit the places listed below. Explain to her how to get to these places on the **métro**. Your friend is staying near the Henri-Bourassa Station.

MODÈLE: Musée d'art contemporain (métro: McGill)
Pour aller au musée d'art contemporain, tu prends la direction Côte-Vertu. Tu changes à Berri-UQAM, direction Angrignon. Et tu descends à McGill.

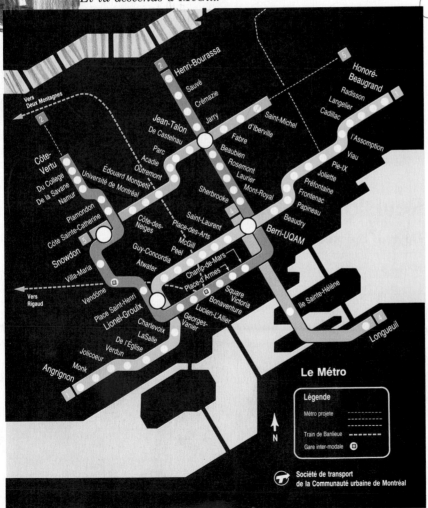

1. la Ronde *(amusement park)* (métro: île Sainte-Hélène)
2. l'Opéra de Montréal (métro: place des Arts)
3. le Parc Olympique (métro: Pie IX)

Now a family from France is visiting Montreal. The children are very interested in science and nature. Explain to this family how to get to the following places. Remember to use **vous** when talking to the whole family. They are staying near the University of Montreal.

4. le zoo (métro: Angrignan)
5. le Planétarium de Montréal (métro: Bonaventure)
6. le Jardin botanique de Montréal (métro: Pie IX)

B. **Et vous?** Answer the following questions about yourself and your family.

1. Comment est-ce que vous allez à l'école? Vous y allez à pied? Dans la voiture de vos parents? Vous prenez votre vélo? L'autobus?
2. Est-ce que vos parents ont une voiture? Quelle marque? Est-ce qu'ils prennent la voiture pour aller au travail? Sinon, comment est-ce qu'ils vont au travail?
3. Est-ce que vous avez un vélo? Où est-ce que vous allez à vélo? À l'école? En ville?
4. Quand vous allez chez vos grands-parents, comment est-ce que vous y allez? À pied? En voiture? Vous prenez le train? Vous prenez l'avion *(airplane)*?

Révision: *Placing events in time*

Days of the week

lundi   mardi   mercredi   jeudi   vendredi   samedi   dimanche

Remember that **le** used with a day of the week indicates habitual action: **le lundi** = *Mondays, usually every Monday.*

Time of day

Il est deux heures.

Il est deux heures dix.

Il est deux heures et quart.

Il est deux heures et
demie.

Il est trois heures moins
vingt.

Il est trois heures moins
le quart.

Twelve o'clock noon is **midi;** twelve o'clock midnight is **minuit.** To indicate A.M. and
P.M. with other times, add **du matin, de l'après-midi, du soir.**

Application ■■■■■■■■■■■■■■■■■■■■■■■■■■■■■■■■

C. **Où est Pascale?** The daily schedules of French secondary school students differ considerably from those of American students. Study the
schedule of Pascale Cloutier; then answer the questions.

Emploi du temps

	Lundi	**Mardi**	**Mercredi**	**Jeudi**	**Vendredi**	**Samedi**
9h30–10h25	histoire	physique		histoire	physique	histoire
10h40–11h35	français	français		au stade	français	français
11h35–12h30	maths	art		au stade	maths	maths
2h–2h55	anglais	anglais		anglais	éducation civique	
3h–3h55	biologie	géologie		biologie	géologie	
4h10–5h05	espagnol	espagnol		espagnol		

1. Quels jours est-ce que Pascale a son cours de français?
2. Quels jours est-ce qu'elle a un cours de mathématiques?
3. Est-ce qu'elle a des cours tous les après-midis?
4. À quelle heure commence son cours de biologie?
5. À quelle heure commence son cours de français?
6. Où est Pascale à 11h le jeudi matin?
7. À quelle heure est-ce qu'elle arrive à l'école si elle arrive d'habitude
   un quart d'heure avant *(before)* son premier cours?
8. À quelle heure est-ce qu'elle quitte l'école le mardi? Et le vendredi?
9. S'il lui faut 20 minutes pour rentrer, à quelle heure arrive-t-elle chez
   elle le lundi après-midi?
10. Quand est-ce que Pascal déjeune d'habitude?

D. **Mon emploi du temps.** Explain to a classmate what a typical school day is like for you. Talk about when you arrive at school, your morning classes, when you eat lunch, your afternoon classes, what time you leave school, and what time you get home. Begin: **D'habitude j'arrive à l'école à. . .**

Révision: *The irregular verb* **prendre**

The present-tense forms of **prendre** are:

prendre	
je **prends**	nous **prenons**
tu **prends**	vous **prenez**
il, elle, on **prend**	ils, elles **prennent**

Remember that the verbs **apprendre** and **comprendre** follow the same pattern.

Application ■■■■■■■■■■■■■■■■■■■■■■■■■■■■■

E. Replace the words in italics and make the necessary changes.

1. Pourquoi est-ce qu'*elle* prend l'autobus? (tu / nous / ils / vous / on)
2. *Il* apprend vite *(quickly)*. (vous / elles / je / nous / on / tu)
3. *On* ne comprend pas très bien. (nous / tu / elle / je / vous / ils)

RAPPEL

The interrogative adjective **quel** is used to ask a question when you already know the general category of the answer. Remember to make **quel** agree in gender and number with the noun that indicates the category:

Quel est son **nom**?   **Quels livres** est-ce que tu vas acheter?
Quelle langue est-ce   **Quelles** sont les **réponses**?
que vous apprenez?

F. **Des renseignements.** Answer the questions based on the information in the maps and lists.

Le métro de Montréal (see map on p. 29)

MODÈLE: Quelle ligne est-ce que je prends pour aller d'Angrignon à McGill?
Tu prends la ligne 1.

1. Quelle ligne est-ce que nous prenons pour aller de Berri-UQAM à Henri-Bourassa?
2. Quelles lignes est-ce qu'on prend pour aller de Longueuil à l'université de Montréal?

Les autoroutes

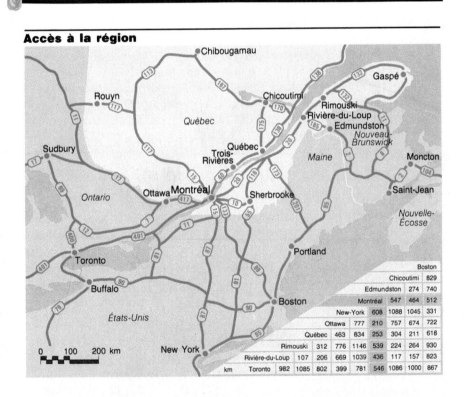

Accès à la région

	Boston								
Chicoutimi	829								
Edmundston	274	740							
Montréal	547	464	512						
New-York	608	1088	1045	331					
Ottawa	777	210	757	674	722				
Québec	463	834	253	304	211	618			
Rimouski	312	776	1146	539	224	264	930		
Rivière-du-Loup	107	206	669	1039	436	117	157	823	
km Toronto	982	1085	802	399	781	546	1086	1000	867

3. Quelle route est-ce qu'on prend pour aller de New York à Montréal?
4. Quelle route est-ce que les Québécois prennent pour aller de Québec à Montréal?
5. Quelles routes est-ce que je prends pour aller de Boston à Québec?

Les autobus

Aquarium de Montréal	Parc Mont Royal	Zoo
70 ou 169	11 ou 165	45

6. Quel autobus est-ce que nous prenons pour aller au zoo?
7. Quel autobus est-ce que vous prenez pour aller au Parc du Mont-Royal?
8. Quel autobus est-ce que les gens prennent pour aller à l'aquarium?

Situations modèles: Les renseignements ▪▪▪▪▪▪▪

a) **À pied à Châtillon-sur-Seine**
—S'il vous plaît, Madame, où se trouve le syndicat d'initiative?
—Le syndicat d'initiative? Mais c'est tout près, Monsieur. Vous continuez dans la rue Carnot jusqu'à une grande place. C'est la place Marmont. Vous traversez la place... Attention! Ne tournez pas tout de suite, mais traversez la place. Puis vous tournez à droite dans la rue de Seine et le syndicat d'initiative est juste là, en face du jardin municipal.
—Merci bien, Madame.
—Oh, je vous en prie, Monsieur.

b) **En voiture à Limoges**
—Quand on arrive au centre-ville, est-ce qu'on peut trouver un parking?
—Oh, oui. C'est très facile. Écoute, tu prends l'avenue des Bénédictins, tu passes devant la place Jourdan, qui est sur ta gauche, tu continues, tu traverses l'avenue Garibaldi et tu vas un peu à droite. Tu es maintenant sur le boulevard Carnot. Alors tu continues et il y a un parking sur ta gauche, juste à côté du Royal Limousin. D'accord?
—D'accord.

c) **En voiture à Châtillon-sur-Seine**
—Monsieur, Monsieur, la rue de l'Abbaye, s'il vous plaît?
—Alors, continuez dans la rue de Seine, traversez la place Marmont et allez tout droit dans la rue Marmont. Allez jusqu'au bout, puis tournez à gauche. C'est là, la rue de l'Abbaye.
—Merci bien, Monsieur.
—De rien.

d) **À pied à Limoges**

—Tiens! Henri! Qu'est-ce que tu fais là?

—Ben, je cherche une pharmacie. Est-ce qu'il y en a une dans le quartier?

—Oui, oui. Bien sûr. Il y a une pharmacie dans la rue Maupas.

—La rue Maupas? Où est-elle? Je ne connais pas très bien le quartier.

—Alors, tu vas jusqu'au coin et tu tournes à droite.

—Ce n'est pas à gauche?

—Non, non, non. À gauche, c'est le boulevard Carnot. Tu veux l'avenue des Bénédictins. Continue tout droit et tu vas voir sur ta droite une grande place. C'est la place Jourdan. Tu traverses la place et voilà la rue Maupas. Ça va?

—Oui, oui. Ça va. Merci bien. À tout à l'heure.

—À tout à l'heure, Henri.

À vous! ■■■■■■■■■■■■■■■■■■■■■■■■■■■■■■■■■■

G. Match the preceding conversations with the following drawings.

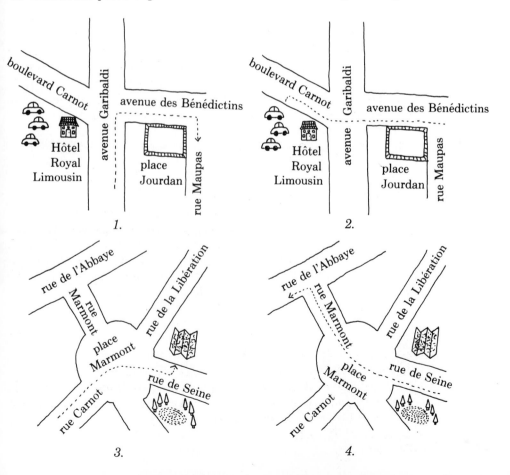

1.

2.

3.

4.

H. **Dans les rues de Nemours.** Using the map of Nemours on p. 24, give directions for each of the following situations. Pay attention to where you are, where the other person wishes to go, and whether this person is someone to whom you would say **tu** or **vous**.

You are at the	You are speaking to	He/she wishes to go to
1. Hôtel Saint-Pierre	your friend	the castle
2. Hôtel Les Roches	your friend	the Saint-Jean Baptiste church
3. syndicat d'initiative	a stranger	train station
4. Église Saint-Pierre	a stranger	Renault garage

Activité ■■■■■■■■■■■■■■■■■■■■■■■■■■■■■■■■■■■

I. **Dans votre ville.** Tell a French exchange student in your school how to get to various places in your town or city. For example, explain how to go from school to your house, from your house to downtown, from your house to the movie theater or to a fast food restaurant, and so forth.

Fiches lexicales

Pour donner des renseignements

Vous tournez à droite.
              à gauche.
Vous allez (continuez) tout droit jusqu'au (à la, à l')...
Vous prenez la rue (l'avenue, le boulevard)...
Vous traversez la rue.
              la place.
              l'avenue.
              le boulevard.

Pour indiquer comment vous y allez

Je prends l'autobus.	J'y vais à pied.
le métro.	à vélo.
l'avion.	en autobus.
le train.	en voiture.
ma voiture.	en avion.
mon vélo.	en métro.
	par le train.

Pour parler du temps qu'il faut pour y aller

Il faut __ minutes pour y aller à pied (en voiture, etc.).
          heures
          jours

Pour indiquer le jour que c'est

Quel jour est-ce (sommes-nous) aujourd'hui?
C'est (nous sommes) aujourd'hui lundi.
                       mardi.
                       mercredi.
                       jeudi.
                       vendredi.
                       samedi.
                       dimanche.

Pour indiquer l'heure

Quelle heure est-il?
Il est une heure.
        une heure et quart.
        une heure et demie.
        deux heures moins le quart.
        midi (minuit).

À (vers) quelle heure est-ce qu'on se retrouve?
On se retrouve à (vers) __ heures.

Pour chercher une précision

Quel est ton nom?
Quelle ligne est-ce qu'on prend?
Quels livres est-ce que vous voulez?
Quelles sont les réponses?

Chapitre préliminaire C

Qu'est-ce qu'on fait?

Objectives

In this preliminary chapter, you will:

- review words and expressions needed to shop and to order food and beverages;
- review the irregular verb **faire;**
- work on placing actions in the past, present, and future;
- practice shopping and ordering.

Première étape

J'ai des courses à faire

La rue commerciale traditionnelle à Montréal, c'est la rue Sainte-Catherine. Mais les jeunes préfèrent aller au Complexe Desjardins. C'est un énorme centre commercial qui se trouve près de la place des Arts. Mais ce qui est intéressant, c'est qu'il est sous la terre! Oui, à Montréal il y a une ville souterraine—le métro, bien sûr, mais aussi des magasins, des cinémas, des restaurants. Mon amie Catherine et moi, nous aimons aller au Complexe Desjardins le samedi après-midi. Catherine adore les bijoux; donc, nous faisons du lèche-vitrine devant les bijouteries du centre. Moi, j'aime beaucoup la musique populaire. C'est pour ça que nous fréquentons aussi les magasins de disques. De temps en temps j'achète un disque ou une cassette.

Marie

Chez nous, c'est ma mère qui fait les courses. Tous les matins elle va en ville acheter ce qu'il faut pour le dîner. Le mercredi et le samedi, c'est facile: elle va au marché en plein air. Là elle peut acheter tout ce qu'elle veut—fruits, légumes, fromage, viande. Les autres jours elle va à l'épicerie, à la boucherie, à la charcuterie. Il y a un supermarché Casino à Nemours, mais ma mère préfère aller chez les petits commerçants. Et moi? Qu'est-ce que je fais? Eh bien, tous les jours, à 7 heures du matin, je prends mon vélo et je vais à la boulangerie, car mes parents aiment manger du pain frais et croustillant. Le dimanche, quelquefois, j'achète des croissants ou une brioche.

Jacques

39

Compréhension ■■■■■■■■■■■■■■■■■■■■■■■■■■■■

A. **Vrai ou faux?** Based on the preceding comments, indicate whether the following statements are true or false.

1. The favorite shopping spot for teenage Montrealers is the **rue Sainte-Catherine.**
2. The **Complexe Desjardins** is an underground shopping center.
3. Marie-Claude's friend likes to buy school supplies.
4. Marie-Claude spends lots of time in record stores.
5. Jacques Aubert's mother does her weekly shopping on Saturday morning.
6. She spends most of her money at the supermarket.
7. Once in a great while she goes to the outdoor market.
8. Jacques makes an important contribution to breakfast every day.

B. **Vous avez des courses à faire?** Ask a classmate the following questions about his/her shopping habits and those of his/her family.

1. Il y a un centre commercial près de chez toi? Tu y vas de temps en temps?
2. Tu préfères acheter quelque chose ou faire du lèche-vitrine?
3. Qu'est-ce que tu achètes au centre commercial? Dans quel magasin?
4. Qui fait les courses chez toi?
5. Quand est-ce qu'il (elle) fait les courses? Tous les jours? Deux ou trois fois par semaine? Une fois par semaine?
6. Où est-ce qu'il (elle) va pour acheter des fruits et des légumes? Pour acheter de la viande?
7. Tu aides ton (ta) ___ à faire les courses de temps en temps?
8. Est-ce qu'il y a un marché en plein air dans notre ville?

Révision: *The irregular verb* ***faire***

The present-tense forms of **faire** are:

faire	
je **fais**	nous **faisons**
tu **fais**	vous **faites**
il, elle, on **fait**	ils, elles **font**

When the verb **faire** is used in a question, the answer often requires a verb other than **faire:**

Qu'est-ce que **tu fais** d'habitude
   le samedi matin?

Je joue au football.

Qu'est-ce qu'**ils vont faire**
   demain soir?

Ils vont aller au cinéma.

Application ■■■■■■■■■■■■■■■■■■■■■■■■■■■■■■■

C. Replace the words in italics and make the necessary changes.

   1. *Elle* fait de la moto. (il / nous / tu / vous / elles / je)
   2. Qu'est-ce qu'*il* fait ce soir? (tu / vous / ils / on / nous)
   3. *On* ne fait pas attention. (vous / elle / tu / nous / ils / je)
   4. *Tu* fais une voyage. (nous / je / il / vous / elles / on)
   5. *Nous* faisons les courses. (il / je / vous / elle / on / nous)

D. **La famille Boyer.** Tell your parents about a French family's weekly
   routine. Based on the drawings, answer your parents' questions.

MODÈLE:

Qu'est-ce que Michel fait le lundi matin?
Il va au lycée.

1. Qu'est-ce qu'Anne-Marie fait
   le lundi matin?

2. Qu'est-ce que Monsieur et
   Madame Boyer font le lundi matin?

3. Qu'est-ce que Michel fait
   le vendredi soir?

4. Qu'est-ce qu'Anne-Marie fait
   le vendredi soir?

5. Qu'est-ce que Monsieur et Madame
   Boyer font le vendredi soir?

6. Qu'est-ce que Michel fait
   le samedi après-midi?

7. Qu'est-ce qu'Anne-Marie fait
   le samedi après-midi?

8. Qu'est-ce que Monsieur et Madame
   Boyer font le samedi après-midi?

E. **Et vous?** Answer the following questions about you and your family.

1. Qu'est-ce que vous faites d'habitude le vendredi soir?
2. Et vos parents, qu'est-ce qu'ils font?
3. Qu'est-ce que vous faites d'habitude le samedi après-midi?
4. Et votre frère (votre sœur), qu'est-ce qu'il (elle) fait?
5. Qu'est-ce que vous allez faire ce soir?
6. Qu'est-ce que vous allez faire demain?
7. Qu'est-ce que vous allez faire vendredi soir?
8. Qu'est-ce que vous allez faire samedi après-midi?

Révision: *Expressing quantity*

To express an indefinite quantity (in English, *some* or *any*), use the partitive article: **du, de la, de l', des:**

Tu vas aller à l'épicerie et tu vas acheter **du** sucre, **de la** moutarde, **de l'**eau minérale et **des** bananes.

After a negative expression, the partitive article becomes **de:**

Nous n'avons pas **de** pain.   Je ne veux pas **de** viande.

Many expressions may be used to express more definite quantities. They range from the general **(beaucoup, un peu)** to the specific **(un kilo, 100 grammes).** They can be used for comparison **(plus, moins)** or to express sufficiency **(assez, trop).** Remember that all of these expressions are followed simply by **de (d')**—**beaucoup de pain, un kilo de pommes, moins de viande, assez d'argent:**

General	Specific	Comparison	Sufficiency
beaucoup de	un kilo de	plus de . . . que	assez de
pas beaucoup de	une livre de	moins de . . . que	pas assez de
un peu de	100 grammes de	autant de . . . que	trop de
très peu de	un litre de		
	une bouteille de		
	une douzaine de		
	un morceau de		
	une tranche de		
	un boût de		

Application ▪▪▪▪▪▪▪▪▪▪▪▪▪▪▪▪▪▪▪▪▪▪▪▪▪▪▪▪▪▪▪▪

F. **Ils mangent de la viande rouge?** Describe in general terms the amount of red meat each member of Jacques' family eats. Use the expressions **beaucoup, pas beaucoup, un peu, très peu.**

MODÈLE: Monsieur Aubert: 10 fois *(times)* par semaine
Monsieur Aubert mange beaucoup de viande rouge.

1. Madame Aubert: 8 fois par semaine
2. Sylvie: 4 ou 5 fois par semaine
3. Martine: 1 fois par semaine
4. André: 10 fois par semaine
5. Jacques: 2 ou 3 fois par semaine

G. **Qu'est-ce que Madame Aubert a acheté?** Madame Aubert did her daily shopping this morning. Based on the drawings, tell what she bought. When possible, give specific quantities.

MODÈLE: *Elle a acheté un kilo de tomates.*

1.   2.   3.   4.

5.   6.   7.   8.

H. **Le shopping à Montréal.** Montreal is advertised as a shopper's paradise. Based on the following excerpts from a shopping guide, make comparisons using **plus de, moins de,** or **autant de.**

MODÈLE: bijouteries / antiquaires
Dans le guide il y a plus de bijouteries que d'antiquaires.

ANTIQUAIRES

- **David S. Brown - OGILVY**   842-7711
  1307, rue Sainte-Catherine ouest   Peel
- **Lapidarius**   288-1355
  2135, rue Crescent   Peel

ARTISANAT

- **Albatroz**   284-9398
  3860, rue Saint-Denis   Sherbrooke
- **Boutique L'Empreinte**   861-4427
  272, rue Saint-Paul est   Champ-de-Mars
- **Les Artisans du meuble québécois** 866-1836
  88, rue Saint-Paul est   Champ-de-Mars
- **Maison Saint-Paul, artisanat**   875-6367
  140, rue Saint-Paul est   Champ-de-Mars
- **Okwari**   632-7527
  Route 138
  Kahnawake
- **Somart**   875-7495
  8, Cartier Mart C   Bonaventure
  Place Bonaventure

BIJOUTERIES

- **Boutique de Bijoux - OGILVY**   842-7711
  1307, rue Sainte-Catherine ouest   Peel
- **Hemsley's**   866-3706
  660, rue Sainte-Catherine ouest   McGill
- **Henry Birks & Sons**   397-2511
  1240, square Phillips   McGill
- **Lapidarius**   288-1355
  2135, rue Crescent   Peel
- **Les Soies Marshall**   844-2555
  1195, rue Sainte-Catherine ouest   Peel
- **Marco Fari**   845-9092
  2120, rue Crescent   Peel
- **Moug**   844-6844
  1435, rue Crescent   Peel

CENTRES COMMERCIAUX

- **Carrefour Laval**   687-1360
  3003, boulevard Le Carrefour
  Laval
- **Complexe Desjardins**   281-1870
  2, Complexe Desjardins   Place-des-Arts
- **Fairview Pointe Claire**   695-1610
  6801, autoroute Transcanada
  Pointe Claire
- **Galeries D'Anjou**   353-6140
  7999, boul. Les Galeries d'Anjou   Radisson
  Anjou
- **Place Bonaventure**   397-2205
  Galerie des boutiques   Bonaventure
  de la Gauchetière / University
- **Place Montréal Trust**   845-7111
  1500, avenue McGill College   McGill
- **Place Ville-Marie**   861-9393
  1, Place Ville-Marie   Bonaventure
- **Promenades St-Bruno**   653-1581
  1, boulevard des Promenades
  Saint-Bruno-de-Montarville

CHOCOLATERIE

- **Brin de Folie**   843-4777
  4001, rue Saint-Denis   Sherbrooke

FLEURISTES

- **Fleuriste Bonaventure**   876-8988
  Place Bonaventure   Bonaventure
- **Le Pot de Fleurs / *The Flower Pot***   866-9454
  1000, rue de la Montagne   Peel

LIBRAIRIE

- **La Librairie du Square**   845-7617
  3453, rue Saint-Denis   Sherbrooke

1. librairies / bijouteries
2. librairies / centres commerciaux
3. bijouteries / fleuristes
4. centres commerciaux / artisanats
5. antiquaires / fleuristes

I. **Au centre commercial.** Marie-Claude has been saving her money and has accumulated 300 Canadian dollars. Based on the newspaper ads, indicate whether she has enough money to buy the following items. Use the expressions **assez de, pas assez de,** and **trop de.**

899.99 $

79.95 $

179.99 $

45.95 $

MODÈLE: une téléviseur
Elle n'a pas assez d'argent pour acheter un téléviseur.
Le téléviseur coûte trop d'argent.

1. un vélo
2. un radio-réveil
3. une calculatrice

RAPPEL

The demonstrative adjective is used to point out specific things. Its forms in French are **ce (cet), cette, ces:**

Nous voulons **cette** bouteille d'eau minérale et **ces** boîtes de yaourt.

To distinguish between *this* and *that* or *these* and *those*, add **-ci** or **-là** to the noun modified by the demonstrative adjective:

Donnez-moi **ces** tomates. Non, **ces** tomates-**là!**

J.   **À l'épicerie.** During summer vacation, Jacques and his two sisters sometimes do the grocery shopping for their mother. They often argue about what to get. Play the roles of Jacques and his sisters. The first person will indicate what is needed **(Il nous faut. . .),** using an appropriate form of the partitive **(du, de la, de l', des).** The second person will suggest **(Prenons. . .)** the particular items to choose, using an appropriate form of the demonstrative adjective **(ce, cet, cette, ces,** and **-ci).** And the third person will point out some items that he/she likes better **(Je préfère. . .),** once again using an appropriate form of the demonstrative adjective (this time with **-là).**

MODÈLE: les tomates
—*Il nous faut des tomates.*
—*Prenons ces tomates-ci!*
—*Non, je préfère ces tomates-là!*

1. les cerises
2. la mayonnaise
3. le camembert
4. les oranges
5. le pâté
6. l'eau minérale

Situations modèles: Les achats ■■■■■■■■■■■■■■■

a) —Oui, Mademoiselle.
    —Je voudrais dix tranches de saucisson, s'il vous plaît.
    —Voilà... Et avec ça?
    —Est-ce que vous avez une salade de thon?
    —Oui. Combien en voulez-vous?
    —Assez pour quatre personnes.
    —D'accord. Voilà. Et avec ça?
    —C'est tout.
    —Bon. Ça fait 30,50.
    —Combien?
    —Trente francs cinquante.
    —Voilà, Monsieur.
    —Merci, Mademoiselle. Au revoir.
    —Au revoir, Monsieur.

b) —Est-ce que je peux vous aider?
    —Oui, je voudrais un cadeau pour ma sœur. Vous avez des idées?
    —Elle a quel âge, votre sœur?
    —Elle a seize ans.
    —Seize ans... Bon. Pourquoi pas ces boucles d'oreille?
    —Non, elle n'aime pas les boucles d'oreille. Est-ce que vous avez des chaînes?
    —Oui, bien sûr. Voici une très jolie chaîne en or.
    —C'est combien?
    —100F.
    —Bon. D'accord. Je vais prendre cette chaîne.
    —Très bien. Vous avez fait un excellent choix.

c) —Mesdames, Messieurs. Achetez vos légumes... vos fruits... tomates, haricots, oranges d'Espagne, bananes... Oui, Madame?
    —Donnez-moi un kilo de tomates, s'il vous plaît.
    —Voilà...
    —Non, non. Ces tomates-là.
    —D'accord. Et avec ça?
    —Il me faut aussi des bananes... une demi-douzaine. C'est tout.
    —Très bien. Voyons... un kilo de tomates à 17F le kilo et une demi-douzaine de bananes... Ça vous fait 40F.
    —Vous avez la monnaie de 100F?
    —Bien sûr. Voilà, Madame. Achetez vos légumes, vos fruits...

d) —Tu vas acheter quelque chose, toi?
    —Je ne sais pas. Je n'ai pas beaucoup d'argent. Et toi?
    —Je voudrais avoir la cassette de Jakie Quartz, «À la vie à l'amour».
    —Ah, oui. On dit qu'elle est sensationnelle!

—Mais tu aimes Bon Jovi, non?
—Oh, oui.
—Tu sais qu'ils ont terminé leur album, qui s'appelle *Contact*.
—Je n'ai pas assez pour acheter un album.
—Mais il y a aussi un 45-tours.
—Ah, oui! Chouette! Je vais demander s'ils ont ce disque ici.

Compréhension ■■■■■■■■■■■■■■■■■■■■■■■■■■

K. **Où sommes-nous?** Indicate where each of the preceding conversations took place. Possible locations: **à la bijouterie, à la boucherie, à la boulangerie, à la charcuterie, à l'épicerie, au magasin de disques, au magasin de jouets, au magasin de sport, au marché, à la papeterie.**

L. **Débrouillez-vous!** You are in charge of dessert for a big family meal. Go to the **pâtisserie.**

   1. Greet the salesperson.
   2. Find out if they have any Napoleons (or other pastry of your choice).
   3. Ask how much an apple pie and a chocolate cake cost.
   4. Decide on what you wish to buy.
   5. Pick out the one(s) you want.
   6. Pay, thank the salesperson, and say good-bye.

Activités ■■■■■■■■■■■■■■■■■■■■■■■■■■■■■■

M. **Vous avez des courses à faire.** When you receive an activity card, go to the appropriate store and buy what is necessary to complete your task. Remember that there are several ways to indicate what you would like to buy: **Je voudrais. . . ,** but also **J'ai besoin de. . . , Est-ce que vous avez. . .?, Je prends (vais prendre). . . , Donnez-moi. . .** Each time you go to a store, try to vary the expressions you use.

Fiches lexicales

> *Pour parler de ce qu'on fait en ville*
>
> Je vais en ville pour aller au cinéma.
> faire des achats.
> faire une course.
> faire du lèche-vitrine.
> retrouver des amis.

Pour expliquer pourquoi on va en ville

J'ai une course à faire.
J'ai envie d'aller au cinéma.
Je vais retrouver des amis au (à la, à l')...
Je dois aller à la boucherie (à la boulangerie,...)
Je voudrais aller au centre commercial (à la Fnac,...)

Pour acheter quelque chose

Il me (nous) faut...	C'est tout.
Je voudrais...	C'est combien?
J'ai besoin d'un (d'une)...	Ça coûte combien?
de...	Ça fait combien?
Est-ce que vous avez...?	Vous avez la monnaie de __ francs?

Pour exprimer la quantité

J'ai beaucoup de...   quelques...
    un peu de...   assez de __ pour + *infinitive*.
    très peu de...   trop de...
Je n'ai pas beaucoup de...
    assez de __ pour + *infinitive*.
Elle a plus de __ que moi.
    autant de
    moins de
Je voudrais un kilo de...   une bouteille de...
    un demi-kilo de...   une douzaine de...
    une livre de...   un morceau de...
    cent grammes de...   une tranche de...
    un litre de...

Pour indiquer ce qu'on a acheté

À la bijouterie j'ai acheté une bague.
          des boucles d'oreille *(f.pl.)*.
          un bracelet.
          une chaîne.
          une montre.
          un pendentif.

À la boucherie j'ai acheté de la viande.
>un bifteck.
>un rôti de bœuf.
>un canard.
>une côte de veau.
>un gigot.
>un poulet.

À la boulangerie j'ai acheté une baguette.
>un croissant.
>du pain.
>un pain au chocolat.
>un pain de campagne.
>un petit pain.

À la charcuterie j'ai acheté du jambon.
>du pâté.
>une saucisse.
>du saucisson.
>une salade (de tomates, de concombres, de thon).

À l'épicerie j'ai acheté du beurre.
>de la crème.
>de la farine.
>du fromage.
>des fruits *(m.pl.)*.
>de la glace.
>des légumes *(m.pl.)*.
>de la mayonnaise.
>de la moutarde.
>des pâtes *(f.pl.)*.
>du poivre.
>du sel.
>du sucre.
>du yaourt.

À la Fnac j'ai acheté une bande magnétique.
>une chaîne stéréo.
>une cassette (vierge).
>un disque.
>un enregistreur à cassette.
>un magnétophone.
>un magnétoscope.
>une vidéo (vierge).
>un vidéo-clip.
>un walk-man.
>un disque compact.

Au magasin de jouets j'ai acheté un ballon.
un camion.
un jeu vidéo.
un jouet.
une poupée.
un robot.
un train électrique.

Au magasin de sport j'ai acheté un appareil de gymnastique.
des balles de tennis *(f.pl.)*.
une raquette de tennis.
des skis *(m.pl.)*.
un vélo.

Au marché j'ai acheté des fruits *(m.pl.)*.
un abricot.
une banane.
des cerises *(f.pl.)*.
un citron.
des fraises *(f.pl.)*.
des framboises *(f.pl.)*.
un melon.
une orange.
une pêche.
une poire.
une pomme.

J'ai acheté aussi des légumes *(m.pl.)*.
des asperges *(f.pl.)*.
des carottes *(f.pl.)*.
des champignons *(m.pl.)*.
un chou.
un concombre.
une courgette.
des haricots verts *(m.pl.)*.
un oignon.
des petits pois *(m.pl.)*.
des pommes de terre *(f.pl.)*.
des radis *(m.pl.)*.
une salade.
une tomate.

À la papeterie j'ai acheté un calendrier.
un carnet.
une carte (de Noël, d'anniversaire,
pour le Nouvel An).
un crayon.
une enveloppe.
une gomme.
du papier.
un stylo.

Deuxième étape

On va manger quelque chose?

■ ■

Quand mon père a très faim, il aime dîner dans un bon restaurant. À Montréal il y a plus de 2 000 restaurants présentant la cuisine de 30 pays différents. Samedi dernier mon père et son amie sont allés dîner à la Menera; c'est un restaurant marocain. Mon frère et moi, bien entendu, nous préférons les restaurants fast-food. Hier nous avons déjeuné à La Belle Province, qui est près de notre appartement. Là nous avons commandé des cheeseburgers et des frites. Mon père ne comprend pas pourquoi nous aimons les fast-food. Mais il a 44 ans—que voulez-vous?

Samedi après-midi. Je n'ai rien à faire. Pas de problème! Je prends mon vélo et je vais en ville, au Café de la Place. Là, je trouve toujours des copains, des camarades de classe. Nous parlons, nous regardons passer les gens, nous prenons une consommation ou une glace. Quelquefois, si je vais en ville avec mon père et ma mère, nous allons au Café des Rochers pour déjeuner. Mes parents mangent toujours une omelette et moi, un croque-monsieur. Mes sœurs, elles préfèrent acheter quelque chose à une briocherie. Ma sœur Béatrice adore les choses sucrées; ma sœur Nicole aime manger de la pizza.

À vous! ■■■■■■■■■■■■■■■■■■■■■■■■■■■■■■■■■

A. **Qui va au (à la). . .?** Based on the preceding comments, indicate in which of the following places you would most likely find the people mentioned by Marie Claude and Jacques.

1.

2.

Restaurant français élégant

3.

4.

Révision: *The passé composé*

The **passé composé** of the great majority of French verbs is formed with the present tense of **avoir** and the past participle:

j'**ai regardé**	nous **avons regardé**
tu **as regardé**	vous **avez regardé**
il, elle, on **a regardé**	ils, elles **ont regardé**

The past participle of regular **-er** verbs is formed by dropping the **-er** and adding **-é**. The past participles of some irregular verbs are **avoir (eu), être (été), faire (fait), prendre (pris).**

To form the negative of the passé composé, insert **ne** before the helping verb and **pas** after the helping verb. Remember that **ne** becomes **n'** before a vowel.

Je **n'**ai **pas** étudié hier.
Ils **n'**ont **pas** pris le métro.

A few verbs form the **passé composé** with the present tense of **être** and the past participle. Among the most common of these verbs are **aller (allé)**, ~~**entrer (entré)**~~, **arriver (arrivé), descendre (descendu), entrer (entré), monter (monté), rester (resté), rentrer (rentré), retourner (retourné), tomber (tombé)**.

RAPPEL

The past participle of a verb conjugated with **être** agrees in number and gender with the **subject** of the verb:

je suis **allé (allée)**	nous sommes **allés (allées)**
tu es **allé (allée)**	vous êtes **allé (allée, allés, allées)**
il, on est **allé**	ils sont **allés**
elle est **allée**	elles sont **allées**

Application ■■■■■■■■■■■■■■■■■■■■■■■■■■■■■■■

B. Replace the words in italics and make the necessary changes.

1. *Paule* a déjeuné au café. (nous / mes parents / tu / Vincent / vous / je)
2. *Marc* n'a pas mangé. (je / Hélène / les autres / vous / tu / on)
3. *André* est allé en ville. (Chantal / nous / nos copains / tu / on / je)
4. *On* n'est pas resté à la maison. (je / mon frère / les autres / vous / tu / nous)

Andrè est allé en ville.

C. **Le samedi de Marie-Claude.** Based on the verbs and drawings, tell
what Marie-Claude did *last Saturday.*

MODÈLE: *Samedi matin Marie-Claude a téléphoné à son amie Francine.*
Etc.

téléphoner   quitter   aller/rencontrer   manger

entrer   faire du lèche-vitrine   aller

regarder   rentrer   regarder

D. **Mon samedi.** Now imagine that *you* spent your Saturday much as Marie-
Claude did. Use the drawings in Exercise C, but substitute names and
places from your own life when appropriate. (If you would not normally do
something that Marie-Claude did, use **ne . . . pas** to indicate what you did
not do.)

MODÈLE: *Samedi matin j'ai téléphoné à mon ami Ed. . .*

E. **Hier: une journée bizarre.** Yesterday was a strange day because everybody changed his/her pattern of behavior. Begin by indicating that the following people did *not* do what they usually do. When a classmate asks what they *did* do, invent a logical answer. Suggestion: The classmate may use question words such as **où, à quelle heure, comment, quand, qu'est-ce que, combien de.**

MODÈLE: D'habitude, Madame Aubert quitte la maison à 9h.
            —*Hier Madame Aubert n'a pas quitté la maison à 9h.*
            —*À quelle heure est-ce qu'elle a quitté la maison?*
            —*À midi.*

1. Monsieur Ducharme prend toujours l'autobus pour aller à son travail.
2. D'habitude, il rentre à la maison vers 6h.
3. D'abord, Madame Aubert va à l'épicerie.
4. À la boulangerie elle achète d'habitude deux baguettes.
5. Jacques déjeune toujours dans la cafétéria de son lycée.
6. Ensuite, il fait une promenade avec ses copains.
7. D'habitude Marie-Claude retrouve ses amies au Café du Centre.
8. Normalement, elles vont au centre commercial pour faire du lèche-vitrine.

Révision: *Expressions that indicate the past, present, and future*

hier	aujourd'hui	demain
hier matin	ce matin	demain matin
hier après-midi	cet après-midi	demain après-midi
hier soir	ce soir	demain soir
lundi dernier		lundi prochain
la semaine dernière	cette semaine	la semaine prochaine
le mois dernier	ce mois	le mois prochain
l'année dernière	cette année	l'année prochaine
il y a trois jours		dans trois jours

Use the present tense of the verb to indicate a habitual action or a present condition:

D'habitude je déjeune à 12h30.   *I usually eat lunch at 12:30.*
J'ai 17 ans.   *I'm seventeen.*
C'est aujourd'hui mercredi.   *Today is Wednesday.*

Situations modèles: On prend quelque chose ....

a) **Dominique et Raphäel**
   —Oh, Dominique. Qu'est-ce que j'ai faim!
   —Moi, aussi. Allons au Pain Doré. C'est tout près.
   —Bonne idée.
   —Mademoiselle, s'il vous plaît. Une quiche et un jus d'orange. Qu'est-ce
   que tu prends, Raphaël?
   —Euh. . . une part de pizza et un Coca.
   —Voilà. Ça fait 28 francs.

b) **Monsieur Le Masson, Bernard et Muriel**
   —Alors, les enfants. C'est l'heure du déjeuner.
   —Où est-ce qu'on va manger, Papa?
   —Au Casque d'Or.
   —Mais non, Papa. Il n'y a rien à manger là.
   —Mais si. Tu peux prendre un croque-monsieur ou un croque-
   madame.
   —Papa, moi, je voudrais un diabolo-citron.
   —Moi aussi, Papa.
   —Bon, d'accord. Votre mère n'aime pas que vous preniez de la limonade.
   Mais elle n'est pas là aujourd'hui. Vous pouvez prendre un diabolo-
   citron, si vous voulez.
   —Merci, Papa.

c) **Antoine et Jean-Jacques**
   —Dis donc, Jean-Jacques. Tu n'as pas faim?
   —Si. J'ai très faim. On va dîner?
   —Oui. Qu'est-ce que tu voudrais manger?
   —Moi, j'ai envie d'un bon steak-frites. Et toi?
   —Oh, ça va très bien. On peut aller à la Rôtisserie de l'Église.
   —Bonne idée. Ils ont de très bons steaks là. Allons-y!

d) **Charlotte et Francine**
   —Oh, là, là. Il y a beaucoup de gens!
   —Comme toujours.
   —Tu as assez d'argent?
   —Oui. J'ai 50F. Et toi?
   —Moi aussi.
   —Mesdemoiselles. Vous désirez?
   —Un hamburger, des frites et une limonade.
   —Et pour moi. . . un Fishburger et un milk-shake au chocolat.
   —Vous voulez des frites?
   —Non, pas de frites.

À vous! ■■■■■■■■■■■■■■■■■■■■■■■■■■■■■■■■■■■■■■■

I. **Où est-ce qu'ils mangent?** Based on the preceding conversations, indicate where each group of people is eating or is planning to eat.

J. **Au café.** You and two friends go to a café for lunch. Discuss what each of you would like to have to eat and drink. Then call the waiter and place your order.

Activités ■■

K. **Où est-ce qu'on va manger?** You and some friends are downtown. You are getting hungry and suggest that you all go eat somewhere. Discuss where you should go (for example, to a **briocherie,** a fast-food place, or a café). Once you have agreed, go to the place of your choice and order what you want to eat and drink.

Fiches lexicales

Pour indiquer où on veut manger

Je voudrais aller au café.
Allons à la briocherie.
Pourquoi ne pas aller à un
  fast-food (au Macdo, au
  Quick)?

Pour accepter

D'accord.
Pourquoi pas?

---

*Pour parler du présent,
du passé et de l'avenir*

aujourd'hui
ce matin
cet après-midi
ce soir

---

*Pour parler d'une activité
actuelle ou habituelle*

maintenant
d'habitude
normalement

Pour parler d'une activité dans le passé

hier (matin, après-midi, soir)
il y a ___ heures (jours, semaines, mois, ans)
la semaine dernière
le mois dernier
l'année dernière *(f.)*

Pour parler d'une activité future

demain (matin, après-midi, soir)
dans __ heures (jours, semaines, mois, ans)
la semaine prochaine
le mois prochain
l'année prochaine *(f.)*

Pour commander quelque chose à boire ou à manger

S'il vous plaît, Monsieur (Madame, Mademoiselle).
Je voudrais. . .
Je vais prendre. . .
Apportez-moi (nous). . .

Pour indiquer ce qu'on boit (drinks) *ou mange*

Au café je prends un café (au lait, -crème). un lait-fraise.
un chocolat. une limonade.
un citron pressé. une orange pressée.
un Coca. un Orangina.
un diabolo citron un thé citron.
(fraise, menthe). un thé au lait.
un express. un thé nature.

Au café je mange un croque-monsieur.
un croque-madame.
une omelette aux fines herbes
(au fromage, au jambon).
un sandwich au pâté (au fromage, au jambon).

À la briocherie j'achète une brioche.
un chausson aux pommes.
un croissant aux amandes.
un pain au chocolat (aux raisins).
une part de pizza.
quelque chose de salé.
quelque chose de sucré.
une quiche.
une tarte à l'oignon.
une tartelette au citron (aux fraises).

Au fast-food je commande des frites *(f.pl.).*
un hamburger.
un milk-shake au chocolat (à la
vanille).

Saumur est une ville moyenne (32 515 habitants) avec un château beaucoup apprécié par les visiteurs. La ville se trouve sur la Loire à 299 km au sud-ouest de Paris.

On fait des descriptions

Objectives

In this unit, you will learn:

- to talk about the weather;
- to understand weather reports;
- to describe objects;
- to describe people.

Chapitre premier

Quel temps fait-il?

Tours est une ville de 140 686 habitants située sur la Loire à 234 km au sud-ouest de Paris. Tours est bien connue pour sa cathédrale gothique et son château. Le climat du Tours est assez doux mais il y pleut au moins 150 jours sur les 365.

Première étape

Point de départ:

Il fait frais aujourd'hui!

■ ■

Il fait du soleil.
Il fait beau.
Il fait chaud.

Il y a un orage.
Il fait mauvais.

Il pleut.

Il fait bon. Pas trop
froid, pas trop chaud.

Il neige.
Il fait froid.

Le ciel est couvert.
Le temps est nuageux.

Il fait du vent.
Il fait frais.

Il fait du
brouillard.

Il y a du verglas.

À vous! ■

A. Quel temps fait-il? State what the weather is like in each drawing.

MODÈLE:

Il fait chaud. Il fait très beau.

   1.   2.   3.   4.   5.   6.

B. **Est-ce qu'il fait beau aujourd'hui?** You're traveling around the United States with your friends' family. Each time you call home, your parents want to know what the weather is like. Answer their questions negatively. Then give the indicated weather condition.

MODÈLE: Est-ce qu'il fait beau aujourd'hui? (mauvais)
Non, il ne fait pas beau aujourd'hui. Il fait mauvais.

1. Est-ce qu'il fait chaud aujourd'hui? (froid)   Il fals
2. Est-ce qu'il pleut aujourd'hui? (il neige)
3. Est-ce que le ciel est couvert? (du soleil)
4. Est-ce qu'il y a un orage? (beau)
5. Est-ce qu'il fait frais? (très froid)
6. Est-ce qu'il fait chaud? (du vent)
7. Est-ce qu'il fait du soleil? (nuageux)
8. Est-ce qu'il fait froid? (assez chaud)

Note Culturelle

LE CLIMAT

Pour le climat comme pour le relief, la France est un raccourci de l'Europe: l'influence de l'Océan, celle de la latitude, l'influence continentale et celle du relief s'y combinent, pour donner toute une gamme de climats différents.

In terms of climate, France is the most varied country in Europe. As you can see from the map below, all four types of climate typical of Western Europe can be found in France. Some say that this explains why the French people differ so much from one region to another.

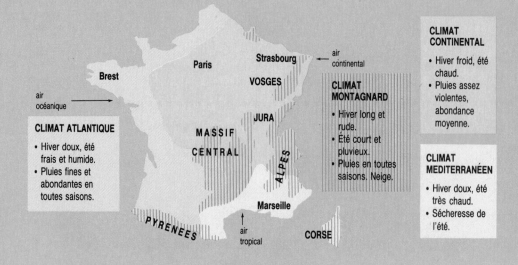

CLIMAT ATLANTIQUE
• Hiver doux, été frais et humide.
• Pluies fines et abondantes en toutes saisons.

CLIMAT MONTAGNARD
• Hiver long et rude.
• Été court et pluvieux.
• Pluies en toutes saisons. Neige.

CLIMAT CONTINENTAL
• Hiver froid, été chaud.
• Pluies assez violentes, abondance moyenne.

CLIMAT MEDITERRANÉEN
• Hiver doux, été très chaud.
• Sécheresse de l'été.

air océanique

air continental

air tropical

Paris Brest Strasbourg VOSGES JURA MASSIF CENTRAL ALPES PYRENEES Marseille CORSE

STRUCTURE

Les mois de l'année

janvier	juillet
février	août
mars	septembre
avril	octobre
mai	novembre
juin	décembre

All the months of the year are masculine and are used without articles. They are not capitalized. To express the idea of *in* a month, use **en** or **au mois de:**

En janvier, il neige beaucoup.	*In January,* it snows a lot.
Il fait chaud **au mois d'août.**	It's hot *in August.*

Application

C. **Quel temps fait-il chez vous?** For each month, describe what the weather is like.

> MODÈLE: septembre
> *En septembre, il fait frais et il fait du vent.*

1. janvier
2. juillet
3. mars
4. novembre
5. mai
6. août
7. décembre
8. juin

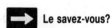

Le savez-vous?

Le Mistral is a very cold and dry wind that brings unusually cold weather to
a. the south Atlantic region of France
b. the Paris region
c. the Mediterranean region
d. the northern region

réponse

D. **Je suis né(e) au mois de... (I was born in ...)** Tell your classmates in what month you were born and what the weather is usually like.

> MODÈLE: *Je suis né(e) au mois de juillet. Il fait toujours très chaud.*

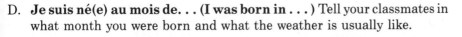

NOTE GRAMMATICALE

La date

1989			**AVRIL**			1989
D	*L*	*M*	*M*	*J*	*V*	*S*
						1
2	3	4	5	6	7	8
9	10	11	12	13	14	15
16	17	18	19	20	21	22
23	24	25	26	27	28	29
30						

Quelle date sommes-nous?
Quelle est la date aujourd'hui? } *What is today's date?*
Nous sommes le 5 avril.
Aujourd'hui c'est le 5 avril. } *Today is April 5.*
C'est aujourd'hui le 5 avril.

Quelle est la date de ton
   anniversaire?
Je suis né **le premier (1ᵉʳ) février**
   dix-neuf cent soixante-treize.
Ma sœur est née **le onze juin**
   dix-neuf cent soixante-seize.

What is the date of your
   birthday?
I was born on *the first*
   of February, 1973.
My sister was born *on*
   June 11, 1976.

 c

To express the date in French, use the definite article **le,** a cardinal number (**trente, dix, cinq),** and the name of the month. The one exception is the first of the month, expressed by **le premier.**

Application ■■■■■■■■■■■■■■■■■■■■■■■■■■■■■

E. **C'est quelle date?** Give the following dates in French.

> MODÈLE: le 23 mars 1937
>   *le vingt-trois mars dix-neuf cent trente-sept*

1. le 8 janvier 1905
2. le 15 août 1985
3. le 1ᵉʳ octobre 1863
4. le 16 septembre 1989
5. le 4 juillet 1776
6. le 14 juillet 1789
7. le 31 mai 1690
8. le 12 juin 1944
9. aujourd'hui

NOTE GRAMMATICALE

Les saisons de l'année

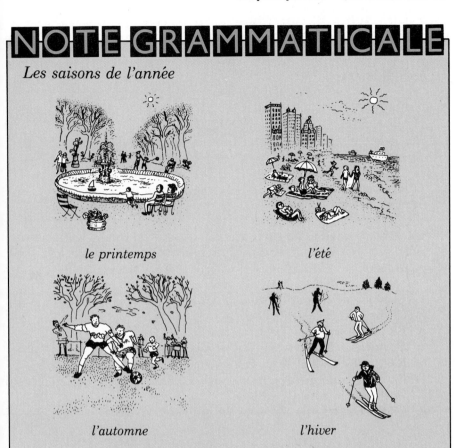

le printemps

l'été

l'automne

l'hiver

All the nouns for the seasons are masculine. To express the idea of *in* a particular season, use **en** with **hiver, automne,** and **été,** and **au** with **printemps.**

En automne on joue au football.	Soccer is played *in the fall.*
En hiver il fait froid.	It's cold *in the winter.*
Il pleut beaucoup **au printemps.**	It rains a lot *in the spring.*
On va à la plage **en été.**	People go to the beach *in the summer.*

F. **Chez vous.** *(Where you live.)* Explain what the weather is like during the various seasons in your region.

MODÈLE: Quel temps fait-il chez vous en hiver?
En hiver il neige et il fait très froid.

1. Quel temps fait-il chez vous en hiver?
2. En automne?
3. En été?
4. Au printemps?

G. **On fait du sport.** Give the season during which each of the following sports is popular.

MODÈLE: le ski
On fait du ski en hiver.

1. le football
2. le basket-ball
3. le base-ball
4. le tennis
5. le football américain
6. la natation

7. le jogging
8. le toboggan
9. le canoë
10. la marche à pied
11. le vélo

H. **Questions, questions, toujours des questions!** You're working with small children who are always curious about something. Answer their questions.

1. Combien de saisons est-ce qu'il y a dans une année?
2. Quels sont les mois de l'été?
3. En quelle saison est-ce qu'on fait du ski?
4. En quelle saison est-ce qu'on va à la plage?
5. En quelles saisons est-ce qu'on joue au football? Au basket?
6. En quelle saison est-ce qu'on célèbre Thanksgiving?
7. Quelle est la date aujourd'hui?
8. Quel est la date du premier jour des vacances d'été?

RELAIS

La mer ou la montagne?

C'est le mois de mars, et la famille Berliot a huit jours de vacances. Mais voilà le problème: maman et papa veulent faire du ski à Grenoble, les enfants préfèrent aller à la plage à Nice.

PAPA:	**Voyons,** les enfants. **Soyez raisonnables!** Il fait beaucoup trop froid pour aller à la plage.	come on/be reasonable
SUZANNE:	**Pas du tout.** Il fait déjà assez chaud.	not at all
MAMAN:	Moi, je veux faire du ski. Nous sommes allés à la plage l'été dernier.	
MARCEL:	C'est vrai. Mais il fait trop froid dans les **montagnes.**	mountains
PAPA:	Mais nous sommes encore en hiver. Le froid, c'est normal!	
MAMAN:	Si nous allons à Grenoble, nous allons peut-être rencontrer des grandes stars du cinéma!	
SUZANNE ET MARCEL:	Et peut-être des chanteurs?	
PAPA:	C'est toujours possible.	
SUZANNE ET MARCEL:	Bon. Allons à Grenoble!	

À vous! ■■■■■■■■■■■■■■■■■■■■■■■■■■■■■■■■■■

I. **Quel temps fait-il à. . .?** Use the information given to imitate the conversation in the model.

MODÈLE:

janvier / Chamonix
—*Moi, je veux aller à Chamonix.*
—*Quel temps fait-il à Chamonix en janvier?*
—*Il fait froid, il neige et il fait du vent.*

1. *août / Cannes*

2. *mars / Paris*

3. *octobre / Aspen*   4. *novembre / Miami*

DÉBROUILLONS-NOUS !

J. **Échange.** Ask one of your classmates the following questions. Your classmate will answer.

1. Quelle saison est-ce que tu préfères? Pourquoi?
2. Aimes-tu le froid? Qu'est-ce que tu aimes faire en hiver?
3. Aimes-tu l'été? Qu'est-ce que tu fais quand il fait chaud?
4. Est-ce que tu aimes mieux la neige ou la pluie? Qu'est-ce que tu fais
    quand il neige? Quand il pleut?
5. Quelle est la date de ton anniversaire? En quelle année es-tu né(e)?
6. Quel temps fait-il en général pendant le mois de ton anniversaire?

K. **Un(e) étudiant(e) étranger(ère).** An exchange student has just arrived
from southern France and is asking you questions about the weather in
your part of the country. He/she asks you what seasons you prefer and
what you do during the various seasons of the year.

— *Qu'est-ce que tu fais
quand il pleut?*

Deuxième étape

Point de départ:

Hier, nous avons eu beaucoup de neige!

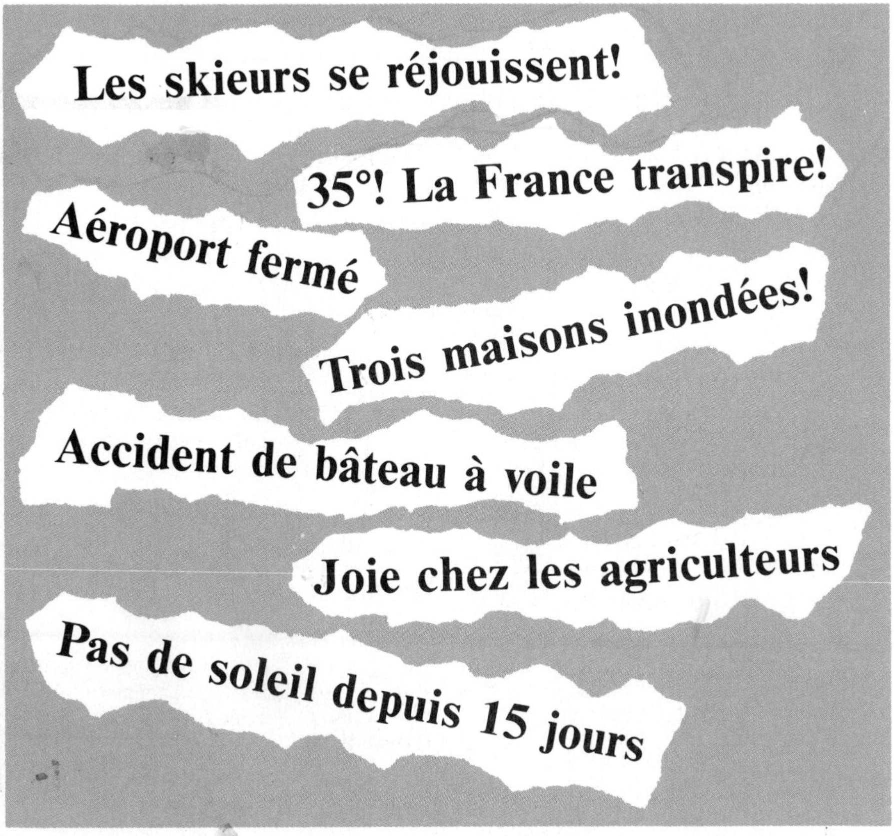

Les skieurs se réjouissent!

35°! La France transpire!

Aéroport fermé

Trois maisons inondées!

Accident de bâteau à voile

Joie chez les agriculteurs

Pas de soleil depuis 15 jours

À vous!

A. **Quel temps est-ce qu'il a fait?** Match the appropriate headlines with the weather descriptions listed.

1. Il a fait du vent.
2. Il a fait du brouillard.
3. Il y a eu un orage.
4. Il a fait chaud.
5. Il a neigé.
6. Il a plu.
7. Le temps a été nuageux.

B. **Hier, il a fait très beau.** Look at the weather map of the United States and answer the questions about the weather.

MODÈLE: Quel temps est-ce qu'il a fait à New York?
Il a fait froid. Il a fait du soleil.

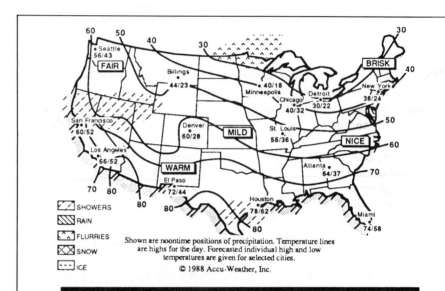

Shown are noontime positions of precipitation. Temperature lines are highs for the day. Forecasted individual high and low temperatures are given for selected cities.

© 1988 Accu-Weather, Inc.

U.S. TRAVELERS' FORECAST

	TUE	WED		TUE	WED
Atlanta	64/37s	64/43s	Minneapolis	40/18pc	30/15pc
Atlantic City	40/27s	45/33pc	New Orleans	78/62pc	78/62c
Boston	37/22pc	39/29pc	New York	38/24s	40/32pc
Buffalo	27/17pc	38/26sf	Orlando	74/52s	74/56pc
Chicago	40/32s	40/22c	Philadelphia	40/25pc	45/33pc
Cincinnati	42/27s	52/32c	Phoenix	76/54pc	74/56pc
Dallas	70/55c	72/50sh	Pittsburgh	36/21s	45/35c
Denver	60/28pc	45/26pc	Portland, OR	58/44c	56/42pc
Detroit	30/22pc	41/24c	San Francisco	60/52sh	62/50c
Houston	78/62pc	78/62sh	Seattle	56/43c	53/39pc
Los Angeles	66/52c	66/52pc	St. Louis	55/36s	50/38c
Miami	74/58pc	76/60pc	Washington	44/27s	50/38pc

WEATHER CODES: s-sunny   pc-partly cloudy   c-cloudy   r-rain
i-ice   sn-snow   t-thunderstorms   sf-snow flurries   sh-showers

Quel temps est-ce qu'il a fait. . .

1. à Boston?
2. à Houston?
3. à San Francisco?
4. à Orlando?
5. à Detroit?
6. à Phoenix?
7. à Buffalo?
8. à Pittsburgh?
9. à Dallas?
10. à Denver?
11. à La Nouvelle Orléans
12. à Chicago?

Prononciation: *The vowel o*

The letter **o** represents two different sounds in French: **[o]**, which is similar to the vowel sound in the English *go* (without a diphthong), and **[ɔ]**, which is similar to the vowel sound in the English *lost*. The sound **[o]** is used when **o** is the last sound of a word **(haricot)**, before **s** plus a vowel **(rose)**, and when the letter **o** has a circumflex **(hôtel)**. In other cases, the letter **o** is pronounced **[ɔ]**.

Pratique ■■■■■■■■■■■■■■■■■■■■■■■■■■■■■■■■

C. Read each word aloud, being careful to clearly pronounce the **[ɔ]** of the first word and avoid making a diphthong with **[o]** in the second.

1. notre, nos
2. votre, vos
3. téléphoner, métro
4. sport, hôte
5. orage, chose
6. octobre, prose
7. soleil, exposé
8. sommes, rose

D. Read each word aloud, being careful to distinguish between **[ɔ]** and **[o]**.

1. pomme
2. rôti
3. promenade
4. chocolat
5. kilo
6. trop
7. roquefort
8. gigot
9. Sorbonne
10. opéra
11. haricots
12. photo

E. **Questions, questions, encore des questions!** You're still working with small children who are always curious about something. Answer their questions.

1. Quelle date sommes-nous aujourd'hui?
2. Quelle est la date de Noël? De la fête nationale américaine? De la fête nationale française? Du Jour de l'An?
3. Quelle est la date de votre anniversaire?
4. Quand est-ce que nous allons en vacances?
5. Combien de saisons est-ce qu'il y a dans l'année?
6. En quelle saison est-ce qu'on fait du ski?
7. En quelle saison est-ce qu'on va à la plage?
8. En quelle saison est-ce qu'on joue au basket? Au football?

STRUCTURE

Regular -ir verbs

—**Je réussis** toujours à mes
examens. Et toi?

—Moi aussi. **J'ai réussi**
à mon examen de français hier.

—*I always* pass *my exams. What
about you?*

—Me too. *I passed* my French
exam yesterday.

Here is the way to form the present tense of regular **-ir** verbs:

finir (to finish)	
je fin**is**	nous fin**issons**
tu fin**is**	vous fin**issez**
il, elle, on fin**it**	ils, elles fin**issent**
Past participle: **fini** (avoir)	

Some other **-ir** verbs that follow this pattern are:

choisir	to choose
grossir	to gain weight
maigrir	to lose weight
obéir (à + noun)	to obey (something or someone)
réfléchir (à + noun)	to think, to reflect (about something)
réussir (à un examen)	to succeed (to pass an exam)

Application ■■■■■■■■■■■■■■■■■■■■■■■■■■■■■

F.   Replace the subjects in italics and make all necessary changes.

   1. *Elle* ne réfléchit pas assez. (je / elles / tu / ils / nous / il / vous)
   2. *Tu* grossis. (vous / elle / je / nous / ils / tu / elles)
   3. *Ils* finissent toujours leurs devoirs. (tu / nous / elle / vous / je)
   4. *J'*ai réussi à l'examen. (nous / vous / il / elles / tu / je)
   5. Est-ce que *tu* as fini l'exercice? (vous / elles / il / tu / elle / ils)

G.   **Questions.** Use each cue to ask four questions (**tu, vous, il** or **elle, ils** or
   elles) of the other students in your group.

   1. réussir au dernier examen
   2. finir les devoirs
   3. réfléchir assez
   4. obéir toujours à . . . parents
   5. maigrir
   6. obéir au professeur

H.   **Les deux dernières années.** You've just met a friend you haven't seen in
   two years. After saying hello, tell each other what you did during those two

years. Use some of the **-ir** verbs you have just learned (such as **réussir, finir, maigrir, grossir, choisir**) along with other verbs you know.

MODÈLE: —*Bonjour, comment ça va?*
—*Ça va bien, et toi?*
—*Ça va. Dis-moi, qu'est-ce que tu as fait pendant les deux dernières années?*
—*Je suis allé(e) en Californie avec mes parents.*
—*Moi j'ai réussi à mes examens et je vais aller à l'université, etc.*

Il a fait très froid!

La famille Berliot a passé huit jours à Grenoble. Mais ils n'ont pas eu de la **chance.** Il a fait mauvais et les enfants n'ont pas été contents.   luck

MARCEL:	Il a fait trop froid ici.
SUZANNE:	Oui. À Nice, il a probablement fait chaud et très beau.
PAPA:	Pourquoi est-ce que ~~vous~~ **vous vous plaignez** tout le temps? Nous avons fait un peu de ski.
MAMAN:	Oui, et nous avons bien mangé!
MARCEL:	Ça a été très **ennuyeux.** Pas de musique, pas de stars de cinéma.
SUZANNE:	Tu as raison. Nous avons passé tout notre temps à l'intérieur.
PAPA:	Peut-être. Mais **au moins** nous avons passé les vacances en famille!

complain

boring

at least

À vous! ■■

I. **Des vacances.** Tell your classmates about a vacation you took with your family or friends. Explain where you went and in which month. Then describe the weather and what you did.

MODÈLE: Où: *Nous sommes allés à Disney World.*
Mois: *Nous sommes allés au mois de juin.*
Temps: *Il a fait chaud. Il a fait du soleil. Il a fait beau.*
Activités: *Nous avons joué au tennis, nous avons dansé le soir et nous avons rencontré Mickey Mouse.*

DÉBROUILLONS-NOUS!

J. **Mes vacances.** Find out from your classmate about his/her last vacation. Ask where he/she went, with whom, what he/she did, what the weather was like, etc.

Troisième étape

Point de départ:

La météo

■■■■■■■■■■■■■■■■■■■■■■■■■■■■■■■■■■■■■■

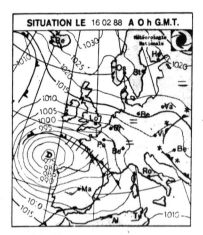

SITUATION LE 16 02 88 **A 0 h G.M.T.**

MÉTÉOROLOGIE

Mardi 16 février

Températures (le premier chiffre indique le maximum enregistré dans la journée du 16 février, le second le minimum dans la nuit du 16 février au 17 février) : Ajaccio, 14 et 5 degrés ; Biarritz, 20 et 11 ; Bordeaux, 14 et 7 ; Bréhat, 7 et 4 ; Brest, 7 et 4 ; Cannes, 14 et 7 ; Cherbourg, 5 et 2 ; Clermont-Ferrand, 12 et 4 ; Dijon, 2 et 0 ; Dinard, 8 et 2 ; Embrun, 8 et −1 ; Grenoble-St-M.-H., 11 et 2 ; Grenoble-Saint-Geoirs, 11 et 1 ; La Rochelle, 12 et 5 ; Lille, 2 et −4 ; Limoges, 10 et 5 ; Lorient, 6 et 5 ; Lyon, 8 et 2 ; Marseille-Marignane, 12 et 8 ; Nancy, 1 et −5 ; Nantes, 10 et 4 ; Nice, 13 et 7 ; Paris-Montsouris, 6 et 1 ; Paris-Orly, 7 et 0 ; Pau, 17 et 7 ; Perpignan, 15 et 4 ; Rennes, 6 et 3 ; Rouen, 6 et −1 ; Saint-Étienne, 10 et 3 ; Strasbourg, 0 et −6 ; Toulouse, 15 et 2 ; Tours, 6 et 3. Températures relevées à l'etranger : Alger, 21 et 11 ; Genève, 4 et 0 ; Lisbonne, 15 et 9 ; Londres, 2 et 0 ; Madrid, 14 et 3 ; Rome, 12 et 1 ; Stockholm, −6 et −16.

Note Culturelle

Temperatures in France and other European countries are given on the Celsius (centigrade) scale. Here is a comparison of Celsius temperatures and their Fahrenheit equivalents:

C:	30°	25°	20°	15°	10°	5°	0°	−5°
F:	86°	77°	68°	59°	50°	41°	32°	23°

To convert from Celsius to Fahrenheit, divide by 5, multiply by 9, and add 32. To convert from Fahrenheit to Celsius, subtract 32, multiply by 5, and divide by 9. To indicate temperature, a French person would say, «**La température est de cinq degrés.**»

```
°C        °F
35 ─      ─ 95
30 ─      ─ 86
25 ─      ─ 77
20 ─      ─ 68
15 ─      ─ 59
10 ─      ─ 50
 5 ─      ─ 41
 0 ─      ─ 32
−5 ─      ─ 23
−10 ─     ─ 14
```

À *vous!* ■■■■■■■■■■■■■■■■■■■■■■■■■■■■■■■■■■■■

A. **Quel temps est-ce qu'il va faire le 16 février?** Look at the temperature indications for the various cities on p. 80. The first number is the high during the day and the second number is the low during the night. According to the high temperature, say whether it will be warm (**Il va faire bon**), cool (**Il va faire frais**), cold (**Il va faire froid**), or very cold (**Il va faire très froid**) on February 16.

MODÈLE: Bordeaux
          Il va faire frais.

1. Cherbourg
2. Biarritz
3. Nancy
4. Stockholm
5. Alger
6. Lille
7. Toulouse
8. Nantes
9. Strasbourg
10. Cannes
11. Saint-Étienne
12. Rome

B. **Quel temps est-ce qu'il va faire demain?** Use the cues in parentheses to give the weather for tomorrow.

MODÈLE: Est-ce qu'il va faire beau demain? (pleuvoir)
          Non, il va pleuvoir.

1. Est-ce qu'il va neiger demain? (faire du soleil)
2. Est-ce qu'il va faire chaud demain? (faire frais)
3. Est-ce qu'il va faire bon demain? (faire froid)
4. Est-ce qu'il va faire beau demain? (faire mauvais)
5. Est-ce qu'il va pleuvoir demain? (neiger)
6. Est-ce qu'il va faire beau demain? (faire du brouillard)

C. **Hier et demain.** Use the cues to ask and answer questions about yesterday's and tomorrow's weather.

MODÈLE: beau / aussi
          —*Quel temps est-ce qu'il a fait hier?*
          —*Il a fait beau.*
          —*Quel temps est-ce qu'il va faire demain?*
          —*Il va faire beau aussi.*

1. mauvais / aussi
2. chaud / assez froid
3. pleuvoir / aussi
4. du vent / très chaud
5. couvert / du soleil
6. très beau / neiger
7. des orages / beau
8. frais / assez chaud

REPRISE

D. **Qu'est-ce qui leur est arrivé?** *(What happened to them?)* You and a
friend are looking at photographs of people you used to know. Use an **-ir**
verb to say what happened to each of them **(choisir, finir, grossir,
maigrir, réussir à l'examen, réussir).**

MODÈLE:
Elle a choisi d'aller à Paris.

1.

2.

3.

4.

STRUCTURE

Questions with inversion

Quel temps **fait-il**? · *What is* the weather like?
Va-t-il pleuvoir? · *Is it going* to rain?
Voulez-vous aller au parc? · *Do you want* to go to the park?

In addition to using the question forms you've already learned (intonation, **est-ce que, n'est-ce pas**), it is possible to ask a question by inverting the subject and the verb. Note that very often we do the same thing in English (*They are* going out tonight. *Are they* going out tonight?).

In French, inversion is most commonly seen in writing. It is therefore most important for you to recognize it when you read. In everyday conversation, either intonation or **est-ce que** are the preferred interrogative forms.

When you write an inverted verb and subject, connect the two words with a hyphen:

voulez-vous?   **vas-tu?**   **ont-ils?**

When a conjugated verb ends in a vowel and you want to invert it with **il, elle,** or **on,** place **-t-** between the two words. This makes pronunciation easier:

Que cherche-**t**-elle? · **But:** Que cherchent-ils?
Où va-**t**-il? · **But:** Où vont-ils?

In the **passé composé,** inversion takes place with the auxiliary verb (**avoir** or **être**):

As-tu fini tes devoirs?
Es-tu allé au cinéma?

When there is a conjugated verb followed by an infinitive, the inversion involves only the conjugated verb:

Aimes-tu aller au cinéma?

 Le savez-vous?

In French, many *-ir* verbs come from adjectives. If *vieillir* means to get older, what does *rougir* mean:
a. to have high blood pressure
b. to put on make-up
c. to get very angry
d. to blush

réponse

Application ■■■■■■■■■■■■■■■■■■■■■■■■■■■■■■■■■

E. **Comment?** *(What did you say?)* Each time you ask your friends a question, they ask you to repeat it. You ask them the question again, using **est-ce que.**

MODÈLE: As-tu un transistor?
—*Comment?*
—*Est-ce que tu as un transistor?*

1. As-tu une chaîne-stéréo?
2. Prenez-vous souvent le métro?
3. Avez-vous acheté un gâteau?
4. As-tu pris l'autobus?
5. Est-elle française?
6. Où habites-tu?
7. Pourquoi vont-ils en ville?
8. Quel temps fait-il?
9. Ont-elles réussi à l'examen?

➡ d

F. **Questionnaire.** Use inversion to ask another student . . .

MODÈLE: s'il (si elle) est américain(e)
Es-tu américaine?

1. s'il (si elle) parle espagnol
2. s'il (si elle) a une télévision dans sa chambre
3. s'il (si elle) aime faire du ski
4. s'il (si elle) a fait un voyage l'année dernière
5. où il (elle) est allé(e)
6. s'ils (ses parents) ont beaucoup d'amis
7. s'ils (ses parents) aiment jouer au tennis
8. quand ils (ses parents) vont visiter Paris

La Météo

Dicton du mois : Le 29 septembre : les hirondelles a
St Michel, l'hiver s'en vient après Noël.

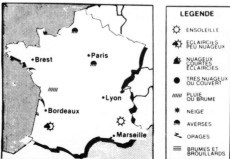

LEGENDE

☼ ENSOLEILLE
☀ ECLAIRCIES PEU NUAGEUX
⛅ NUAGEUX COURTES ECLAIRCIES
● TRES NUAGEUX OU COUVERT
///// PLUIE OU BRUME
✳ NEIGE
♒ AVERSES
⚡ ORAGES
≡ BRUMES ET BROUILLARDS

— *Quel temps fait-il
à Marseille? À Paris?*

NOTE GRAMMATICALE

Common uses of inversion

Although inversion is less frequently used in spoken French than are the other interrogative forms, some questions are routinely asked with inversion (fixed expressions) and some verbs (particularly short ones) are commonly inverted when they appear in questions.

Fixed expressions

Comment **allez-vous?** Comment **vas-tu?**
Comment vous **appelez-vous?** Comment t'**appelles-tu?**
Quel temps **fait-il?**
Quel jour **sommes-nous?**
Quelle heure **est-il?**
Quelle date **sommes-nous?**

Verbs

avoir   **As-tu** une voiture?
être   **Est-elle** française?
aller   **Vont-ils** en France cet été?
vouloir   **Veux-tu** aller au cinéma?

Application ■■■■■■■■■■■■■■■■■■■■■■■■■■■■■

G. **Et toi?** For each statement, use the cue in parentheses to ask a question with inversion.

MODÈLE: Je m'appelle Barbara. (s'appeler)
            Et toi, comment t'appelles-tu?

1. Moi, j'ai la voiture ce soir. (vouloir aller en ville)
2. Je vais aller à la plage ce week-end. (aller rester à la maison)
3. Je m'appelle Georges. (s'appeler)
4. Je vais très bien. (aller)
5. Je suis française. (être américain)
6. J'ai beaucoup de disques. (avoir des vidéos)
7. Je vais aller au centre commercial. (vouloir aller avec moi)
8. Je vais à Madrid cet été. (où / aller cet été)
9. C'est le 22 septembre. (être quelle date)
10. Il est 3 h. (être quelle heure)

Va-t-il pleuvoir demain?

Demain, c'est samedi. Monique et ses amis parlent de leurs projets pour le week-end. Mais ces projets dépendent du temps qu'il va faire.

MONIQUE:	Voulez-vous faire un pique-nique demain?
PAUL:	Je ne sais pas. Quel temps est-ce qu'il va faire?
SIMONE:	J'ai écouté la météo à la télé. Il va pleuvoir demain matin.
PAUL:	Alors, je préfère aller au centre commercial.
MONIQUE:	Et demain après-midi, va-t-il pleuvoir?
SIMONE:	Non, il va faire bon. Il va faire du soleil aussi.
MONIQUE:	Eh bien. . . nous pouvons faire notre pique-nique l'après-midi. Paul, veux-tu aller avec nous?
PAUL:	Oui, si vous allez à la Fnac le matin avec moi.
SIMONE:	D'accord. On va à la Fnac le matin et on fait un pique-nique l'après-midi.

À vous! ■■■■■■■■■■■■■■■■■■■■■■■■■■■■■■■■■■■■■

H. **Des projets pour le week-end.** You and your friends are making plans for the weekend. Each time someone makes a suggestion, another person uses the weather as a reason for not doing the proposed activity.

MODÈLES: aller à la plage
—*Allons à la plage.*
—*Non, il va faire froid demain.*

rester à la maison
—*Restons à la maison.*
—*Non, il va faire beau demain.*

1. faire un pique-nique
2. faire une promenade
3. regarder la télévision
4. aller au centre commercial
5. aller à la piscine
6. aller en ville
7. jouer au tennis
8. aller au cinéma

DÉBROUILLONS-NOUS!

I. **D'ou viens-tu?** *(Where are you from?)* An exchange student from south-
    ern France has just arrived on your campus. Ask the following questions
    (use a variety of question forms, including inversion) to find out more
    about him/her.

    Ask. . .

    1. when he/she arrived in the United States
    2. if he/she likes the United States
    3. where he/she lives in France
    4. what the weather is like in . . .
    5. if he/she lives near the beach **(la plage)**
    6. when he/she was born
    7. what his/her parents do
    8. if he/she has any brothers or sisters

Les Alpes

Lexique

Pour se débrouiller

Pour parler du temps qu'il fait

Quel temps fait-il?
Il est nuageux.
Il fait beau.
Il fait bon.
Il fait chaud.
Il fait frais.
Il fait froid.
Il fait mauvais.
Il fait du brouillard.
Il fait du soleil.
Il fait du vent.
Il y a un orage.
Il y a du verglas.
Il neige.
Il pleut.
Le ciel est couvert.

Pour demander et donner la date

Quelle date sommes-nous?
Quelle est la date aujourd'hui?
Quelle est la date de. . .?
Nous sommes le 5 avril.
Aujourd'hui, c'est le 5 avril.
C'est aujourd'hui le 5 avril.
Je suis né(e) au mois de juin.

Thèmes et contextes

Les mois de l'année

janvier
février
mars
avril
mai
juin
juillet
août
septembre
octobre
novembre
décembre

Les saisons de l'année

le printemps (au printemps)
l'été (en été)
l'automne (en automne)
l'hiver (en hiver)

Vocabulaire général

Noms

la chaleur
la chance
le froid
une montagne

la neige
la pluie
la température

Verbes

choisir
finir
grossir
maigrir
obéir (à)
réfléchir (à)
réussir (à)
réussir à un examen

Adjectif

ennuyeux(-se)

Autres expressions

au moins
pas du tout
soyez raisonnables
voyons

Chapitre deux
C'est comment?

St. Malo est un petit port de pêche. Autrefois les remparts servaient de protection contre les invasions venues de la mer. La ville a 45 030 habitants. Elle se trouve en Bretagne, a 411 km à l'ouest de Paris.

Point de départ:
On fait des descriptions!

Cette voiture-ci est petite.
Cette voiture-ci est **belle (jolie).**
Cette voiture-ci est moderne.
Cette voiture-ci est bonne.

Cette voiture-là est grande.
Cette voiture-là est **laide.**   beautiful/ugly
Cette voiture-là est **vieille.**   old
Cette voiture-là est mauvaise.

Ce livre-ci est intéressant.
Ce livre-ci est facile.
Ce livre-ci est **léger.**

Ce livre-là est ennuyeux.
Ce livre-là est difficile.
Ce livre-là est **lourd.**   light/heavy

De quelle couleur est. . .?

Voici les couleurs:

blanc	marron	orange
noir	bleu	rouge
gris	vert	rose
brun	jaune	violet

À vous! ■■■■■■■■■■■■■■■■■■■■■■■■■■■■■■■■■■

A. _____ **ou** _____ **?** Which adjective best describes each drawing?

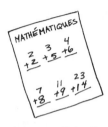

1. *Cet examen est-il facile ou difficile?*

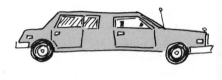

2. *Cette voiture est-elle petite ou grande?*

3. *Cette église est-elle vieille ou moderne?*

4. *Ce livre est-il ennuyeux ou intéressant?*

5. *Ce tableau est-il beau ou laid?*

6. *Ce film est-il bon ou mauvais?*

7. *Cette valise est-elle légère ou lourde?*

8. *Cette ville est-elle jolie ou laide?*

B. **De quelle couleur est. . .?** Choose the color that best describes the object in question.

1. Le ciel est-il bleu ou vert?
2. Les pommes sont-elles rouges ou violettes?
3. Le soleil est-il brun ou jaune?
4. La neige est-elle blanche ou brune?
5. Les bananes sont-elles grises ou jaunes?
6. Les petits pois sont-ils verts ou noirs?
7. Les pommes de terre sont-elles brunes ou orange?
8. Les nuages sont-ils marron ou gris?

C. **La télévision qui réveille.** Read this description in the ad for the TV-alarm clock. Then name all the adjectives that you can find. You should be able to find at least ten adjectives. Remember that adjectives tell you something about the nouns they modify.

○○

La télévision qui réveille !

D'abord vous programmez l'heure, puis la façon de vous réveiller : télé ou radio... à votre guise. Petit et léger, le «réveil audio-visuel» s'adapte à toutes les pièces de la maison. Bonnes performances : possibilité de recevoir toutes les chaînes françaises et européennes (sauf la Grande-Bretagne) et définition-image parfaite. Puissance nominale 0,5 W. **Téléviseur** : noir et blanc, récepteur multistandard VHF-UHF. Réglages son, luminosité, contraste. Dim. écran 11 cm (diagonale). Prises pour antenne extérieure et pour batterie extérieure 12 V (cordon non livré). **Radio** PO-GO-FM. **Réveil** : affichage digital de l'heure, cycle 24 heures. Position sommeil, avec arrêt automatique (au bout d'1h59 maxi) et remise en marche à l'heure souhaitée. Choix du réveil : radio ou TV. Possibilité de répétition toutes les 9 minutes. Réserve de pile (type 6F22, vendue p. 1122) pour préserver le réglage de l'heure en cas de coupure de courant. Larg. 26,5, prof. 18, haut. 13 cm. Poids 2,6 kg. Livré avec notice. Garantie 1 an. S.A.V. ◆ assuré, voir p. 1152.

Réf. 301.5289   **Prix 1490.00**

○○

Prononciation: *The combination ou*

The combination **ou** in French is usually pronounced **[u]**, as in the English *boot* (without a diphthong): **nous, tourner.** However, when the **ou** combination is followed by a vowel sound, it is pronounced **[w]**, as in the English *will:* **oui.**

Pratique ■■■■■■■■■■■■■■■■■■■■■■■■■■■■■■■■■

D. Read each word aloud, being careful to distinguish between **[u]** and **[w]**.

1. rouge	4. poulet	7. jouer	10. silhouette
2. beaucoup	5. couvert	8. tour	11. Louvre
3. oui	6. ouest	9. cousin	12. août

E. **Je ne t'ai pas entendu.** *(I didn't hear you.)* Each time you ask something, the other person doesn't hear you. Repeat your question, using inversion.

MODÈLE: Où est-ce que tu vas?
—*Comment? Je ne t'ai pas entendu.*
—*Où vas-tu?*

1. Quel temps est-ce qu'il fait?
2. Comment est-ce que tu t'appelles?
3. Est-ce que tu veux aller à la piscine?
4. Est-ce que tu as acheté ce disque?
5. Est-ce qu'ils ont pris le métro?
6. Est-ce qu'elle va avec nous?
7. Où est-ce que vous allez?
8. Est-ce que tu as un magnétoscope?

STRUCTURE

Agreement of adjectives

Adjectives tell you something about the nouns they modify. In French, adjectives must agree in gender and number with the noun. Therefore, if the noun is feminine, the adjective is also feminine. And if the noun is masculine, the adjective is also masculine. Here are some rules that will help you change the masculine form of the adjective to the feminine.

Feminine forms of adjectives

1. The feminine form of most adjectives is created by adding **-e** to the masculine form. Note that when this happens, the last consonant is pronounced.

   Le théâtre est **grand**.　　　La bibliothèque est **grande**.
   Le parc est **joli**.　　　　　La maison est **jolie**.

2. If the masculine form of an adjective ends in **-e**, the feminine form stays the same:

   Le livre est **difficile**.　　　La question est **difficile**.
   Le stylo est **rouge**.　　　　La bicyclette est **rouge**.

3. If the masculine form ends in **-er**, the feminine form ends in **-ère**. Again, the last consonant in the feminine form is pronounced.

   Le téléviseur est **léger**.　　　La valise est **légère**.
   Le magnétoscope est **cher**.　　La calculatrice est **chère**.

4. If the masculine form ends in **-x**, the feminine form ends in **-se**:

   Ce livre est **ennuyeux**.　　　Cette leçon est **ennuyeuse**.
   Ce pain est **délicieux**.　　　Cette tarte est **délicieuse**.

5. Adjectives of color that come from names of objects usually don't change in the feminine:

   Voilà un sac **marron**.　　　Voici une table **marron**.
   Voilà un cahier **rose**.　　　Voici une maison **rose**.
   Voilà un livre **orange**.　　　Voici une auto **orange**.

6. Certain adjective forms are irregular and must be learned separately:

   Le village est **beau**.　　　La ville est **belle**.
   Le quartier est **vieux**.　　　La maison est **vieille**.
   Le nuage est **blanc**.　　　La neige est **blanche**.

Application ■■■■■■■■■■■■■■■■■■■■■■■■■■■■■■■■■■

F. Give the feminine form of each adjective.

MODÈLE: gris
         grise

1.	facile	10.	ambitieux
2.	suisse	11.	vieux
3.	français	12.	beau
4.	petit	13.	mauvais
5.	vert	14.	laid
6.	premier	15.	ennuyeux
7.	délicieux	16.	lourd
8.	dernier	17.	joli
9.	blanc	18.	grand

G. Give the masculine form of each adjective.

MODÈLE: verte
         vert

1.	intéressante	8.	vieille
2.	française	9.	délicieuse
3.	blanche	10.	légère
4.	mauvaise	11.	brune
5.	première	12.	grande
6.	anglaise	13.	lourde
7.	orange	14.	ennuyeuse

H. **Comparaisons.** You and your friend are comparing where you live and what you own. For each statement respond with another statement using the same adjective and the cue in parentheses. Remember to make the adjectives agree with the nouns.

MODÈLE: Mon appartement est petit. (maison)
         Ma maison est petite aussi.

1. Ma maison est neuve.[1] (appartement)
2. Mon vélo est vieux. (voiture)
3. Ma vidéo est intéressante. (livre)
4. Ma chaîne-stéréo est chère. (ordinateur)
5. Mon sac à dos est marron. (valise)
6. Mon vélomoteur est japonais. (voiture)
7. Mon appartement est grand. (chambre)
8. Ma maison est blanche. (appartement)

[1]Use the adjective **neuf (neuve)** when *new* means *brand new.* Use the adjective **nouveau** when *new* means *changed,* i.e. *no longer the same.*

NOTE GRAMMATICALE

Plural forms of adjectives

In addition to agreeing in gender, adjectives must agree *in number* with the nouns they modify. That means that if a noun is singular, the adjective must be singular. And if a noun is plural, the adjective must be plural.

1. The plural form of most adjectives is created by adding **-s** to the singular form. Note that there is no pronunciation change from singular to plural:

   Le stylo est **bleu.**   Les stylos sont **bleus.**
   La tarte est **délicieuse.** Les tartes sont **délicieuses.**

2. If the singular form of an adjective ends in **-s** or **-x,** the plural form remains the same. Again, there is no change in pronunciation:

   Ce film est **mauvais.** Ces films sont **mauvais.**
   Ce livre est **vieux.**   Ces livres sont **vieux.**

3. If the singular form of an adjective ends in **-eau,** the plural form adds **-x.** Again, there is no change in pronunciation:

   Ce livre est **beau.** Ces livres sont **beaux.**

Note: **Marron** and **orange** don't change in the plural.

Application ■■■■■■■■■■■■■■■■■■■■■■■■■■■■■■

I.   Give the plural form of each adjective and tell whether you added an **-s,** an **-x,** or nothing.

1. petit
2. laide
3. ennuyeuse
4. dernier
5. noir
6. gris
7. vieille
8. brun
9. intéressant
10. beau
11. bon
12. blanche
13. orange
14. mauvais
15. vert
16. vieux

J. **Ma maison est. . .** Use an adjective to make a statement about each object. Then ask another student a question. Follow the model.

MODÈLES: ma maison
—*Ma maison est grande. Et ta maison?*
—*Ma maison est grande aussi.* ou:
—*Ma maison n'est pas grande. Elle est petite.*

mon livre
—*Mon livre est intéressant. Et ton livre?*
—*Mon livre est intéressant aussi.* ou:
—*Mon livre n'est pas intéressant. Il est ennuyeux.*

1. ma maison (mon appartement)
2. ma chambre
3. mes livres
4. mon vélo
5. mon auto
6. mes disques
7. ma ville
8. ma classe d'anglais (de mathématiques, de littérature, de français, etc.)

— *Mon livre est intéressant. Et ton livre?*

Elle est moche, cette voiture!

Philippe a fait des économies et il a enfin acheté une voiture. Ses amis inspectent la **nouvelle** voiture, mais ils ne sont pas très optimistes.

CLAUDE:	Elle est **moche**, cette voiture!	ugly
PHILIPPE:	Mais non! Voyons. . . elle n'est pas chère, et elle est très pratique.	
PAUL:	Tu es sûr qu'elle **marche**?	runs
PHILIPPE:	Écoutez! Elle est petite, elle est **économique** et elle marche bien. Au moins j'ai une voiture, moi! On fait une promenade ensemble?	economical
CLAUDE:	Oui, je veux bien. Mais une voiture violette! C'est un peu bizarre, non?	

À vous! ■■■■■■■■■■■■■■■■■■■■■■■■■■■■■■■■■■■

K. **Je viens d'acheter. . .** *(I just bought . . .)* Describe something you just bought to one of your classmates. Tell him/her what it is and use the adjectives you've learned to describe its color, size, and other characteristics. Your classmate can ask you questions. Suggestions: **une bicyclette, une vidéo, un sac à dos, une auto, un téléviseur avec radio-réveil, un livre.**

> MODÈLE: *Je viens d'acheter un vélo. Il est français. Il est bleu et gris. Il est très pratique aussi! Etc.*

 Le savez-vous?

The adjective *grand(e)* when applied to a person can mean either "tall" or
a. "grand"
b. "great"
c. "grandiose"
d. "gargantuan"

réponse

DÉBROUILLONS-NOUS!

L. **Un nouvel ami (une nouvelle amie).** A French-speaking student from Zaïre has just arrived in your community and it's your task to describe your school to him/her. Use as many adjectives as you can to make your description as precise as possible. Suggested things to talk about: **librairie, cafétéria, bibliothèque, piscine, stade, classe d'anglais (de mathématiques),** etc. Your new friend will ask you questions to get more information.

Deuxième étape

Point de départ:

Qu'est-ce que tu en penses?

■■■■■■■■■■■■■■■■■■■■■■■■■■■■■■■■■■■■■■

20h00 ② ❼ ⑨ ⓫ ⓭ **LES**
➤ **DAMES DE COEUR**
DÉBUT. Nous connaîtrons le dénouement des drames qui ont secoué les familles Trudel et Belleau. Pour Lucie (Louise Rémy) et Jean-Paul (Gilbert Sicotte) c'est la période de réadaptation; peut-on apprendre à vivre avec un sentiment de culpabilité? (1h.) ▢

➡ b

C'est une nouvelle émission.
C'est une émission ennuyeuse.
C'est une émission triste.

⑤ ⑧r **ALF**
COME FLY WITH ME. Afin d'accompagner la famille Tanner qui part en vacances avec leurs voisins, Alf doit se cacher à bord de l'avion. Lorsque le pilote tombe malade, Alf se voit obligé de prendre les commandes. (R)

funny
great

C'est une émission **amusante.**
C'est une émission **chouette.**

⓯ ⓱ ㉔ ㉚ ㊺ **LA**
PLANETE VIVANTE
UN PORTRAIT DE LA TERRE. Une série de douze documentaires qui décrivent les principales phases de formation de notre planète. L'animateur, David Attenborough nous entretient aujourd'hui d'activité volcanique. (1h.) En reprise mercredi, 16h00.

C'est une émission intéressante.
C'est une émission sensationnelle.

C'est un très long roman.
C'est un beau roman.
C'est un roman difficile.
C'est un roman historique.
C'est un roman russe.
C'est un roman **émouvant.**

moving

C'est un bon restaurant.
C'est un restaurant cher.
C'est un restaurant élégant.
C'est un restaurant sensationnel.

C'est un restaurant italien.
C'est un restaurant **bon marché.**   inexpensive
C'est un restaurant fantastique.

THE OTHER ONES
"Holiday"
(Virgin/A&M)

Le monde est divisé en deux catégories: il y a ceux qui partent en vacances et ceux qui reçoivent les cartes postales. Ces cartes postales sont presque toujours illustrées par des photos quétaines d'hôtels, de plages, de montagnes et d'autres sites touristiques peuplés par des gens portant des costumes folkloriques aux couleurs retouchées. Le groupe autraloallemand, **The Other Ones**, a trouvé une façon bien originale et très visuelle d'illustrer leur chanson **"Holiday"** en habitant ces décors de cartes postales et en enfilant tous ces costumes plus ridicules et "clichés" les uns que les autres. Ces cartes postales où habitent **The Other Ones** virevoltent dans les airs, emportées par un tourbillon spatial. J'ai bien aimé ce clip tout joyeux, léger comme un bout de carton, de plus, la chanson **"Holiday"** risque d'être un gros hit.

C'est une nouvelle vidéo.
C'est une belle vidéo.
C'est une vidéo bizarre.
C'est une vidéo ridicule.

À vous! ∎∎∎∎∎∎∎∎∎∎∎∎∎∎∎∎∎∎∎∎∎∎∎∎∎∎∎∎∎

A. **Qu'est-ce que tu en penses?** *(What do you think of it?)* Use three adjectives to describe each object or to give your opinion.

un roman

MODÈLE:
C'est un roman policier.
C'est un roman intéressant.
C'est un roman sensationnel.

1. *un roman*   2. *un journal*   3. *une pièce*

4. *une émission*   5. *un tableau*   6. *une vidéo*

REPRISE

B. **Des monuments.** Use two adjectives to describe each of the following Parisian monuments. Suggestions: **petit, grand, moderne, vieux, intéressant, laid, beau, joli,** etc.

MODÈLE:
la Conciergerie
Elle est vieille et très grande.

1. la Tour Eiffel

2. l'Arc de Triomphe

3. Notre-Dame de Paris

4. la Tour Montparnasse

5. l'Hôtel des Invalides

6. le Centre Pompidou

STRUCTURE

Position of adjectives

J'ai acheté un vélomoteur **neuf.**   I bought a *new* moped.
C'est un **beau** vélomoteur.   It's a *beautiful* moped.

In French, unlike in English, an adjective is usually placed *after* the noun it modifies:

> un film **japonais**
> une leçon **facile**
> des livres **intéressants**

However, the following adjectives are exceptions, because they are normally placed *before* the noun they modify: **grand, vieux, bon, long, beau, autre, petit, nouveau, mauvais, joli, jeune:**

> un **petit** appartement
> une **mauvaise** journée
> des **jeunes** filles

Application ■■■■■■■■■■■■■■■■■■■■■■■■■■■■■■■■

C. **Tiens! Quelle surprise!** You and your friend haven't seen each other in a long time. He/she asks a lot of questions. Answer them according to the model.

MODÈLE: Est-ce que ta vie *(life)* est intéressante?
            Oui, c'est une vie intéressante.

1. Est-ce que ton auto est allemande?
2. Est-ce que ta maison est grande?
3. Est-ce que ta maison est confortable?
4. Est-ce que ta maison est neuve?
5. Est-ce que ton jardin est joli?
6. Est-ce que ton école est grande?
7. Est-ce que tes amis sont sympathiques?
8. Est-ce que ton professeur de français est bon?

D. **Nous ne sommes jamais d'accord.** *(We never agree.)* No matter what you and your friends talk about, you never seem to agree. Contradict each statement by using an adjective with the opposite meaning.

MODÈLE: C'est un petit hôtel.
Au contraire! C'est un grand hôtel.

1. C'est une voiture neuve.
2. C'est un grand musée.
3. C'est un exercice difficile.
4. C'est une belle maison.
5. Ce sont des livres intéressants.
6. Ce sont des vieilles églises.
7. Ce sont des mauvaises idées.
8. C'est un voyage ennuyeux.
9. C'est un bon restaurant.
10. Ce sont des bons ordinateurs.

NOTE GRAMMATICALE

Position of two adjectives

When two adjectives modify the same noun, each adjective occupies its normal position, either before or after the noun:

J'ai acheté une **jolie petite** maison.
Nous avons visité une **belle** cathédrale **gothique**.
C'est un cahier **rouge** et **vert**.

Application ■■■■■■■■■■■■■■■■■■■■■■■■■■■■■■■■■■

E. **Quelle sorte de _____ avez-vous?** *(What kind of _____ do you have?)* Choose one or two adjectives from the list to answer each question.

allemand / américain / anglais / beau / blanc / chinois / difficile / facile / francais / grand / gris / italien / japonais / jaune / joli / laid / long / moderne / nouveau / petit / rouge / vert / vieux

MODÈLE: Quelle sorte de maison avez-vous?
Nous avons une petite maison blanche.

1. Quelle sorte de maison avez-vous?
2. Quelle sorte d'auto avez-vous (voulez-vous avoir)?
3. Quelle sorte de restaurant préférez-vous?

4. Quelles sortes d'ami(e)s est-ce que vous avez?
5. Quelles sortes de devoirs faites-vous pour la classe de français?
6. Quelle sorte de voyage avez-vous fait?
7. Quelle sorte de vélo avez-vous?
8. Quelles sortes d'examens avez-vous dans la classe de français?

Elle est belle cette peinture!

Monique et Richard sont au Louvre avec leurs camarades de classe. Ils admirent les belles **peintures** et les grandes sculptures.   paintings

RICHARD: C'est une peinture de la période romantique?

MONIQUE: Mais non, c'est une peinture classique. Qu'est-ce que tu en penses?

RICHARD: C'est une très belle peinture. J'aime bien les couleurs.

MONIQUE: Oui, elle est formidable. Moi, j'aime surtout le style de l'artiste. C'est un très bon artiste.

RICHARD: Il est italien, n'est-ce pas?

MONIQUE: Oui, il est de Florence.

À vous! ■■■■■■■■■■■■■■■■■■■■■■■■■■■■■■■■■■■■■

F. **J'ai vu un film.** *(I saw a film.)* Pick a film you've seen recently and tell your classmate about it. Use as many adjectives as you can to describe the film and give your opinion about it. Your classmate will ask you questions. Suggested adjectives: **bon, mauvais, beau, laid, intéressant, sensationnel, fantastique, long, historique, émouvant, chouette, ennuyeux, amusant, triste.**

MODÈLE: *J'ai vu un très beau film. Il s'appelle Napoléon.*
C'est un film historique. Il est très émouvant mais un peu triste. J'ai beaucoup appris. C'est un film intéressant.

DÉBROUILLONS-NOUS!

G. **Échange.** Ask your classmate the following questions. He/she will answer you.

1. Est-ce que ta famille habite dans une maison? De quelle couleur est la maison? C'est une grande maison? (Est-ce que ta famille habite dans un appartement? Est-ce que l'appartement est grand? C'est un joli appartement?)

2. Est-ce que tu as une auto? De quelle couleur est ton auto? C'est une auto neuve? C'est une auto américaine? (Est-ce que tu as un vélo? De quelle couleur est ton vélo? C'est un vélo neuf? C'est un vélo américain?)
3. De quelle couleur est le ciel? La neige? De quelle couleur sont les nuages?
4. Est-ce qu'il y a des restaurants près de l'école? Comment sont-ils?
5. Est-ce que tes amis ont des idées? Comment sont leurs idées? (bonnes? mauvaises? intéressantes? bizarres?)

Lexique

Pour se débrouiller

Pour faire une description physique

petit(e) / grand(e)
léger (légère) / lourd(e)
moderne / vieux (vieille)
nouveau (nouvelle) / vieux
neuf (neuve) / vieux
laid / beau (belle)
joli(e)
moche / beau
économique
pratique
bon marché

Pour évaluer quelque chose

bon (bonne) / mauvais(e)
ennuyeux (–euse) / intéressant(e)
facile / difficile
délicieux (–euse)
triste / joyeux (–euse)
sensationnel (–elle)
amusant(e)
chouette
émouvant(e)
élégant(e)
bizarre
fantastique
ridicule

Les couleurs

blanc (–che)
noir(e)
gris(e)
brun(e)
marron
bleu(e)
vert(e)
jaune
orange
rouge
rose
violet(te)

Vocabulaire général

Noms

un(e) artiste
une émission
un journal
une peinture
une pièce
un roman
le style
un tableau
une valise
la vie

Verbes

être d'accord
marcher *(to run, to work)*

Autres expressions

Je ne t'ai pas entendu.
Qu'est-ce que tu en penses?
Au contraire!
De quelle couleur est ... ?
Quelle sorte de ... ?

Chapitre trois

Ton amie, comment est-elle?

Les Orléanais aiment bien s'amuser et célébrer les évènements historiques de leur ville. Orléans c'est la ville de Jeanne d'Arc et de la libération de la France des Anglais. La ville se trouve à 119 km au sud de Paris et elle a 102 710 habitants.

Point de départ:

Nos voisins et nos amis

Voici notre **voisin,** M. Machéry.	Voici sa **petite-fille,** Suzanne.	neighbor/grand-daughter
Il est très **âgé;** il a 82 ans.	Elle est jeune; elle a seize ans.	elderly (old)
Il est petit et **costaud.**	Elle est grande et **mince** (svelte).	sturdy/thin
Il a **les yeux** bleus.	Elle a les yeux bruns.	eyes
Il a **les cheveux** gris.	Elle a les cheveux blonds.	hair
Il a les cheveux courts.	Elle a les cheveux longs.	
Il a un grand **nez.**	Elle a un petit nez.	nose
Il est pâle.	Elle est **bronzée.**	tan
Il a une moustache et une **barbe.**	Elle est très jolie.	beard

À vous! ■■■■■■■■■■■■■■■■■■■■■■■■■■■■■■■■

A. **Jean-Pierre et Mme Verdun: portraits physiques.** Answer the questions based on what you see in the drawings.

1. Voici Jean-Pierre. Il a seize ans. Est-il vieux? Est-il grand? Est-il costaud? Est-ce qu'il a les cheveux noirs? A-t-il une moustache? A-t-il un petit nez?

2. Voici Mme Verdun. Elle a soixante-huit ans. Elle est âgée, n'est-ce pas? Est-elle grande? Est-elle mince? Est-ce qu'elle a les cheveux blonds? A-t-elle un grand nez?

B. **Portrait d'un(e) camarade de classe.** Using the descriptions in the **Point de départ** as models, describe one of your classmates. Don't mention the person's name. The class will try to guess who the person is.

Prononciation: *The combination oi*

The combination **oi** in French is pronounced **[wa]**, as in the English word *watt:* **moi, boîte.** The one exception is the word **oignon,** in which **oi** is pronounced **[ɔ]**, like **o** in the French word **octobre.**

Pratique ■■■■■■■■■■■■■■■■■■■■■■■■■■■■■■■■

C. Read each word aloud, pronouncing the combination **oi** carefully.

1. toi
2. avoir
3. mois
4. trois
5. oignon
6. froid
7. Étoile

8. noir
9. poires
10. loi
11. froid
12. Blois
13. roi
14. soi

D. **Visitons le palais et le jardin du Luxembourg!** You're acting as a guide and showing your friends the Luxembourg palace and gardens. Use the shorthand notes below to give your descriptions. You may add to the description or change it, as long as you keep to the main idea.

MODÈLE: parc / immense
C'est un parc immense. ou:
C'est un très grand parc. ou:
Nous sommes ici dans un parc immense.

Le jardin du Luxembourg
1. parc / intéressant
2. touristes / américain
3. théâtre de marionnettes / joli / petit
4. allées *(paths)* / serpentine
5. statue *(f.)* de Delacroix / beau

Le palais du Luxembourg
6. porte / monumental
7. terrasse / beau
8. bibliothèque / vieux
9. peintures de Rubens / beau
10. deux patios *(m.)* / élégant

STRUCTURE

Definite and indefinite articles with parts of the body

Monique a **les** yeux bruns (marron) et **les** cheveux noirs.
Elle a **un** très petit nez.

The verb **avoir** is used to talk about certain physical characteristics (color of eyes, hair, skin, cheeks, shape of face, etc.) When it is used to give a physical description, the subject of **avoir** clearly indicates the person being described. Therefore, French uses the definite or indefinite articles with the part of the body being described.

Definite article with parts of the body

Il a **les** yeux bleus.
Elle a **les** joues roses.
Ils ont **les** cheveux noirs.
Elle a **les** cheveux courts.

The definite article is used with parts of the body when the descriptive adjective *follows* the noun.

Indefinite article with parts of the body

> Elle a **un** grand nez.
> Elle a **un** joli nez.

The indefinite article is used with parts of the body when the descriptive adjective comes *before* the noun.

Note: Red hair is described by the adjective **roux,** not **rouge.**

Application ▪▪▪▪▪▪▪▪▪▪▪▪▪▪▪▪▪▪▪▪▪▪▪▪▪▪▪▪▪▪▪▪▪

E. Substitute the words in italics and make all necessary changes.

1. Elle a les *cheveux blonds.* (yeux bleus / cheveux noirs / yeux verts / petit nez)
2. Il a un *petit nez.* (cheveux courts / yeux bruns / grand nez / cheveux roux)

F. **Deux portraits.** Describe François and Yvette, using the elements provided. Be sure to distinguish between the use of the definite and indefinite articles with the parts of the body.

François
1. cheveux bruns
2. yeux bruns
3. grand nez

Yvette
4. cheveux blonds
5. yeux bleus
6. petit nez

G. **Portraits physiques.** Using the vocabulary that you learned in the **Point de départ,** describe the following people.

1.

2.

3.   4.

H. **Les membres de ma famille.** Tell one of your classmates about the members of your family. Explain who they are, how old they are (if appropriate), and how they look. Your classmate may ask you questions.

MODÈLE: *Mon frère a vingt-cinq ans. Il travaille à New York. Il est très grand et mince. Il a les cheveux noirs et les yeux verts. Il est très beau. Il a une barbe et une moustache. Etc.*

RELAIS

Il est très beau, mon frère!

Cécile va rendre visite à son frère Jean-Jacques le week-end prochain, et elle décrit Jean-Jacques à son amie Claudine.

CÉCILE:	J'adore Jean-Jacques. Il est sensationnel.
CLAUDINE:	Qu'est-ce qu'il fait?
CÉCILE:	Il est à l'université. Il va être ingénieur.
CLAUDINE:	Comment est-il, ton frère?
CÉCILE:	Il est grand et beau. Il a les cheveux bruns et les yeux verts. Il a un petit nez et il est très bronzé.
CLAUDINE:	Est-ce qu'il a une moustache? Moi, j'adore les hommes avec une moustache.
CÉCILE:	Non, mais il a une barbe.
CLAUDINE:	J'aimerais bien rencontrer Jean-Jacques. Il **a l'air bien.**
CÉCILE:	**Désolée!** Il a une fiancée qui est très jalouse!

sounds great

sorry

À vous! ■■■■■■■■■■■■■■■■■■■■■■■■■■■■■■■■■

I.   **Mon chanteur préféré (ma chanteuse préférée).** You and a classmate
     are discussing your favorite singers. Pick the one you like best and give a
     physical description of him/her. Use the **Relais** as a model for your
     conversation.

DÉBROUILLONS-NOUS !

J.   **Qui est-ce?** Describe a famous person to your classmates, but don't re-
     veal his/her name. They will try to guess who it is. Before you start the
     description, say what the person does **(il est chanteur/elle est chan-
     teuse, il est acteur/elle est actrice, il/elle est professeur).** Besides
     the physical description, give other details, such as where the person lives,
     what his/her nationality is, etc.

— *Qui est ton chanteur
préféré? Ta chanteuse
préférée?*

Deuxième étape

Point de départ:
Les traits de caractère

- [ ] Voici mon ami Yves.
- [ ] Il est pessimiste.
- [ ] Il est timide.
- [ ] Il est idéaliste.
- [ ] Il est honnête.
- [ ] Il est patient.
- [ ] Il est intellectuel.
- [ ] Il est naïf.
- [ ] Il est **paresseux.**
- [ ] Il est généreux.
- [ ] Il est indépendant.
- [ ] Il est discret.
- [ ] Il est souvent triste.
- [ ] Il est marié.

- [ ] Voici mon amie Cécile.
- [ ] Elle est optimiste.
- [ ] Elle est courageuse. lazy
- [ ] Elle est réaliste.
- [ ] Elle n'est pas malhonnête.
- [ ] Elle est impatiente.
- [ ] Elle est sportive.
- [ ] Elle n'est pas naïve.
- [ ] Elle est active et ambitieuse.
- [ ] Elle est généreuse aussi. *genérous*
- [ ] Elle est indépendante aussi.
- [ ] Elle est quelquefois indiscrète.
- [ ] Elle est toujours **heureuse.** happy
- [ ] Elle est **célibataire.** single

À vous! ■■■■■■■■■■■■■■■■■■■■■■■■■■■■■■■

A. **Jean-Pierre et Mme Verdun: portraits psychologiques.** Answer the questions about Jean-Pierre's and Mme Verdun's personality traits.

1. Jean-Pierre aime les autos rapides et les activités dangereuses. Est-ce qu'il est courageux ou timide?
2. Mme Verdun donne de l'argent à ses amis qui ne sont pas riches. Est-ce qu'elle est généreuse ou avare *(stingy)?*
3. Jean-Pierre n'aime pas travailler. Il préfère regarder la télévision. Est-ce qu'il est ambitieux ou paresseux?
4. Mme Verdun a trouvé 5 000F. Elle a téléphoné à la police. Est-ce qu'elle est honnête ou malhonnête?
5. Jean-Pierre n'aime pas les livres, mais il adore le football et le ski. Est-ce qu'il est sportif ou intellectuel?
6. Mme Verdun écoute souvent la radio. Elle aime la musique classique et les discussions politiques. Est-elle sérieuse ou frivole?
7. Jean-Pierre aime la vie et il a beaucoup d'amis. Est-il triste ou heureux?
8. Mme Verdun travaille beaucoup. Elle va au théâtre, au musée et au cinéma. Est-elle active ou paresseuse?

B. **Mon (ma) meilleur(e) ami(e).** Tell one of your classmates about your best friend. Give a physical description first. Then describe his/her personality traits. Your classmate will respond by asking you two more questions about your best friend.

REPRISE

C. **Je suis. . .** If you had to meet someone at the airport who had never seen you before, how would you describe yourself over the telephone so that the other person would be sure to recognize you? Give as many details as possible.

STRUCTURE

Agreement of adjectives: additional forms

Here are some additional rules for the formation of adjectives.

1. If the masculine form of an adjective ends in **-et,** the feminine form ends in either **-ette** or **-ète:**

   C'est un sac **violet.**   C'est une fleur **violette.**
   C'est un message **secret.**   C'est une chambre **secrète.**

2. If the masculine form ends in **-n,** the feminine form doubles the consonant before adding **-e:**

   Il est **bon,** ce pain.   Elle est **bonne,** cette tarte.
   Carlo est **italien.**   Francesca est **italienne.**

   -ain (M)
   -aine (F)

3. If the masculine form ends in **-el,** the feminine form doubles the consonant before adding **-e:**

   C'est un homme **cruel.**   C'est une femme **cruelle.**
   C'est un dîner **sensationnel.** C'est une exposition
                                     sensationnelle.

4. If the masculine form ends in **-f,** the feminine form ends in **-ve:**

   C'est un homme **sportif.**   C'est une femme **sportive.**
   C'est un groupe **actif.**   C'est une famille **active.**

Application ■■■■■■■■■■■■■■■■■■■■■■■■■■■■■■■■

D. **Encore une fois!** *(Again!)* You're teaching a group of small children the feminine forms of adjectives in French. Instead of using the feminine forms, they keep giving you the masculine forms. Correct them.

MODÈLE: violet
          Violette. Encore une fois, violette!

1. actif   5. naïf   9. italien
2. indiscret   6. ambitieux   10. discret
3. naturel   7. cruel   11. canadien
4. secret   8. sportif   12. intellectuel

NOTE GRAMMATICALE

Beau, nouveau, vieux

When the adjectives **beau, nouveau,** and **vieux** are used before a masculine singular noun beginning with a vowel or a vowel sound, each has a special form that allows liaison with the noun:

un **bel** hôtel   un **nouvel** ami   un **vieil** appartement

Summary of adjective forms: *beau, nouveau, vieux*			
Masculine singular	beau	nouveau	vieux
Masculine singular (before vowel)	bel	nouvel	vieil
Masculine plural	beaux	nouveaux	vieux
Feminine singular	belle	nouvelle	vieille
Feminine plural	belles	nouvelles	vieilles

E.   Use the suggested adjectives to modify the nouns.

> MODÈLES: C'est une maison. (beau)
> *C'est une belle maison.*
>
> Ce sont des arbres. (beau)
> *Ce sont des beaux arbres.*

1. C'est un livre. (beau)
2. Ce sont des maisons. (beau)
3. C'est un arbre. (beau)
4. C'est une église. (beau)
5. C'est un ami. (nouveau)
6. C'est une amie. (nouveau)
7. Ce sont des livres. (nouveau)
8. C'est un musée. (vieux)
9. C'est un hôtel. (vieux)
10. C'est une maison. (vieux)
11. Ce sont des églises. (vieux)

F.   **Des descriptions.** Choose adjectives from the list to describe first yourself and then the people indicated.

ambitieux / actif / courageux / cruel / discret / dynamique / égoïste /
énergique / frivole / généreux / grand / costaud / heureux / honnête /
idéaliste / impatient / intelligent / indépendant / indiscret / jeune /
joli / malhonnête / mince / svelte / naïf / optimiste / petit / paresseux /
patient / pessimiste / réaliste / sérieux / sincère / sportif / triste / vieux

1. votre ami ou votre frère ou votre père
2. votre amie ou votre sœur ou votre mère
3. votre professeur (il ou elle)

Elle est indépendante, ma sœur!

Robert va rendre visite à sa sœur Sylvie le week-end prochain et il décrit Sylvie
à son ami Hervé.

HERVÉ:	Qu'est-ce qu'elle fait, ta sœur?
ROBERT:	Elle est médecin à Chicago.
HERVÉ:	Quel âge a-t-elle?
ROBERT:	C'est ma sœur **aînée.** Elle a vingt-neuf ans.

oldest

HERVÉ:	Comment est-elle?
ROBERT:	Elle est très indépendante. Elle est sérieuse et elle travaille beaucoup. Mais elle est sportive aussi. En général, c'est une personne très heureuse.
HERVÉ:	Est-ce qu'elle est très ambitieuse?
ROBERT:	Oui, je suppose. Mais elle est très réaliste et, surtout, elle est très généreuse avec son temps et avec son argent.
HERVÉ:	J'aimerais bien rencontrer ta sœur. Elle a l'air parfaite.
ROBERT:	Pas si vite! Elle est mariée et elle a deux enfants!

À vous! ■■■■■■■■■■■■■■■■■■■■■■■■■■■■

G. **Mon (ma)____ préféré(e).** Describe your favorite family member to one
of your classmates. Discuss both physical appearance and personality.
Your classmate will ask you follow-up questions. Use the **Relais** as a
model.

H. **Mon portrait.** Use some of the adjectives listed in Exercise F to describe
yourself to one of your classmates. If possible, give some examples to explain that characteristic. For example, if you are **sportif(-ve),** tell what
sports you participate in.

Lexique

Pour se débrouiller _____

Pour faire une description physique d'une personne

Il (elle) a les yeux bleus, verts, bruns, marron.
Il (elle) a les cheveux blonds, roux, bruns, gris, noirs, blancs.
Il (elle) a les cheveux longs, courts, frisés *(curly)*.
Il (elle) a le visage rond, ovale, carré *(square)*.
Il (elle) a les joues roses.
Il (elle) est bronzé(e).
Il (elle) a un grand, petit nez.
Il (elle) a une grande, petite bouche.
Il a une barbe, une moustache.
Il (elle) est grand(e), petit(e), gros(se), mince, svelte,
  costaud(e), délicat(e).
Elle est belle, jolie.
Il est beau.
Il (elle) est âgé(e), jeune.

Pour décrire la personnalité d'une personne

Il (elle) est pessimiste.   intellectuel(le).   actif(-ve).
             optimiste.   sportif(-ve).   cruel(le).
             timide.   naïf(-ve).   dynamique.
             courageux(-se).   paresseux(-se).   égoïste.
             idéaliste.   ambitieux(-se).   énergique.
             réaliste.   généreux(-se).   frivole.
             honnête.   indépendant(e).   intelligent(e).
             malhonnête.   discret(-ète).   sérieux(-se).
             patient(e).   triste.   sincère.
             impatient(e).   heureux(-se).

Vocabulaire général _____

Noms   *Adjectifs*

une allée   un patio   avare
une barbe   une petite-fille   célibataire
la bouche   un portrait   marié(e)
les cheveux *(m.pl.)*   une statue
une joue   le visage   *Autres expressions*
une moustache   le (la) voisin(e)
le nez   les yeux *(m.pl.)*   Désolé(e)!
un palais   Il (elle) a l'air bien,
                                                sensationnel.

Mise au point

Lecture: *Pour faire le portrait d'un oiseau*

The following poem is one of the most popular ever written by the poet Jacques Prévert. It is a "recipe" for the creation of a beautiful painting. But it also treats the themes of captivity, freedom, and patience. Note that Prévert uses the infinitive to give commands to the painter. This is his way of softening the effect of the command. Read the poem through once without looking at the definitions at the end. Try to get the flavor of the poem, the mood that the words convey. Then read the poem again, consulting the definitions for the words you don't know. Finally, answer the questions about the poem.

Peindre[1] d'abord une cage
avec une porte ouverte
peindre ensuite
quelque chose de joli
quelque chose de simple
quelque chose de beau
quelque chose d'utile
pour l'oiseau[2]
placer ensuite la toile[3] contre un arbre
dans un jardin
dans un bois[4]
ou dans une forêt
se cacher[5] derrière l'arbre
sans rien dire
sans bouger[6]
Parfois l'oiseau arrive vite
mais il peut aussi bien mettre de longues années
avant de se décider
Ne pas se décourager
attendre[7]
attendre s'il le faut des années
la vitesse[8] ou la lenteur[9] de l'arrivée
de l'oiseau n'ayant aucun rapport[10]
avec la réussite du tableau
quand l'oiseau arrive
s'il arrive
observer le plus profond silence
attendre que l'oiseau entre dans la cage
et quand il est entré

fermer doucement[11] la porte avec le pinceau[12]
puis
effacer[13] un à un les barreaux[14]
en ayant soin[15] de ne toucher aucune des plumes[16] de l'oiseau
Faire ensuite le portrait de l'arbre
en choisissant la plus belle de ses branches
pour l'oiseau
peindre aussi le vert feuillage[17] et la fraîcheur du vent
la poussière du soleil
et le bruit des bêtes[18] de l'herbe[19] dans la chaleur de l'été
et puis attendre que l'oiseau se décide de chanter
Si l'oiseau ne chante pas
c'est mauvais signe
signe que le tableau est mauvais
mais s'il chante c'est bon signe
signe que vous pouvez signer[20]
alors vous arrachez[21] tout doucement
une des plumes de l'oiseau
et vous écrivez[22] votre nom dans un coin du tableau.

Vocabulaire:

1. paint
2. bird
3. canvas
4. woods
5. hide
6. move
7. wait
8. speed
9. slowness
10. having nothing to do
11. softly, quietly
12. brush
13. erase
14. bars
15. being careful
16. feathers
17. leaves
18. creatures
19. grass
20. sign (your name)
21. pull out
22. write

Compréhension ■■■■■■■■■■■■■■■■■■■■■■■■■■■■■

A. **Analyse des mots.** Answer these questions about how Prévert uses words to create the mood and the message of the poem.

1. One rhyme echoes throughout the poem. Find all the words that rhyme with the word **oiseau.**
2. The poet gives a step-by-step description of how to create the painting. Find the words that show, in order, what you are supposed to paint. Start with **une cage.**
3. What are some of the key words in the poem?
4. What adjectives are used by the poet?

B. Now that you understand the individual words of the poem, answer these questions about what the poem means.

1. Why do you think the poet doesn't use any punctuation (commas, periods, etc.)?
2. What is the setting for the poem?
3. What is the weather like? What season are we in?
4. What lines in the poem indicate that you must be very patient if you're going to paint a beautiful painting?
5. Which verse specifies that the bird must be free?
6. How can you tell whether the painting is good or bad?

C. **Des traits de caractère.** Use one or several adjectives to characterize the following people.

1. Gérard joue au football en automne, au basket en hiver et au base-ball en été. Il est très. . .
2. Marie-Louise a fait des études de sciences politiques. Elle travaille maintenant pour une compagnie commerciale importante. Elle veut être présidente un jour. Elle est. . .
3. Marc-Antoine ne travaille pas. Il ne quitte pas la maison le matin. Il écoute ses disques l'après-midi et il regarde la télévision. Il est. . .
4. Albert n'a pas beaucoup d'argent. Mais il donne de l'argent à tous ses amis et il aide souvent les autres. Il est. . .
5. Les parents de Sylvie sont très riches. Mais elle habite dans un petit appartement. Elle travaille dans une librairie. Elle n'accepte pas l'argent de ses parents. Elle est. . .
6. Jean-Jacques parle beaucoup. Il ne réfléchit pas avant de parler. Quand on révèle un secret à Jean-Jacques, il raconte toujours ce secret à une autre personne. Il est. . .
7. Véronique étudie les mathématiques et les sciences. Elle réussit très bien à l'école. Elle est. . .
8. Paul n'aime pas parler devant les autres. Il aime rester à la maison. Il n'est pas sûr de lui.

In this **Révision,** you will review:

- the months of the year
- the date;
- the seasons of the year;
- regular **-ir** verbs;

- questions with inversion;
- agreement and position of adjectives;
- definite and indefinite articles with parts of the body.

The months of the year

janvier	**avril**	**juillet**	**octobre**
février	**mai**	**août**	**novembre**
mars	**juin**	**septembre**	**décembre**

Months of the year are *not* capitalized. They are masculine and used without an article. To express the idea of *in* a month, use **en** or **au mois de.**

D. **Qu'est-ce que nous faisons en. . .?** For the month given, state what the weather is like in your part of the country and explain what you like to do.

MODÈLE: décembre
Chez nous il fait froid en décembre. Il neige beaucoup. J'aime faire du ski et j'aime acheter des cadeaux pour Noël.

1. juillet   2. avril   3. octobre   4. décembre

The date

Quelle date sommes-nous? }	*What is today's date?*
Quelle est la date aujourd'hui?	
Nous sommes le 5 avril. }	*Today is April 5.*
Aujourd'hui c'est le 5 avril.	
C'est aujourd'hui le 5 avril.	

To express the date in French, use the definite article **le,** a cardinal number **(trente, dix, cinq),** and the name of the month. The one exception is the first of the month, expressed by **le premier.**

E. **Quelle est la date de. . .?** Use the cues to ask your classmate questions. He/she will answer.

MODÈLES: aujourd'hui
            —Quelle est la date aujourd'hui?
            —Aujourd'hui c'est le 19 septembre.

            anniversaire de ta mère
            —Quelle est la date de l'anniversaire de ta mère?
            —L'anniversaire de ma mère est le 22 mai.

1. aujourd'hui
2. ton anniversaire
3. l'anniversaire de ton (ta) meilleur(e) ami(e)
4. la fête nationale américaine
5. la fête nationale française
6. Thanksgiving
7. les vacances de Noël
8. les vacances d'été

The seasons of the year

le printemps (au printemps)   l'automne (en automne)
l'été (en été)   l'hiver (en hiver)

F. **J'aime. . . Je n'aime pas. . .** Explain to your classmate why you like or dislike each of the four seasons.

MODÈLE: *J'aime l'été parce que j'adore la chaleur. J'aime être en vacances et j'aime aller à la piscine ou à la plage. Mais je n'aime pas l'humidité. Etc.*

Regular *-ir* verbs

je fin**is**	nous fin**issons**
tu fin**is**	vous fin**issez**
il, elle, on fin**it**	ils, elles fin**issent**

Past participle: **fini** (avoir)

Additional **-ir** verbs:

choisir	to choose
grossir	to gain weight
maigrir	to lose weight
obéir (à + noun)	to obey (something or someone)
réfléchir (à + noun)	to think, to reflect (about something)
réussir (à un examen)	to succeed (to pass an exam)

G. **Quand?** Explain to your classmate why or when you do the following things.

MODÈLE: Quand est-ce que tu maigris?
Je maigris quand je suis au régime. ou:
Je maigris quand j'ai beaucoup de travail et quand je ne mange pas beaucoup.

1. Quand est-ce que tu réussis à tes examens?
2. Quand est-ce que tu grossis?
3. Quand est-ce que tu maigris?
4. Quand est-ce que tu ne réussis pas à tes examens?

Questions with inversion

Comment **allez-vous?**
Quel temps **fait-il?**
As-tu assez d'argent?
Sont-ils allés au supermarché?
Allez-vous faire une promenade?
Travaille-t-il au centre commercial?

H. **Pardon? Qu'est-ce que tu as dit?** *(Excuse me? What did you say?)* When you ask your friends a question, they don't hear you and ask what you said. Repeat the question using inversion.

MODÈLE: Est-ce que tu es allé à la pharmacie?
              —Pardon? Qu'est-ce que tu as dit?
              —Es-tu allé à la pharmacie?

1. Est-ce que vous parlez français?
2. Est-ce qu'il va au restaurant avec nous?
3. Est-ce que tu as assez d'argent?
4. Est-ce qu'elles aiment le jazz?
5. Comment est-ce que tu t'appelles?
6. Pourquoi est-ce qu'elle a choisi ce disque?
7. Est-ce que tu as réussi à l'examen de français?
8. Quand est-ce qu'ils vont faire les devoirs?
9. Est-ce que tu vas parler à tes parents?
10. Où est-ce que tu vas?

Agreement of adjectives

Adjectives must agree in gender and number with the noun they modify.

1. The feminine form of most adjectives is created by adding **-e** to the masculine form:

    Le jardin est **grand.**   La maison est **grande.**

2. If the masculine form of an adjective ends in **-e,** the feminine form stays the same:

    Le stylo est **rouge.**   La bicyclette est **rouge.**

3. If the masculine form ends in **-er,** the feminine form ends in **-ère:**

    Le téléviseur est **léger.**   La valise est **légère.**

4. If the masculine form ends in **-x,** the feminine form ends in **-se:**

    Ce livre est **ennuyeux.**   Cette leçon est **ennuyeuse.**

5. Adjectives of color that come from names of objects (such as **marron, rose,** and **orange**) usually don't change in the feminine.

    Ce vélomoteur est **marron.**   Cette voiture est **marron.**

6. Some adjective forms are irregular and must be learned separately:

beau	**belle**
nouveau	**nouvelle**
vieux	**vieille**
blanc	**blanche**

Plural forms of adjectives

In addition to agreeing in gender, adjectives must agree *in number* with the nouns they modify.

1. The plural form of most adjectives is created by adding **-s** to the singular form:

    Le stylo est **bleu.**   Les stylos sont **bleus.**
    La tarte est **délicieuse.**   Les tartes sont **délicieuses.**

2. If the singular form of an adjective ends in **-s** or **-x,** the plural form remains the same:

    Ce film est **mauvais.**   Ces films sont **mauvais.**
    Ce livre est **vieux.**   Ces livres sont **vieux.**

3. If the singular form of an adjective ends in **-eau,** the plural form adds **-x.**

    Ce livre est **beau.**   Ces livres sont **beaux.**
    Ce film est **nouveau.**   Ces films sont **nouveaux.**

4. **Marron** and **orange** don't change in the plural.

    Cette voiture est **marron.**   Ces voitures sont **marron.**

I. **Un restaurant parisien: Shogun.** Read the following review of the Parisian restaurant Shogun. It's not important that you understand every word. Concentrate on the adjectives used to describe the atmosphere and the food. When you've read the review, identify the adjectives that are used in the description.

RESTAURANTS ■

Shogun. Sur cette immense et luxueuse péniche de verre amarrée aux quais du Trocadéro se trouve le plus grand restaurant japonais d'Europe. Le moindre rayon de soleil l'illumine, et la vue sur la tour Eiffel y est exceptionnelle. Patrice Coiffard et Masaki Takegaki, veillent avec attention sur ce navire gourmand, qui se partage en trois espaces. A la poupe, au sushi-bar et dans une ambiance nipponne, on peut déguster pour quelques 170 F de délicieuses petites bouchées de poisson cru et riz vinaigré. La proue, elle est consacrée à la grande cuisine traditionnelle et un riche menu-dégus-

tation à 340 F permet de s'y régaler de sukyaky et shabu-shabu, préparés devant vous. Au centre enfin, assis autour de vastes tables conviviales qui font aussi office de grill, on y apprécie un remarquable menu « nanban » à 320 F, qui s'articule autour du teppenyaki, plat de gambas, filet de bœuf et légumes cuisinés sous vos yeux. Environ 400 F à la carte. Excellents menus-déjeuner de 130 à 180 F.
Bateau « Le Nomadic ». Port Debilly (16e). (face au 24, avenue de New-York). 47.20.05.04. Fermé le lundi. Service jusqu'à 23h. Parking le long du bateau.   **Jean-Claude Mariani**

Position of adjectives

> J'ai acheté une voiture **neuve.**
> J'ai acheté une **belle** voiture.
> J'ai acheté une **belle** voiture **neuve.**
> J'ai acheté une **belle petite** voiture.

In French, most adjectives are placed *after* the noun. However, a few are placed *before* the noun (**grand, vieux, bon, long, beau, autre, petit, nouveau, mauvais, joli, jeune**) and should be learned separately. When two adjectives modify the same noun, each adjective occupies its normal position, either before or after the noun.

J. **Comment est. . .?** Give your classmate a short description of each object, using an adjective before and after the noun.

MODÈLE: Comment est ta maison?
            C'est une petite maison blanche.

1. Comment est ta bicyclette?
2. Comment est ton appartement (ta maison)?
3. Comment sont tes disques?

4. Comment sont tes livres?
5. Comment est ton jardin?
6. Comment sont tes classes?
7. Comment sont les émissions que tu regardes à la télévision?
8. Comment sont tes examens de mathématiques?

Definite and indefinite articles with parts of the body

Monique a **les** cheveux blonds.
Elle a **un** petit nez.

When the verb **avoir** is used to give a physical description, use either the definite or the indefinite article with the part of the body being described. The definite article is used when the adjective follows the noun, and the indefinite article is used when the adjective comes before the noun.

K. **Comment est. . .?** Give your classmate a brief physical description of each person.

MODÈLE: tante
—*Comment est ta tante?*
—*Elle a les yeux verts et les cheveux roux. Elle a un petit nez, elle a le visage rond, et elle a une petite bouche. Elle n'est pas très grande. Elle est mince.*

1. oncle	5. sœur	9. grand-mère
2. tante	6. frère	10. grand-père
3. cousin	7. mère	11. meilleur ami
4. cousine	8. père	12. meilleure amie

When John's French family asks him what his father's distinguishing physical characteristic is, he says «**C'est la barbe.**» Everyone bursts out laughing. What did John say that was so funny?

a.   The French don't consider beards a distinguishing physical feature.
b.   French men never grow beards.
c.   «**C'est la barbe**» means "It's a drag!" in French.
d.   «**C'est la barbe**» has something to do with barbed wire.

Agreement of adjectives: additional forms

1. If the masculine form of an adjective ends in **-et,** the feminine form ends in either **-ette** or **-ète:**

   C'est un sac **violet.**   C'est une fleur **violette.**
   C'est un message **secret.**   C'est une chambre **secrète.**

2. If the masculine form ends in **-n,** the feminine form doubles the consonant before adding **-e:**

   Il est **bon,** ce pain.   Elle est **bonne,** cette tarte.
   Carlo est **italien.**   Francesca est **italienne.**

3. If the masculine form ends in **-el,** the feminine form doubles the consonant before adding **-e:**

   C'est un dîner **sensationnel.**   C'est une exposition **sensationnelle.**

4. If the masculine form ends in **-f,** the feminine form ends in **-ve:**

   C'est un homme **sportif.**   C'est une femme **sportive.**

Summary of adjective forms: *beau, nouveau, vieux*			
Masculine singular	beau	nouveau	vieux
Masculine singular (before vowel)	bel	nouvel	vieil
Masculine plural	beaux	nouveaux	vieux
Feminine singular	belle	nouvelle	vieille
Feminine plural	belles	nouvelles	vieilles

L. **L'ami(e) idéal(e).** You and the other members of your group have to come up with a description of the ideal friend. Each of you suggests some adjectives, and then you pick the five traits that you think are absolutely essential. When you have your list, compare it with the characteristics most important to another group in your class.

MODÈLE: *L'ami idéal est généreux et sympathique. Etc.*

Point d'arrivée

■■■■■■■■■■■■■■■■■■■■■■■■■■■■■■■■■

M. **Le bulletin météorologique.** Prepare a weather report for your region. Indicate the weather and temperatures for today, tonight, and tomorrow. Be prepared to answer questions about weather in other cities: **Quel temps fait-il à San Francisco? Dans les montagnes du Colorado?** Etc.

N. **Mon frère (ma sœur) et moi.** Make a comparison between yourself and your brother (your sister, a friend, your mother, or your father). Use as many of the adjectives you've learned as possible. Your comparison should include both physical and personality traits.

O. **Un(e) nouveau (nouvelle) ami(e).** You've just met a new person in your school. Tell your friend about this person, including physical and personality traits.

P. **Un album de famille.** Bring some photographs of family members to your class. Tell your group about each of these family members (physical and personality traits). Your classmates will ask you questions.

Q. **Une interview.** Pretend that you work on your school newspaper and that you're interviewing a visiting rock star who is performing at your school. Your classmate will play the role of the rock star. Find out as much as you can about the person's personality, what he/she likes to do, what music he/she listens to most often, what kinds of books he/she likes, what climate he/she prefers, etc. Use some of the adjectives you've learned to find out about the person. Also, don't forget to ask some of your questions with inversion.

Dijon est une ville de 151 705 habitants située à l'est de la France. Une des plus grandes villes de la Bourgogne, Dijon est aujourd'hui très connu pour ses sites historiques et pour la production de la moutarde.

Unité deux

On s'installe

Objectives

In this unit, you will learn:

- to rent and pay for a hotel room;
- to understand classified ads and brochures for lodging;
- to describe a house or apartment;
- to tell time using the 24-hour clock.

Chapitre quatre

On va trouver un hôtel?

Avec ses 456 716 habitants, Lyon est une des plus grandes villes françaises. C'est aussi une ville connue pour ses magasins et marchés en plein air. Lyon c'est la capitale gastronomique de la France.

Première étape

Point de départ:

Le **Guide Michelin**

■■■■■■■■■■■■■■■■■■■■■■■■■■■■■■■■■■■■■■

CLASSE ET CONFORT

🏨	Grand luxe et tradition	XXXXX
🏨	Grand confort	XXXX
🏨	Très confortable	XXX
🏨	De bon confort	XX
🏠	Assez confortable	X
🏠	Simple mais convenable	
M	Dans sa catégorie, hôtel d'équipement moderne	
sans rest	L'hôtel n'a pas de restaurant	
	Le restaurant possède des chambres	avec ch

L'INSTALLATION

Les hôtels des catégories 🏨, 🏨 et 🏨 possèdent tout le confort et assurent en général le change, les symboles de détail n'apparaissent donc pas dans le texte de ces hôtels.

Dans les autres catégories, nous indiquons les éléments de confort existants mais certaines chambres peuvent ne pas en être pourvues.

30 ch	Nombre de chambres
🛗 🖥	Ascenseur - Air conditionné
📺	Télévision dans la chambre
🛁wc 🛁	Salle de bains et wc privés, Salle de bains privée sans wc
🚿wc 🚿	Douche et wc privés, Douche privée sans wc
☎	Téléphone dans la chambre relié par standard
☎	Téléphone dans la chambre, direct avec l'extérieur (cadran)
👤	Chambres accessibles aux handicapés physiques
🍽	Repas servis au jardin ou en terrasse
🏊	Piscine : de plein air ou couverte
🏖 🌳	Plage aménagée - Jardin de repos
🎾	Tennis à l'hôtel
🏛 25 à 150	Salles de conférences : capacité des salles
🚗	Garage gratuit (une nuit) aux porteurs du Guide de l'année
🚗	Garage payant
Ⓟ	Parc à voitures réservé à la clientèle
	Accès interdit aux chiens :
🐕	dans tout l'établissement
🐕 rest	au restaurant seulement
🐕 ch	dans les chambres seulement
mai-oct.	Période d'ouverture, communiquée par l'hôtelier
sais.	Ouverture probable en saison mais dates non précisées
	Les établissements ouverts toute l'année sont ceux pour lesquels aucune mention n'est indiquée.

classifies

Le gouvernement français **classe** les hôtels en cinq catégories:

bathrooms/water closets
(toilets) / (bed)rooms

Hôtels de grand luxe—des **salles de bains** et des **W.-C.** dans toutes les **chambres**

most of the

Hôtels **** (quatre étoiles)—hôtels de première classe; **la plupart des** chambres avec salle de bains et W.-C.

elevator

Hôtels *** (trois étoiles)—très confortables; de nombreuses chambres ont des salles de bains; **ascenseur,** téléphone

Hôtels ** (deux étoiles)—confortables; 30 pour cent des chambres avec salle de bains

average/at least
sink/phone booth

Hôtels * (une étoile)—bonne qualité, confort **moyen; au moins** dix chambres avec **lavabo; cabine téléphonique**

says

Si vous voyagez en France, il est très utile d'avoir un *Guide Michelin* rouge (guide des hôtels et des restaurants). Ce guide utilise un système un peu différent du classement officiel français. Voici ce que **dit** le *Guide Michelin* pour l'hôtel Rennes-Montparnasse à Paris:

🏛 **Rennes Montparnasse** sans rest, 151 bis r. Rennes (6e) 📞 45 48 97 38, Télex 250048 – 🛗 📺 🛏wc 🚿wc 🕾. ⒶⒺ ⓄⒹ Ⓔ 🆅🅸🆂🅰 L 12
fermé 1er au 28 août – SC : 🛆 30 – **35 ch** 220/420.

---

private
front desk / open
tip / included
costs

L'Hôtel Rennes-Montparnasse est un hôtel confortable. Il n'y a pas de restaurant. Il est situé dans la rue de Rennes dans le sixième arrondissement. Le numéro de téléphone est le 45 48 97 38. Il y a un ascenseur. Il y a des chambres avec salle de bains et W.-C. **privés.** Il y a un téléphone dans la chambre, mais il faut passer par la **réception.** L'hôtel n'est pas **ouvert** au mois d'août. Le **service** est **compris.** Le petit déjeuner coûte 30F. Il y a 35 chambres. Une chambre **coûte** entre 220F et 420F.

Note Culturelle

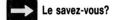
À vous! ■■■■■■■■■■■■■■■■■■■■■■■■■■■■■■■■

A. **Quelle sorte d'hôtel?** According to each symbol, tell what kind of hotel is referred to or what kind of convenience is offered.

MODÈLE: **

It's a two-star hotel. It's comfortable and some of the rooms have bathrooms.

1.	*2.*	*3.*	*4.*	*5.*

6.	*7.*	*8.*	*9.*	*10.*

B. **Les hôtels à Besançon.** Some friends of your parents are planning to visit Besançon, a city in the eastern part of France. Because they don't speak French, they ask your help in finding a hotel. Read the following excerpt from the *Guide Michelin*. Then answer their questions.

Frantel Ⓜ, av. E.-Droz ℰ 81 80 14 44, Télex 360268 – 🏢 🍴 rest 📺 ☎ 🅿 – 🏨 220, AE ⓞ E VISA
SC : rest. **Le Vesontio** *(fermé 21 déc. au 1er janv., sam. midi et dim.)* **R** carte 150 à 205
– ☒ 33 – **95 ch** 275/445.
BY **d**

Novotel Ⓜ, r. Trey ℰ 81 50 14 66, Télex 360009, 🚗, 🏊, 🎾 – 🏢 🍴 📺 ☎ 🔥 🅿 – 🏨 25 à 200 AE ⓞ E VISA
R snack carte environ 100 🍷 – ☒ 32 – **107 ch** 283/313.
X **e**

Nord sans rest, 8 r. Moncey ℰ 81 81 34 56 – 🏢 📺 🛁wc 🚿wc ☎ 🚗 AE ⓞ E
SC : ☒ 15,50 – **44 ch** 90/171.
BZ **r**

Ibis, 4 av. Carnot ℰ 81 80 33 11, Télex 361276 – 🏢 📺 🛁wc ☎ 🔥 🅿 – 🏨 50. E VISA
SC : **R** carte environ 85 🍷 – ☒ 20 – **66 ch** 210/240.
BY **a**

Gambetta sans rest, 13 r. Gambetta ℰ 81 82 02 33 – 🛁wc 🚿wc 🚗 AE ⓞ E VISA
SC : ☒ 15,50 – **26 ch** 95/210
BY **z**

Regina 🛎 sans rest, 91 Gde-Rue ℰ 81 81 50 22 – 🚿wc ☎. VISA
fermé 22 déc. au 12 janv. – SC : ☒ 16 – **20 ch** 90/165.
BZ **v**

Mercure Ⓜ, ℰ 81 52 04 00, Télex 360167, 🚗, 🏊, – 🏢 🍴 rest 📺 🛁wc ☎ 🔥 🅿 – 🏨 40 à 120 AE ⓞ E VISA
R carte environ 120 🍷 – ☒ 30 – **59 ch** 314.

à Chalezeule par ① et D 217 : 7 km – ✉ 25220 Chalezeule :

Trois Iles 🛎 sans rest, ℰ 81 88 00 66, 🎾 – 🛁wc 🚿wc 🚗 🅿
SC : ☒ 18 – **16 ch** 150/204.

Champ Fleuri 🛎, ℰ 81 57 21 54 – 🛁wc 🚿 🅿. VISA
fermé 22 déc. au 4 janv. – SC : **R** *(fermé dim. soir)* 44/125 🍷 – ☒ 14,50 – **35 ch** 80/176 – P 155/209.

1. Which is the largest hotel in Besançon?
2. Which is the most expensive? What justifies the high prices?
3. Can you get a room with a shower at the Hotel Gambetta? At the Hotel Champ Fleuri?
4. Which hotels have an elevator?
5. Which hotels have a restaurant?
6. Which hotel is the least expensive?
7. Which hotels have access to the handicapped?
8. How much extra does breakfast cost at the Hotel Mercure?

STRUCTURE

Ordinal numbers

le premier, la première	le (la) onzième
le (la) deuxième	le (la) douzième
le (la) troisième	le (la) treizième
le (la) quatrième	le (la) quatorzième
le (la) cinquième	le (la) quinzième
le (la) sixième	le (la) seizième
le (la) septième	le (la) dix-septième
le (la) huitième	le (la) dix-huitième
le (la) neuvième	le (la) dix-neuvième
le (la) dixième	le (la) vingtième

Ordinal numbers (such as *first, second, third*) are used to order and to rank items in a series.[1] Notice the following special cases:

1. For *the first* use **le premier** or **la première,** and for *the last* use **le dernier** or **la dernière.** All other ordinal numbers are formed by adding **-ième** to the cardinal number (**six + -ième = sixième**).
2. When the cardinal number ends in **-e,** drop the **e** before adding **-ième:**

$$\text{quatre} \rightarrow \text{quatr} \rightarrow \text{quatrième.}$$

3. Add **u** to **cinq** before adding the ordinal ending: **cinquième.**
4. Change the **f** of **neuf** to **v** before adding the ordinal ending: **neuvième.**

The abbreviated forms of the ordinal numbers are:

1er	premier	2e	deuxième
1ère	première	3e	troisième
		etc.	

[1] In spoken English, ordinal numbers are also used in dates *(December 6th)* and for kings *(Henry the Fourth)*. In French, with the exception of the first **(le premier janvier, François Premier),** cardinal numbers are used both for dates **(le six décembre)** and for royalty **(Henri Quatre).**

Application ■■■■■■■■■■■■■■■■■■■■■■■■■■■■■■■

C. Read the following aloud.

1. le 1er avril
2. le 19e siècle
3. la 5e avenue
4. le 20e siècle
5. la 1ère fois *(time)*

6. la 2e année
7. le 17e siècle
8. la 42e rue
9. le 8e jour
10. le 3e hôtel

D. Answer the following questions.

1. Quel est le premier mois de l'année? Le troisième? Le huitième? Le dernier?
2. Quel est le premier jour de la semaine? Le quatrième? Le dernier?
3. À quelle heure est votre première classe? Votre deuxième classe? Votre dernière classe?

RELAIS

Vous avez réservé?

Kathy et son amie Beth arrivent à l'Hôtel Mercure à Besançon. Elles vont à la réception. C'est Kathy qui parle avec l'employé.

KATHY: Bonjour, Monsieur. Vous avez une chambre pour deux personnes?
L'EMPLOYÉ: Vous avez réservé?
KATHY: Oui, Monsieur. Nous avons téléphoné.
L'EMPLOYÉ: Ah, oui. Vous êtes Mlle Callahan et son amie. J'ai une chambre pour deux personnes sans salle de bains.
KATHY: C'est une chambre à 110F, n'est-ce pas?
L'EMPLOYÉ: C'est exact.
KATHY: Est-ce que le petit déjeuner est compris?
L'EMPLOYÉ: Non, Mademoiselle. Il y a un supplément de 30F par personne.
KATHY: D'accord.

*Vous avez une chambre
pour deux personnes?*

À vous! ■■■■■■■■■■■■■■■■■■■■■■■■■■■■■

E. **Vous désirez une chambre?** Use the information given to tell the desk clerk what kind of hotel room you want.

MODÈLE: deux personnes / 120F–160F (140F / sans salle de bains)
—*Bonjour, Monsieur. Vous avez une chambre pour deux personnes, entre 120 et 160 francs?*
—*J'ai une chambre sans salle de bains pour 140 francs.*
—*Ça va.* ou: *Nous préférons une chambre avec salle de bains.*

1. deux personnes / 100F–150F (120F / sans salle de bains)
2. trois personnes / 190F–220F (220F / avec salle de bains)
3. une personne / 100F–120F (110F / avec salle de bains)
4. une personne / 80F–110F (95F / sans salle de bains)

Grand Hôtel des Balcons

Au cœur
de St-Germain des Prés
et du Quartier Latin

Métro : Odéon
ou Luxembourg

Paris, le 23 Avril 1987

Madame, Monsieur,

Nous avons le plaisir de vous accuser réception de votre lettre du 14 Avril 1987 et vous en remercions bien vivement.

Nous avons la possibilité de vous réserver :

Chambre pour 1 personne	Cabinet de toilette	F
	Douche - W.C.	F
	Bain - W.C.	F
Chambre pour 2 personnes - Grand lit	Cabinet de toilette	F
	Douche - W.C.	F
	Bain - W.C.	2x265 F
Chambre pour 2 personnes - 2 lits	Cabinet de toilette	F
	Douche - W.C.	F
	Bain - W.C.	F

Pour la période du 1 06 1987 au 4 06 1987 et 1 06 1987 au 14 06 1987

Petit déjeuner (par personne) 25 F
Taxes et services inclus.

Nous vous serions très obligés de bien vouloir nous adresser une lettre de confirmation accompagnée d'un règlement en francs français exclusivement de la somme de 530 F.

Dans cette attente, nous vous prions d'agréer nos salutations distinguées.

Siège Social : 3, rue Casimir Delavigne, 75006 Paris - Tél. 634.78.50 +
S A. au Capital de 975.000 f - R.C. 54 B 5922 - SIREN 542.039.227

DÉBROUILLONS-NOUS !

F. **Où se trouve. . .?** You and a friend are in Paris. When your friend asks in which **arrondissement** *(neighborhood)* various places are located, you answer using an ordinal number based on the cue in parentheses.

MODÈLE: la Villette (19)
  —*Où se trouve la Villette?*
  —*La Villette se trouve dans le dix-neuvième arrondissement.*

1. Montmartre (18)
2. le Panthéon (5)
3. l'Arc de Triomphe (8)
4. le Quartier latin (5)
5. le boulevard Masséna (13)
6. les Invalides (7)
7. l'avenue Émile Zola (15)
8. la Gare de l'Est (10)

G. **Oui, j'ai réservé.** You arrive at a hotel where you have made a reservation. Go to the front desk and talk to the employee.

1. Find out if he/she has a room for two people.
2. Say that you reserved a room and give your name.
3. Confirm that the room costs 289 francs.
4. Ask if breakfast is included.

Hôtel de l'Académie

★★★ NN

32, rue des Saints-Pères - 75007 PARIS

☏ 45 48 36 22 + — Télex 205 650 F

Téléphone Direct · Mini-Bar · TV Couleur
Radio, Réveil automatique,
Salle de Conférence · Bar

R.C. 54 B 5229 Paris — Sirene 542 052 295 00012

Deuxième étape

Point de départ:
Une chambre d'hôtel

Au cœur du vieux Saint-Germain, près du théâtre de l'Odéon, entre le jardin du Luxembourg et Notre-Dame, un hôtel de charme dans une rue très calme : le Grand Hôtel des Balcons★★. M. et Mme Corroyer seront heureux de vous accueillir, vous apprécierez le confort et la tranquillité de ses 55 chambres personnalisées.
Dans chaque chambre : sanitaire complet, radio d'ambiance, téléphone direct sur réseau urbain, interurbain et international.
TV couleur sur demande.
A proximité : grand parking couvert gardé.

À vous!

A. **Le Grand Hôtel des Balcons.** Based on the brochure in the **Point de départ,** answer the following questions.

1. In what neighborhood of Paris is the hotel located?
2. Near what tourist sites is the hotel located?
3. How many stars does the hotel have? What does that mean?
4. How many rooms does the hotel have?
5. What is the typical room like?
6. Does each room automatically have a television?

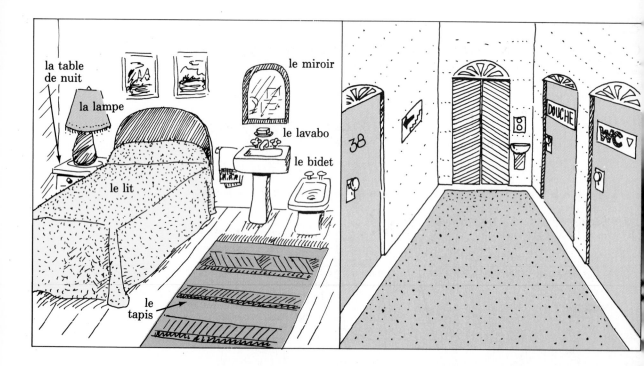

la table
de nuit

la lampe

le miroir

le lavabo

le bidet

le lit

le tapis

DOUCHE

WC

B. **La chambre d'hôtel.** Based on the drawing of the hotel room and the hallway **(le couloir)**, answer the following questions. Use the cues in parentheses, when they are provided.

1. Combien de lits y a-t-il dans la chambre?
2. Où est la table de nuit? (près de)
3. Où est le lavabo? (à côté de)
4. Où est le bidet? (à côté de)
5. Où est l'ascenseur? (au bout de)
6. Où sont les W.-C.? (en face de)
7. Où est la douche? (à côté de)
8. Quelle est la couleur du tapis?

Prononciation *The consonant l*

The letter **l** can be pronounced in two ways in French: **[l]**, as in the English word *lake*, or **[j]**, as in the English word *you*. In general, a single **l** is pronounced **[l]**—**la, Italie, hôtel.** At the end of a word, the combination **il** is pronounced **[il]** when preceded by a consonant—**avril**—and **[j]** when preceded by a vowel—**travail.**[2]

---

[2]In a few words, the **l** in the **il** combination is silent: **gentil, fils.**

Pratique ▪▪▪▪▪▪▪▪▪▪▪▪▪▪▪▪▪▪▪▪▪▪▪▪▪▪▪

C. Read each word aloud, being careful to pronounce the **l** in the first group as **[l]** and the **il** in the second group as **[j]**.

[l]:
1. les
2. librairie
3. quel
4. ciel
5. joli
6. parle
7. lavabo
8. couloir

[j]:
1. travail
2. ail
3. détail
4. vieil
5. appareil
6. réveil
7. sommeil
8. pareil

Note Culturelle

In French, the word **étage** is used for floors above the ground level. The term for *ground floor* is **le rez-de-chaussée** (literally, *the level of the pavement*). Consequently, each **étage** is one floor higher than its designation would suggest in English:

American hotel	French hotel
4th floor	3e étage
3rd floor	2e étage
2nd floor	1er étage
1st floor	rez-de-chaussée

To indicate that a room is *on* a certain floor, use **au: au deuxième étage.**

D. Indicate from what *century* each Paris monument dates.

MODÈLE: la Tour Eiffel / 1889
La Tour Eiffel date du dix-neuvième siècle.

1. la Sainte-Chapelle / 1248
2. Notre-Dame de Paris / 1245
3. le Centre Beaubourg / 1976
4. le Palais-Royal / 1633
5. le Sacré-Cœur / 1876
6. le Panthéon / 1764
7. l'Arc de Triomphe / 1836
8. l'Église Saint-Germain-des-Prés / 1163

STRUCTURE

The irregular verb **dormir**

Est-ce que **tu dors** bien
d'habitude?

Do you usually *sleep* well?

Oui, et **j'ai** bien **dormi** la
nuit dernière aussi.

Yes, and *I slept* well last
night also.

The verb **dormir** *(to sleep)* is irregular:

dormir	
je **dors**	nous **dormons**
tu **dors**	vous **dormez**
il, elle, on **dort**	ils, elles **dorment**
Past participle: **dormi** (avoir)	

Application ▪▪▪▪▪▪▪▪▪▪▪▪▪▪▪▪▪▪▪▪▪▪▪▪▪▪▪▪▪▪▪▪

E. Replace the words in italics and make the necessary changes.

1. D'habitude *Jean-Marc* dort jusqu'à neuf heures et demie. (sa sœur / tu /
   Hélène et Claire / nous / je / Stéphane)
2. *Je* dors toujours bien dans les chambres d'hôtel. (nous / elle / ils / tu /
   vous)
3. *Liliane* a bien dormi la nuit dernière. (Philippe / vous / je / mes parents /
   Mireille / nous)
4. *Je* n'ai pas bien dormi la nuit dernière. (nous / tu / mon frère /
   Jacqueline / mes sœurs)

F. Answer the questions.

1. Jusqu'à quelle heure est-ce que vous dormez en semaine?
2. Et le samedi, jusqu'à quelle heure est-ce que vous dormez?
3. Est-ce que vous dormez dans un grand lit ou dans un petit lit?
4. Comment est-ce que vous avez dormi la nuit dernière? (bien? mal?)
5. Est-ce que vous dormez quelquefois l'après-midi?
6. Est-ce que vous dormez quelquefois en classe?

G. **Questions.** Ask three questions (one each using **tu, vous, il/elle,** and **ils/elles**) of the other members of your group.

1. dormir beaucoup d'habitude
2. dormir jusqu'à quelle heure le dimanche matin
3. bien dormir la nuit dernière

C'est une belle chambre!

🏨 **Mercure** Ⓜ, ☎ 81 52 04 00, Télex 360167, 🍴, ⚒ — 🔌 🖥 rest 📺 🛏wc ☎ ♿ Ⓟ
— 🏊 40 à 120. 𝖠𝖤 ⓘ Ⓔ 𝗩𝗜𝗦𝗔
R carte environ 120 ⚘ — 🍽 30 — **59 ch** 314.

Kathy et Beth sont à la réception de l'Hôtel Mercure. Kathy continue sa conversation avec l'employé.

L'EMPLOYÉ:	Voilà votre clé, Mademoiselle. Vous êtes dans la chambre 38. C'est au troisième étage.
KATHY:	Est-ce qu'il y a un ascenseur?
L'EMPLOYÉ:	Oui. Il est derrière vous, à gauche.

Kathy et Beth montent jusqu'au troisième étage. Elles entrent dans leur chambre.

KATHY: Elle est très bien, la chambre.

BETH: Oui. Les lits sont confortables. **Tiens,** nous avons une salle de bains!   *What do you know*

KATHY: Mais non, Beth. Il y a un lavabo, et ça, c'est un bidet. Les toilettes sont au bout du couloir; tu cherches la porte marquée «W.-C». Et la **douche** est à côté. Mais il faut demander la clé à la réception.   *shower*

BETH: Euh... Ce n'est pas comme les hôtels américains.

KATHY: **Évidemment.** Nous ne sommes pas **aux États-Unis!**   *obviously / in the United States*

À vous! ■■■■■■■■■■■■■■■■■■■■■■■■■■■■■■■■

H. **Pardon, Monsieur.** Use the suggested question words in parentheses to ask the desk clerk for the information you want.

MODÈLE: the location of the elevator (où)
           Pardon, Monsieur. Où est l'ascenseur?

1. what your room number is (quel)
2. the location of the toilet (où)
3. the location of the shower (où)
4. the location of the restaurant (où)
5. whether breakfast is included in the price of the room (est-ce que)
6. if he has the key for the shower (est-ce que)

DÉBROUILLONS-NOUS !

I. **À la réception.** You are at the reception desk of a hotel.

1. Say that you would like a room with a bath.
2. The room is for one person for four nights.
3. You prefer a room on the fifth floor, if there is an elevator.
4. Find out the price of the room.
5. Ask if breakfast is included.
6. Ask if there is a **métro** station nearby.
7. Thank the hotel clerk.

Troisième étape

Point de départ:

La note

■ ■

Grand Hôtel des Balcons

3, rue Casimir-Delavigne
75006 Paris ☎ (1) 46.34.78.50+

542 039 227 00013   APE 6708   SA au capital de 1 650 000 F

le __4|6|88__

M. __Rüc__   Chambre n° __503-504__

Séjour du __1__   au __4/6__

6	NUIT	265	1590
8	PETIT DÉJEUNER	15	120
	CONSOMMATION		
	TÉLÉPHONE		
	TOTAL		1710
	ARRHES		530
	NET A PAYER		1180

À vous! ■

A. **La note.** Answer the questions based on the bill in the **Point de départ.**

1. What is the name of the hotel?
2. In what city is the hotel located?
3. What is the date of the bill?
4. What are the dates of the hotel stay?
5. How many rooms is the bill for?
6. How many nights is the bill for? How much did the rooms cost per night?

7. How much did each breakfast cost?
8. Look at the balance to be paid. Given this balance and the total cost of the rooms and breakfast, what do you think **arrhes** means?
9. This is a bill for three adults and one child. Given that they ate only eight breakfasts at the hotel, where do you think they most likely ate the other breakfasts?

B. **Combien d'heures dormez-vous?** Pretend you've just done a survey of how many hours different people in different circumstances tend to sleep each night. Use the cues and the verb **dormir** to report your findings.

MODÈLE: enfants / de huit à dix heures par nuit
           Les enfants dorment de huit à dix heures par nuit.

1. les jeunes de 18 ans / de six à huit heures par nuit
2. je / *(Tell the number of hours you sleep.)*
3. les personnes âgées / de quatre à six heures par nuit
4. un adulte qui a un métier important / de cinq à sept heures par nuit
5. un bébé *(baby)* / de douze à quatorze heures par nuit
6. ma famille et moi (nous) / *(Tell the average number of hours for your family.)*
7. Et toi? *(Ask one of your classmates.)*
8. Et vous? *(Ask your teacher.)*

C. **À la réception.** Go to the hotel desk and ask for a room. The student playing the role of the desk clerk will use the suggested information to answer your questions.

MODÈLE: une personne / avec   345F / 35F   1er / 19
           —*Est-ce que vous avez une chambre pour une personne avec salle de bains?*
           —*Oui, nous avons une chambre à 345F la nuit.*
           —*Est-ce que le petit déjeuner est compris?*
           —*Non. . . Il y a un supplément de 35F.*
           —*Bon. Je prends la chambre.*
           —*D'accord. Elle est au premier étage. C'est la chambre 19.*

1.	deux personnes / avec	190F / 15F	2e / 24
2.	une personne / sans	260F / 25F	5e / 51
3.	deux personnes / avec	295F / compris	4e / 43
4.	deux personnes / sans	315F / compris	1er / 16

STRUCTURE

The irregular verbs *sortir* and *partir*

Mon frère sort avec Françoise.	*My brother goes out* with Françoise.
Quand est-ce qu'**ils sont sortis ensemble** pour la première fois?	When did *they go out* for the first time?
Vous partez en vacances aujourd'hui?	*Are you leaving* on vacation today?
Oui, **Maman et Papa sont partis** hier.	Yes, *Mom and Dad left* yesterday.
Jacques et moi, nous allons partir cet après-midi.	*Jack and I are going to leave* this afternoon.

The verbs **sortir** *(to go out, to leave)* and **partir** *(to leave)* are irregular:

sortir	partir ✗
je **sors**	je **pars**
tu **sors**	tu **pars**
il, elle, on **sort**	il, elle, on **part**
nous **sortons**	nous **partons**
vous **sortez**	vous **partez**
ils, elles **sortent**	ils, elles **partent**
Past participle: **sorti** (être)	Past participle: **parti** (être)

Note that **partir pour** means *to leave for* a place, and **partir de** means *to leave from* a place:

Je **vais partir pour** Paris.	I'm *going to leave for* Paris.
Elle **est partie de** New York pour aller à Paris.	She *left from* New York to go to Paris.

Application ■■■■■■■■■■■■■■■■■■■■■■■■■■■■■■■■■■■■■

D. Replace the italicized words and make the necessary changes.

1. *Françoise* sort avec ses amis. (Henri / je / nous / M. et Mme Carle / vous / Gilbert / tu)

2. *Roger* n'est pas sorti hier soir. (Valentine / tu / mes frères / nous / Jean-Pierre / vous / je)

3. *Martine* part pour Madrid. (Éric / mes amis / tu / nous / je / vous / Jacqueline)

4. *Alfred* est parti il y a quinze minutes. (Chantal / nous / les autres / je / Thierry)

E. Answer the questions.

1. Est-ce que vous et vos amis sortez souvent le soir?
2. Est-ce que vos parents sortent souvent le samedi soir?
3. Est-ce que vous êtes sorti(e) avec vos amis hier soir?
4. Est-ce que votre ami(e) est sorti(e) hier soir?
5. À quelle heure est-ce que vous partez pour l'école le matin?
6. De quelles villes américaines part-on d'habitude pour aller à Paris?
7. Quand est-ce que vous et vos amis allez partir en vacances?

NOTE GRAMMATICALE

French verbs that mean to leave

French has three different verbs that mean *to leave:* **sortir, partir,** and **quitter.**

1. The verb **quitter** (conjugated with **avoir** in the **passé composé**) always has a direct object—that is, you must specify the place or person you're leaving:

    Elle **quitte l'hôtel.**   J'ai **quitté mes amis** à
                                                           10 heures.

2. The verbs **sortir** and **partir** (both conjugated with **être** in the **passé composé**) are used either alone or with a preposition:

    Je **sors.**   Nous **partons.**
    Elle **est sortie du**   Ils **sont partis pour**
       restaurant.   Paris.

3. The meanings of **sortir** and **partir** can be easily remembered by associating them with their opposites. **Entrer dans** is the opposite of **sortir de:**

Elle **est entrée dans** l'ascenseur.

Elle **est sortie de** l'ascenseur.

Arriver à is the opposite of **partir de:**

Il **est arrivé à** New York.

Il **est parti de** New York.

Arriver de is the opposite of **partir pour:**

Nous **arrivons de** Paris.

Nous **partons pour** Paris.

4. The verb **sortir**, sometimes accompanied by the preposition **avec,** is used to express the idea of *to go out socially* (on a date, with friends):

Elle **va sortir** ce soir. Nous **sortons** souvent **avec** Élise et Joseph.

F. **À quelle heure?** Use the cues to ask your classmate questions. He/she will answer by making up a time. Be careful of the tense you use.

MODÈLE: vous / partir pour Chicago
—*À quelle heure est-ce que vous partez pour Chicago?*
—*Nous partons pour Chicago à midi.*

1. tu / quitter la maison le matin
2. elles / sortir hier soir
3. vous / partir pour Miami
4. tes parents / sortir le samedi soir
5. tu / quitter le restaurant hier
6. ils / partir de New York demain
7. elle / sortir de sa classe
8. vous / quitter la bibliothèque

G. **Questions.** Ask four questions (one each using **tu, vous, il/elle,** and **ils/elles**) of the students in your group.

1. sortir souvent le vendredi soir
2. sortir hier soir
3. à quelle heure / partir pour la première classe
4. à quelle heure / quitter la maison ce matin
5. quand / partir en vacances

RELAIS

Réglons la note!

Après une visite de cinq jours, Kathy et Beth vont quitter Besançon. Il est sept heures du matin. Kathy téléphone à la réception.

Could you

> KATHY: Bonjour, Monsieur. Deux petits déjeuners pour la chambre 38, s'il vous plaît. Un café au lait et un chocolat. . . Et nous partons aujourd'hui. **Pourriez-vous** préparer la note?
> L'EMPLOYÉ: Certainement, Mademoiselle.

pack (their suitcases)

Elles prennent le petit déjeuner, **font leurs valises** et vont à la réception.

> BETH: Bonjour, Monsieur. Avez-vous la note pour la chambre 38? Voici la clé.

Let's see

in cash

> L'EMPLOYÉ: Ah, oui. **Voyons.** Cinq nuits à 110F, ça fait 550F. Dix petits déjeuners à 30F, ça fait 300F. Bon. . . 850F, s'il vous plaît. Vous payez **en espèces,** avec des chèques de voyage ou avec une carte de crédit?
> BETH: En espèces. Voici 1 000F.
> L'EMPLOYÉ: Et voici votre monnaie. Au revoir, Mesdemoiselles.
> BETH ET KATHY: Au revoir, Monsieur.

À vous! ■■■■■■■■■■■■■■■■■■■■■■■■■■■■■■■■■■■■■■

H. **Réglons la note!** You and your friend are trying to figure out how much you will owe for your hotel room. Use the cues and imitate the model.

MODÈLE: 3 nuits / 220F   6 petits déjeuners / 20F   en espèces
—*Trois nuits à 220F. Ça fait 660F.*
—*Six petits déjeuners à 20F. Ça fait 120F.*
—*Voyons. . . La note est de 780F.*
—*Je préfère payer en espèces.*

1. 2 nuits / 300F   4 petits déjeuners / 30F   avec des chèques de voyage
2. 4 nuits / 250F   8 petits déjeuners / 25F   en espèces
3. 3 nuits / 180F   6 petits déjeuners / 20F   avec une carte de crédit
4. 7 nuits / 325F   7 petits déjeuners / 20F   avec des chèques de voyage

I. **S'il vous plaît, Monsieur/Madame.** Ask questions to get the information you want from the hotel desk clerk. Find out. . .

1. if he/she has prepared the bill.
2. how much the bill is.
3. if they accept credit cards.
4. if the train station is far from the hotel.
5. if there is a restaurant at the train station.

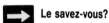

DÉBROUILLONS-NOUS!

J. **Échange.** Ask one of your classmates the following questions. He/she will answer.

1. Quand tu voyages avec ta famille, est-ce que vous descendez à l'hôtel ou est-ce que vous restez chez des amis?
2. Est-ce que ta famille préfère payer en espèces ou avec une carte de crédit?
3. Est-ce que tu es sorti(e) hier soir? Où es-tu allé(e)?
4. Quand est-ce que tu vas partir en vacances? Où est-ce que tu vas aller?
5. À quelle heure pars-tu pour l'école le matin?

➡ Le savez-vous?

French hotels that have names such as Balzac, Stendhal, Molière, Rabelais, etc. are all named after famous
a) French scientists
b) French writers
c) French politicians
d) French movie stars

réponse

Lexique

Pour se débrouiller _____

Pour avoir une chambre d'hôtel

Je voudrais . . .
J'ai besoin de . . .
Il me faut une chambre
        pour deux personnes.
        pour trois nuits.
        avec un grand lit.
        avec (sans) salle de bains.
        au premier étage.
        avec télévision.
        avec téléphone.

Pour payer la note

➡ **b**

Pourriez-vous préparer la note?
Avez-vous la note pour la chambre 35?
Je vais payer en espèces.
        avec des chèques de voyage.
        avec une carte de crédit.

Thèmes et contextes _____

L'hôtel (m.)

un ascenseur
un bidet
une cabine téléphonique
une chambre
le couloir
une douche
un étage
une lampe
un lavabo
un lit
un miroir
la note
la réception
le rez-de-chaussée

une salle de bains
le service (compris ou non compris)
une table de nuit
un tapis
les W.-C. (privés) (m. pl.)

Vocabulaire général

Noms

un arrondissement
un bébé

Adjectifs

compris(e)
moyen(ne)
ouvert(e)
privé(e)

Verbes

coûter
dormir
faire la valise
partir
sortir

Autres expressions

au moins
évidemment
la plupart des
voyons

Chapitre cinq

Un an chez les Baptizet

Chalon-sur-Saône est une ville de 57 967 habitants située sur la rivière Saône à l'est de la France. C'est une ville bien connue pour ses foires et ses marchés vivicoles.

Point de départ:
Un programme d'échange

■ ■

PROGRAMME D'ÉCHANGE

Votre école: *Cherry Creek High School*

Nom de famille: *Callahan*

Prénom: *Peter*

Âge: *16 ans*

Adresse: rue *2132 Monaco Boulevard*

      ville *Denver*

      état *Colorado 24601*

      pays *États-Unis*

Téléphone: *(303-992-8653)*

Nom des parents: *Isabelle et Michael Callahan*

Séjours à l'étranger:

  Vous avez déjà habité à l'étranger?   oui _____ non ✓

  Vous avez déjà visité l'étranger?   oui ✓ non _____

Pays:	Durée du séjour:
Canada	*2 semaines*
Suisse	*1 mois*

À Chalon-sur-Saône, je préfère habiter

_____✓_____ avec une famille

_____ dans une pension avec d'autres élèves américains

Écrivez un paragraphe qui explique pourquoi vous voulez étudier dans un lycée français.

J'étudie le français depuis cinq ans et j'espère être professeur de français un jour. J'étudie aussi l'espagnol et l'allemand. J'adore les langues étrangères et le français en particulier. Ma mère est québécoise et ma sœur Kathy a déjà visité la France. Je voudrais faire la connaissance de jeunes français et j'ai l'intention de perfectionner mon français. Une année à Chalon-sur-Saône va me donner l'occasion d'étudier la culture française. Je pense qu'il est important de connaître d'autres cultures et je suis sûr que je vais profiter beaucoup de ce séjour.

161

À vous! ■■■■■■■■■■■■■■■■■■■■■■■■■■■■■■■■■■■■■■

A. **Le portrait de Peter Callahan.** Answer the questions based on the information Peter provided on the form.

1. Où est-ce que Peter habite?
2. Quelle est la nationalité de sa mère?
3. Quel âge a-t-il?
4. Quels pays étrangers est-ce qu'il a déjà visités?
5. Combien de temps est-ce qu'il a passé dans les deux pays?
6. Pourquoi est-ce qu'il veut aller à Chalon-sur-Saône?
7. Est-ce qu'il préfère habiter dans une pension ou avec une famille?

Note Culturelle

The French have a somewhat different idea of privacy than do Americans. French people tend to see the home as a place that belongs to the family. Many French homes are surrounded by high walls that enclose both the garden and the house. This symbol of privacy is intended to keep out the outside world.

Prononciation: *The combination ll*

In French, the combination **ll** is normally pronounced **[l]**, as in **elle, football, folle,** and **illusion.** The combination **i + ll,** however, is pronounced **[j],** as in **fille, famille,** and **maquiller.** Exception: in **mille, ville, tranquille,** and words that belong to the same family (such as **million, village,** and **tranquillement**), the **ll** is pronounced **[l].**

Pratique ■■■■■■■■■■■■■■■■■■■■■■■■■■■■■■■■■■■

B. Read each word aloud, being careful to distinguish between the **[l]** sound and the **[j]** sound.

1. elle	7. intellectuelle	13. vallée
2. mille	8. village	14. million
3. fille	9. Deauville	15. illégitime
4. famille	10. illustration	16. tranquillité
5. tranquille	11. grille	17. guillotine
6. Bastille	12. Chantilly	18. millionnaire

REPRISE

C. Correct the statements by giving the opposite of each expression in italics.

MODÈLE: Il *entre dans* la banque?
Non, il sort de la banque.

1. Elle *arrive de* Rome? 2. Il *sort de* la bibliothèque? 3. Ils *rentrent à* deux heures? 4. Il *part de* Tokyo?

5. Il *entre dans* l'école? 6. Elles *arrivent à* Paris? 7. Elle *sort de* l'épicerie? 8. Il *arrive de* Montréal?

STRUCTURE

Some time expressions

Je n'aime pas être **en retard,** mais je n'aime pas être **en avance** non plus. Je préfère arriver **à l'heure.**	I don't like to be *late,* but I don't like to be *early* either. I prefer to arrive *on time.*
La classe va commencer **dans** cinq minutes.	Class will begin *in* five minutes.
J'ai quitté la maison **il y a** un quart d'heure.	I left the house a quarter of an hour *ago.*
Le prof a parlé **pendant** une demi-heure.	The prof talked *for* half an hour.

Here are some expressions associated with time:

1. **En avance, à l'heure, en retard.** To express the ideas of *early* and *late* in relation to a specific moment in time (for example, an appointment or the departure time of a plane), use **en avance** and **en retard.** The expression **à l'heure** means *on time:*

   Le concert commence à 8h. Jacques arrive à 7h30; il est **en avance.** Henri arrive à 8h30; il est **en retard.** Béatrice arrive à 8h; elle est **à l'heure.**

2. **Dans.** To indicate when a future action will take place, use the preposition **dans** as the equivalent of *in:*

   Il est 7h55. Le concert va commencer **dans** cinq minutes.

3. **Il y a, pendant.** As you have learned, **il y a** is used to indicate *how long ago* a past action occurred, and **pendant** is used to indicate *for how long* an action continues, continued, or will continue:

   Il est maintenant 8h20. Le concert a commencé **il y a** vingt minutes. Jacques et Béatrice sont restés dans le foyer **pendant** quelques minutes. Puis ils ont pris leurs places.

Application ■ ■■■■■■■■■■■■■■■■■■■■■■■■■■■■■■■

D. **La classe de mathématiques commence à 9h.** Assuming that math class starts at 9 o'clock, answer the following questions.

1. Il est maintenant 8h50. Jacques dort. Il habite loin de l'école. Est-ce qu'il va être à l'heure pour sa classe de mathématiques?
2. Il est maintenant 7h30. Gabrielle prend son petit déjeuner. Elle va quitter la maison dans vingt minutes. Elle habite tout près de l'école. Est-ce qu'elle va être à l'heure pour sa classe de mathématiques?
3. Il est maintenant 8h30. Quand est-ce que la classe de mathématiques va commencer?
4. Il est maintenant 9h15. Quand est-ce que la classe de mathématiques a commencé?

E. **Dans les Alpes.** Given that in the Alps the winter season begins on December 1, how would you answer the following questions?

1. C'est maintenant le 1ᵉʳ novembre. Quand est-ce que la saison va commencer?
2. On fait du ski jusqu'au 1ᵉʳ avril. Pendant combien de mois est-ce qu'on fait du ski dans les Alpes?
3. C'est maintenant le 1ᵉʳ février. Quand est-ce que la saison a commencé?
4. Nous aimons faire du ski le premier jour de la saison. C'est aujourd'hui le 10 novembre. Nous avons deux semaines de classe avant nos vacances. Est-ce que nous allons être en retard pour le premier jour de la saison?

NOTE GRAMMATICALE

Parts of an hour

un quart d'heure	*a quarter of an hour*
une demi-heure	*half an hour*
trois quarts d'heure	*three quarters of an hour*

F. **Il est maintenant 2h30.** Assuming that it is now 2:30, answer the following questions.

1. Jean va arriver dans un quart d'heure. À quelle heure va-t-il arriver?
2. Yvette a quitté la maison il y a une demi-heure. À quelle heure a-t-elle quitté la maison?
3. Didier a fini de travailler il y a un quart d'heure. Il a travaillé pendant une heure. À quelle heure a-t-il commencé à travailler?
4. Sara va être au musée pendant une heure trois quarts. Elle va arriver au musée dans une demi-heure. À quelle heure va-t-elle quitter le musée?

Voilà ta chambre!

C'est le mois d'août et Peter Callahan **vient d'arriver** à Chalon-sur-Saône. Sa «famille française» **l'a accueilli** à la gare et l'a amené à la maison. Arrivés à la maison, ils montent au premier étage et Mme Baptizet **lui** montre sa chambre.

has just arrived
welcomed him
him

MME BAPTIZET:	Voilà ta chambre, Peter.
PETER:	Merci bien, Madame. Elle est très belle.
MME BAPTIZET:	Oui, elle est confortable. Tu as un grand lit, un **fauteuil,** ce petit **bureau** avec une lampe et ces **étagères** pour tes livres.
PETER:	Où est-ce que je peux **mettre** mes **affaires?**
MME BAPTIZET:	Tu as une **armoire** ici à gauche et voilà une **commode** avec quatre **tiroirs.**
PETER:	Et où sont les toilettes, et la salle de bains?
MME BAPTIZET:	Elles sont à droite dans le couloir. Il y a des **serviettes,** des **gants de toilette** et du **savon** dans la salle de bains. Tu y laisses aussi ton **linge sale.** Je fais la lessive le samedi.
PETER:	Merci bien, Madame. Vous êtes très aimable.

armchair / desk
bookshelves
put / things
closet / dresser
drawers

towels / washcloths / soap
dirty laundry

À vous! ■■

G. **Qu'est-ce qu'il y a dans la chambre de Peter?** Describe Peter's room according to what you see in the drawing on p. 167.

H. **Voilà ta chambre.** A friend is spending a week at your house during vacation. Show him/her the guest room and describe what's in it. Don't forget to let your friend know where the bathroom is. Your classmate will play the role of your friend and ask you additional questions. Begin by saying, **"Voilà ta chambre."**

DÉBROUILLONS-NOUS !

I. **Échange.** Use French to learn the following basic information about a classmate. Then ask follow-up questions to get more details.

1. What time does he/she arrive at school in the morning? Is he/she usually early, on time, or late?
2. In how many minutes does his/her next class begin?
3. How long does it take him/her to do the French homework at night?
4. When (in how many months or years) is he/she going to finish high school?
5. Does he/she prefer to arrive early for class?
6. Is he/she often late for classes?

 Le savez-vous?

In France,
a) **55% of all households include pets.**
b) **36% include pets.**
c) **63% include pets.**
d) **10% include pets.**

réponse

J. **Ma chambre.** Your classmate is very interested in finding out what your room is like. Describe it in detail. Your friend may ask questions to get more information.

Deuxième étape

Point de départ:

Une lettre de **remerciements**

■■

➡ a

> Denver, le 10 juillet 1989
>
> Chers Monsieur et Madame Baptizet,
>
> Ça fait quinze jours que je vous ai quittés, et vous me manquez déjà. Mon séjour chez vous a été inoubliable et je vous remercie de tout mon cœur de votre gentillesse. J'ai beaucoup appris en France et je vais continuer mes études de français dans mon école et plus tard à l'université. Je vais parler à mes amis américains de mon lycée à Chalon-sur-Saône et de ma «famille française».
>
> Merci mille fois et j'espère que vous allez visiter la ville de Denver un jour. Mes parents aimeraient bien vous rencontrer.
>
> Bien à vous,
> Peter

remerciements: thank you
Ça fait quinze jours: It's been two weeks
vous me manquez: I miss you
séjour: stay
inoubliable: unforgettable
je vous remercie de tout mon cœur: I thank you with all my heart
aimeraient: would like

À vous! ■■■■■■■■■■■■■■■■■■■■■■■■■■■■■■■■■■

A. **Ça fait. . . que. . .** Explain how long ago something happened by using the expression **ça fait. . . que. . .** and the clues provided. Be sure to use the **passé composé** of the verbs.

MODÈLE: quinze jours / je / partir
Ça fait quinze jours que je suis parti(e).

1. deux mois / nous / parler à Mme Baptizet
2. trois jours / il / aller à Chalon-sur-Saône
3. huit jours / elle / téléphoner
4. deux ans / je / finir mes études
5. une heure / ils / rentrer
6. un mois / on / arriver
7. un quart d'heure / elles / sortir
8. quatre ans / nous / déménager

B. **Vous me manquez!** *(I miss you!)* After Peter's return from Chalon-sur-Saône, he writes to all of his friends in France. In each letter he says that he misses them. Give the appropriate sentence using the verb regular **-er** verb **manquer.** To express the idea of "I miss you," begin the sentence with *you* and add *me* (literally, "You are missing to me").

MODÈLES: vous
Vous me manquez.

tu
Tu me manques.

1. tu
2. vous
3. Anne (tu)
4. Philippe (tu)

5. Paul et Marc (vous)
6. Claire (tu)
7. Suzanne et Jeanne (vous)
8. Didier et Marie (vous)

Ça fait longtemps, Adèle! Tu m'as manquée!

REPRISE

C. **La journée de Jean-Jacques.** Describe Jean-Jacques' day according to what you see in the drawings.

MODÈLE: Jusqu'à quelle heure est-ce que Jean-Jacques est resté au lit?
Il est resté au lit jusqu'à 8h00.

1. *Dans combien de minutes commencent ses classes?*

2. *Est-ce qu'il va être à l'heure pour sa première classe?*

3. *Pendant combien de temps est-ce qu'il reste à l'école?*

4. *Est-ce qu'il va être en retard pour l'autobus?*

5. *Dans combien de minutes est-ce qu'il va rentrer à la maison?*

6. *Qu'est-ce qu'il fait jusqu'à 5h30?*

7. *Est-ce qu'il va être à l'heure ou en retard pour le dîner?*

8. *Pendant combien de temps est-ce qu'il fait ses devoirs?*

STRUCTURE

The 24-hour clock

La pièce commence à **21h.**   The play begins at *9:00* P.M.
Nous sommes arrivés à **20h45.**   We arrived at *8:45* P.M.

You have already learned the conversational method of telling time in French. But in airports and railroad stations, on radio and TV, and at concerts and movies, the French use official time (**l'heure officielle**) based on the 24-hour clock. Note that military time in English is also expressed in official time. The basic differences between the two are:

Conversational time	**Official time**
Is based on a 12-hour clock	Is based on a 24-hour clock (0 = midnight; 12 = noon).
Divides the hour into two 30-minute segments (after and before the hour)	Treats the hour as a 60-minute whole (that is, only moves forward)
Uses **et quart, et demi(e), moins le quart, minuit, midi**	Uses cardinal numbers only (**quinze, trente, quarante-cinq, zéro heure, douze heures**)

The easiest way to switch from official time to conversational time is to *subtract* twelve from the hour of official time (*unless* the hour is already less than twelve):

Conversational time		**Official time**
9h45	dix heures moins le quart (du matin)	neuf heures quarante-cinq
12h30	midi et demi	douze heures trente
14h50	trois heures moins dix de l'après-midi	quatorze heures cinquante
23h15	onze heures et quart du soir	vingt-trois heures quinze
0h05	minuit cinq	zéro heure cinq

Application ■■■■■■■■■■■■■■■■■■■■■■■■■■■■■■■■■■

D. Change official time to conversational time.

MODÈLE: 15h
trois heures de l'après-midi

1. 13h	3. 22h	5. 3h15	7. 20h45
2. 9h	4. 12h	6. 15h30	8. 18h06

E. **Horaires.** *(Timetables.)* Niamey is the capital city of the African country **Niger.** Each week, U.T.A. **(Union des Transports Aériens)** and **Air Afrique** have four flights from Paris to Niamey and four flights from Niamey to Paris. Look at the following timetables and indicate first the official times of departure and arrival and then the conversational times.

Paris-Niamey—départ de Charles-de-Gaulle			
	Vols *(Flights)*	**Départs**	**Arrivées**
Mardi	U.T.A. 831	08h15	14h50
Jeudi	Air Afrique 29	20h30	03h10
Samedi	Air Afrique 37	10h45	17h20
Dimanche	U.T.A. 867	21h15	03h25
Niamey-Paris—arrivée à Charles-de-Gaulle			
Lundi	U.T.A. 867	13h25	19h55
Mercredi	U.T.A. 832	00h10	06h55
Vendredi	Air Afrique 30	12h40	19h10
Dimanche	Air Afrique 38	00h15	06h20

Niger

F. Use conversational time to explain your answers to the following questions.

1. Il faut *(it takes)* deux heures pour voyager de Paris à Nice en avion. Vous désirez arriver à Nice à 9h du soir. Est-ce que vous allez prendre l'avion de 15h, de 17h, de 19h ou de 21h?
2. Vous désirez aller au cinéma, mais il faut rentrer avant 6h du soir. Le film commence à 13h, à 16h, à 19h ou à 22h. À quelle heure allez-vous au cinéma?
3. À la télévision il y a souvent un film à 22h30. D'habitude vous dormez de 10h du soir jusqu'à 6h du matin. Est-ce que vous regardez le film?
4. Vous allez à la gare chercher vos parents. Leur train arrive de Genève à 17h30. Vous arrivez à la gare à 4h30 de l'après-midi. Êtes-vous à l'heure?
5. Vous avez invité un(e) ami(e) à aller au concert. Le concert commence à 21h. Il faut une demi-heure pour aller de son appartement au concert. À quelle heure allez-vous chercher votre ami(e)?

Le départ

À la fin de l'année, Peter a quitté Chalon-sur-Saône et est rentré aux États-Unis. Le jour du départ, il est allé d'abord chez les voisins pour dire au revoir à son ami Jacques.

PETER:	Eh ben... C'est le moment... Adieu, Jacques. Et merci.
JACQUES:	Quand part ton train?
PETER:	À 13h. Et je prends l'avion de nuit pour New York.
JACQUES:	T'as de la chance. J'**aimerais** bien y aller à ta place.
PETER:	Tu peux toujours venir faire un séjour aux États-Unis l'année prochaine.
JACQUES:	C'est trop cher. En tout cas, toi, tu **reviens** l'été prochain, n'est-ce pas?
PETER:	Oui, je l'espère.

would like (margin note for **aimerais**)
are coming back (margin note for **reviens**)

Une heure plus tard, à la Gare de Chalon-sur-Saône...

M. BAPTIZET:	Alors, Peter. Fais bien attention et ne fais pas de **bêtises** pendant le voyage.
MME BAPTIZET:	Tu as tes billets?
PETER:	Oui, Madame. Et je vous remercie encore une fois de tout ce que vous avez fait pour moi.

anything foolish (margin note for **bêtises**)

MME BAPTIZET:	**Écris-nous** après ta rentrée. Et voilà quelques **bonbons** pour ton voyage.	write to us candy
PETER:	Merci, Madame. Au revoir, Monsieur et Madame Baptizet. Et à bientôt, j'espère.	
M. BAPTIZET:	Oui, à l'été prochain. **Dis** bonjour à tes parents.	Say

À vous! ■■■■■■■■■■■■■■■■■■■■■■■■■■■■■■■

G. **Merci mille fois.** You've just spent a month with a French-Canadian family and are about to return to the United States. As your classmate plays a member of the family, have the following conversation.

1. Thank him/her for everything.
2. Ask if he/she is going to visit the United States next summer.
3. Say that you would like to return to Canada very soon.
4. Tell him/her that you learned a great deal and that you're going to tell your friends in the United States about Canada.
5. Ask him/her to say good-bye to another friend for you.
6. Say good-bye and let him/her know that you hope to see him/her soon.

DÉBROUILLONS-NOUS !

H. **Un voyage au Niger.** You're helping a friend plan a trip to **Niger.** He/ she is starting from Marseille. Use official time to discuss the situation.

1. Ask if he/she wants to travel in the morning or the afternoon.
2. Explain that the morning flight leaves Tuesday at 10:15 A.M. and arrives in Niamey at 2:35 P.M. The afternoon flight leaves Saturday at 12:55 P.M. and arrives in Niamey at 5:25 P.M.
3. Tell him/her that the cost of the ticket is 2 150 francs for coach (**en classe touriste**).
4. Find out which flight your friend is going to take.
5. Find out how much time your friend will spend in Niamey.
6. Find out in how many days your friend is going to leave for Niamey.
7. Explain that you would like to go to Niamey too, but that you don't have enough money. You're going to spend the vacation at home.

Lexique

Pour se débrouiller _____

Pour exprimer des rapports temporels

être en avance
être à l'heure
être en retard
dans (vingt minutes, etc.)
pendant (une heure, etc.)
il y a (un quart d'heure, etc.)
ça fait (un an, etc.) que...

Pour dire qu'on vous manque

Tu me manques.
Il (elle) me manque.
Vous me manquez.
Ils (elles) me manquent.

Pour remercier quelqu'un

Je vous remercie de...
Je vous remercie de tout mon cœur de...
Merci encore pour...
Merci mille fois pour...

Thèmes et contextes _____

Les meubles (m. pl.)

une armoire
un bureau
une commode
une étagère
un fauteuil
une lampe
un lit
un tiroir

Vocabulaire général

Noms

une adresse
les affaires *(f.pl.)*
l'arrivée *(f.)*
une bêtise
un bonbon
le départ
la durée
un gant de toilette
le linge
un nom de famille
un pays
une pension
un prénom
les remerciements *(m.pl.)*
le savon
un séjour
une serviette
une spécialisation
un vol

Verbes

déménager
manquer

Adjectifs

étranger(-ère)
inoubliable
sale

Autres expressions

en classe touriste
un quart d'heure
une demi-heure
trois quarts d'heure

Chapitre six

On cherche un appartement

Grenoble est une *ville de 166 037* habitants située au sud-est de la France. C'est une des grandes villes universitaires de France qui est aussi bien connue pour ses sports d'hiver.

Point de départ:

Les petites annonces

■ ■

LEXIQUE DES ABREVIATIONS

arrdt.	arrondissement	gar.	garage
asc.	ascenseur	gd(e)	grand(e)
appt.	appartement	imm.	immeuble *appt building*
balc.	balcon	jard.	jardin
banl.	**banlieue** *suburbs*	park.	parking
cab toil.	**cabinet de toilette** *half bath (toilet and sink only) / room / ground floor*	P.	**pièce**
cft.	confort	RdC.	**rez-de-chaussée**
chbre.	chambre	rés.	résidence
ch. comp.	**charges comprises** *utilities included*	s. de bns	salle de bains
ch.	**chauffage** *heat, heating*	s. à manger	salle à manger
cuis.	**cuisine** *kitchen / living room*	séj.	**salle de séjour**
dche.	douche	tél.	téléphone
équip.	équipé(e) *completely*	tt(e)	**tout(e)**
ét.	étage		

---

locations non meublées offres

1.
AV. DE VERDUN, dans très bel imm. ancien, 7ᵉ ét., asc 3 P., tt cft. Parfait état. 4 000 F + ch.
Tél. le matin, 60-54-33-12

2.
RÉGION PARISIENNE, dans une très agréable rés., à prox. gare, cft moderne, 3 P., 4ᵉ ét., asc., **interphone**, balc., gar. **sous-sol.** 3 500 F + ch.
Tél. 59-28-76-14

3.
LUXEMBOURG, Studio tt cft, 2ᵉ ét., asc., imm. pierre, salle dche, kitchenette, cab. toil., **cave**, piscine, park. 2 900 F + ch.
Tél. 67-89-15-75

4.
7ᵉ ARRDT., 2 P., séj. + chbre, cuis. équip., RdC., petite rés., ch. comp.
2 100 F.
Tél. 65-31-74-49

5.
BANLIEUE PARISIENNE, 4 P. dans rés. calme, près tts **commodités**, clair, ensoleillé, **comprenant:** entrée, gde cuis., séjour av. balc., 3 chbres, w.-c., s. de bns., nombreux **placards**, park, jard., sous-sol. 5 500 F.
Tél. 22-46-81-39

conveniences (stores)
cellar (wine) / including
closets
intercom
basement

À vous! ■■■■■■■■■■■■■■■■■■■■■■■■■■■■■■■■■■

A. **Je ne comprends pas!** You're helping out some friends who have just
moved to Paris. Because they speak very little French, they don't understand how to read the abbreviations in the classified ads. Describe the
apartments that are for rent.

MODÈLE: banl. / 3 P. / tt cft / séj. av. balc.
          C'est un appartement en banlieue. Il y a trois pièces, avec tout
          confort et une salle de séjour avec balcon.

1. 16ᵉ arrdt. / 5 P. / gde cuis. / jard. / interphone
2. banl. / 2 P. / séj. av. balc. / tt cft
3. centre ville / 4 P. / 6ᵉ ét. / asc. / 3 chbres. / gd séj.
4. 6ᵉ arrdt. / 3 P. / 1 chbre. / séj. / s. à manger / rés. moderne
5. banl. / 2 P. / RdC. / cab. toil. / s. de bns / jard.

B. **Quel appartement louer?** *(Which apartment should we rent?)* Your
friends are not sure which apartment to rent. According to what they say,
decide which apartment in the ads in the **Point de départ** would suit
them best.

MODÈLE: Je veux plus de quatre pièces et une salle de séjour avec balcon.
          L'appartement numéro 5.

1. Je n'aime pas le centre-ville, mais je veux être près d'une gare.
2. Tout ce que je veux, c'est quelque chose de très petit qui ne coûte pas
   trop cher. J'aime bien être au rez-de-chaussée et je ne veux pas être
   dans un grand immeuble.
3. Je voudrais habiter dans une résidence moderne, je préfère être au 4ᵉ
   ou au 5ᵉ étage et il me faut absolument un interphone.
4. Je cherche quelque chose de très modeste, pas trop grand, mais il me
   faut absolument une piscine. J'adore nager.
5. Personnellement, je préfère les vieux immeubles. Ils ont beaucoup de
   charme et les appartements sont en général très confortables. S'il y a
   un ascenseur, je veux bien habiter à l'étage.

Prononciation: *The consonant r*

The French consonant **r** sounds quite different from its English counterpart.
The French **r** is pronounced in the back of the throat. To produce it, place the
tip of your tongue against the back of your lower teeth. This will free the back
of your tongue and allow the air to vibrate correctly. Listen to your teacher
model the French **r** and imitate what you hear.

Pratique ■■■■■■■■■■■■■■■■■■■■■■■■■■■■■

C. Read each word aloud, being careful to imitate the **r** sound as pronounced by your teacher.

1. arriver	6. part	11. sortir	16. cerise
2. désirer	7. direction	12. sœur	17. merci
3. verre	8. travailler	13. frère	18. voudrais
4. nord	9. parler	14. chercher	19. citron
5. rue	10. pars	15. rôti	20. croissant

D. Pronounce each sentence carefully.

1. Il a rendez-vous dans la rue avec Robert.
2. Je pars de la Gare du Nord.
3. Prends les croissants et sers-les à Christine et Marc.
4. Ma calculatrice ne marche pas très bien.
5. Elle voudrait sortir ce soir.
6. Ton frère a trois francs dans son portefeuille.
7. Merci bien, Mademoiselle. Je voudrais un citron pressé.
8. C'est un professeur brésilien.

 Le savez-vous?

In terms of population distribution,

a) 1 in 10 live in the Paris region.
b) 1 in 20 live in the Paris region.
c) 1 in 6 live in the Paris region.
d) 1 in 15 live in the Paris region.

réponse →

E. **À quelle heure est-ce qu'on passe les films?** You and your friends are on a class trip in Quebec. Some of your friends want to watch a film on TV, but they're having trouble figuring out the schedule. Look at the film listing from *Télé Presse* and answer their questions (on the following page) using conversational time.

TÉLÉ-CINÉMA JEUDI

(1) chef d'oeuvre   (2) remarquable   (3) très bon   (4) bon   (5) moyen   (6) pauvre   (7) minable   ■ film en noir et blanc

10h00 ❹ ❼ ❽t LE MAÎTRE DES ÎLES
(2e partie) (2h.). Voir détail, mercredi 10h00.

13h15 ❿ ❹⓪ LE ROI DE LA MONTAGNE
(6) (King of the Mountain), É.-U. 1981. Drame de moeurs de N. Nosseck avec Harry Hamlin, Joseph Bottoms et Deborah Van Valkenburgh. — Un jeune musicien se livre avec des amis à de folles randonnées en automobiles sur une route sinueuse en montagne. (2h.)

14h00 ❸⓹ AVOIR UN ENFANT
(4) (Having Babies), É.-U. 1976. Film à sketches de R. Day avec Desi Arnaz jr, Karen Valentine et Jessica Walter. — Quatre couples expérimentent une nouvelle méthode d'accouchement. Film tourné pour la télévision. (2h.)

14h15 ❷ ❾ ❾ ⓫ ⓭ FEUX CROISÉS
(3) (Crossfire), É.-U. 1947. Drame policier de E. Dmytryk avec Robert Young, Robert Ryan et Robert Mit-

chum. — Pour disculper un camarade, un sergent recherche l'assassin d'un soldat de race juive. (1h.45)

19h30 ❹ ❼ ❽t DES MEURTRES SANS IMPORTANCE
(4) (A Small Killing), É.-U. 1982. Drame policier de S. H. Stern avec Edward Asner, Jean Simmons et Sylvia Sidney. — Un policier se déguise en clochard pour enquêter sur un trafic de drogue. Film tourné pour la télévision. (2h.)

❿ ❹⓪ LES ÉVADÉS DU TRIANGLE D'OR
(5) (Comeback), É.-U. 1982. Aventures de H. Bartlett avec Michael Landon, Jurgen Prochnow et Moira Chen (Laura Gemser). — Un journaliste entraîne une Laotienne à fuir son pays en traversant les eaux d'un fleuve limitrophe. (2h.)

❸⓹ MORT SUR LE NIL
(4) G.-B. 1978. Drame policier de J. Guillermin avec Peter Ustinov, David Niven et Mia Farrow. — Le détective Hercule Poirot enquête sur

l'assassinat d'une riche et jeune héritière au cours d'une croisière sur le Nil. Adaptation d'un roman d'Agatha Christie. (3h.) VERSION INTÉGRALE.

23h00 ❸❸ CAUGHT
(4) É.-U. 1949. Drame psychologique de M. Ophuls avec Barbara Bel Geddes, James Mason et Robert Ryan. — Une jeune ambitieuse épouse un industriel puis s'éprend d'un médecin de quartier. (1h.30)

23h20 ❷ ❾ ⓫ SCORPIO
(4) É.-U. 1972. Drame d'espionnage de M. Winner avec Burt Lancaster, Alain Delon et Paul Scofield. — Un Français au service de la C.I.A. reçoit l'ordre de tuer son supérieur soupçonné d'être un agent double. (2h.25)

23h21 ❾ ⓭ ELLE COURT, ELLE COURT LA BANLIEUE
(4) Fr. 1972. Comédie de moeurs de G. Pirès avec Marthe Keller, Jacques Higelin et Nathalie Courval. — Le bonheur d'un couple de banlieu-

sards est menacé par les difficultés quotidiennes. (2h.25)

00h00 ❸ ❼ ENDLESS LOVE
(4) É.-U. 1981. Drame psychologique de F. Zeffirelli avec Martin Hewitt, Brooke Shields et Shirley Knight. — L'amour interdit de deux adolescents connaît une issue tragique. (2h.)

❹ ❻ I AM A FUGITIVE FROM CHAIN GANG
(3) É.-U. 1932. Drame social de M. Le Roy avec Paul Muni, Glenda Farrell et Edward Ellis. — Mêlé involontairement à un vol, un homme est condamné à une vie de bagnard. (1h.58)

❽ ⓭ WITNESS TO MURDER
(4) É.-U. 1954. Drame policier de R. Rowland avec Barbara Stanwyck, George Sanders et Gary Merrill. — Témoin d'un meurtre, une femme avertit la police et est poursuivie par le criminel. (1h.53)

❿ ❹⓪ DILLINGER
(4) É.-U. 1973. Drame policier de J. Milius avec Warren Oates, Ben Johnson et Michele Phillips. — En 1933, un agent du F.B.I. décide d'avoir la peau d'un des plus dangereux voleurs de banque de l'époque. (2h.15)

01h00 ⓬ THE DIRTY DOZEN: NEXT MISSION
(5) É.-U. 1985. Drame de guerre de A. V. McLaglen avec Lee Marvin, Ken Wahl et Ernest Borgnine. — Des soldats condamnés pour actes criminels sont réunis dans un commando chargé d'une mission derrière les lignes ennemies. Film tourné pour la télévision. (2h.)

03h00 ⓬ DEATH WISH II
(6) É.-U. 1982. Drame policier de M. Winner avec Charles Bronson, Jill Ireland et Vincent Gardenia. — Pour venger la mort de sa fille victime de voyous, un architecte se transforme en justicier. (2h.)

MODÈLE: À quelle heure est-ce qu'on passe *Le Maître des Îles?*
            À dix heures du matin.

1. À quelle heure est-ce qu'on passe *Scorpio?*
2. À quelle heure est-ce qu'on passe *Mort sur le Nil?*
3. À quelle heure est-ce qu'on passe *The Dirty Dozen: Next Mission?*
4. À quelle heure est-ce qu'on passe *Le Roi de la montagne?*
5. À quelle heure est-ce qu'on passe *Caught?*
6. À quelle heure est-ce qu'on passe *Witness to Murder?*
7. À quelle heure est-ce qu'on passe *Death Wish II?*
8. À quelle heure est-ce qu'on passe *Feux croisés?*

 c

STRUCTURE

The irregular verb **dire**

—**Vous dites** la vérité?   —*Are you telling* the truth?
—Bien sûr! **Nous disons**   —Of course! *We* always *tell*
toujours la vérité.   the truth.

—Qu'est-ce que **tu as dit?**   —What *did you say?*
—**J'ai dit** non.   —*I said* no.

The verb **dire** *(to say, to tell)* is irregular:

dire to say	
je **dis**	nous **disons**
tu **dis**	vous **dites**
il, elle, on **dit**	ils, elles **disent**
Past participle: **dit** (avoir)	

Application ■■■■■■■■■■■■■■■■■■■■■■■■■■■■■■■■■

F. Replace the words in italics and make the necessary changes.

1. *Vous* dites toujours la vérité? (tu / elles / il / ils / elle)
2. Qu'est-ce que *tu* dis? (elle / ils / vous / on / elles)
3. Qu'est-ce que *vous* avez dit? (elle / nous / ils / tu / il)
4. *J'*ai dit à Jacques de faire attention. (elle / nous / ils / tu / il)

G. **Qu'est-ce qu'ils disent?** You're sitting in a café with a large group of friends. Because of the noise, you can't hear what other people are saying, so you have to keep asking what's going on. Use the cues to ask your questions.

MODÈLE: ils
Qu'est-ce qu'ils disent?

1. elle
2. tu
3. vous

4. elles
5. il
6. ils

H. **Ils disent que...** Now that you've asked, the person sitting next to you at the table repeats everything that is said.

MODÈLE: ils / faire beau aujourd'hui
Ils disent qu'il fait beau aujourd'hui.

1. elle / il va neiger
2. je / les routes sont glissantes
3. nous / il fait très froid
4. elles / il y a eu du verglas ce matin
5. il / Jeanne a eu un accident de voiture
6. ils / l'accident n'a pas été sérieux

I. **Dites (dis) à... de...** Tell someone in the class (either one or two students) to tell someone else to do something. The person who is given the order then must carry it out.

MODÈLE: chanter une chanson
YOU: *Mark, dis à Judy de chanter une chanson.*
MARK: *Judy, chante une chanson.*

1. dire bonjour à...
2. donner la main à *(shake hands with)*...
3. danser
4. dessiner *(draw)* une maison au tableau
5. dessiner une voiture à côté de la maison
6. donner son livre à...
7. compter jusqu'à 20
8. conjuguer le verbe **dire**

NOTE GRAMMATICALE

Expressions with *dire*

À **vrai dire,** je déteste les films d'épouvante.	To tell the truth, I hate horror films.
Qu'est-ce que cela **veut dire?**	What does this *mean?*
Comment dit-on «documentary» en français?	How do you say "documentary" in French?

The verb **dire** is used in a variety of everyday expressions:

à vrai dire...	to tell the truth
dire oui (non)	to say yes (no)
vouloir dire	to mean
Comment dit-on...?	How do you say...?
dire bonjour (au revoir) à	to say hello, (good-bye) to
Qu'est-ce que vous avez (tu as) dit?	What did you say?

J. Decide which of the **dire** expressions fit the following situations.

MODÈLE: You've agreed to go to the movies with someone.
          J'ai dit oui.

1. You want to know how to say "apartment building" in French.
2. You didn't hear what your brother said to you.
3. You explain that, to tell the truth, you are not sure.
4. You want to find out what someone means by what he or she said.
5. You explain that you mean that your teacher is very strict (**sévère**).
6. You tell someone to say good-bye to your friends for you.

RELAIS

Nous cherchons un appartement

Peter Callahan est retourné en France avec un ami pour faire ses études à l'université de Grenoble. Ils regardent les petites annonces pour trouver un appartement.

PETER:	Voilà! J'ai trouvé! Un appartement avec deux pièces et cuisine équipée.	
RICHARD:	Et il se trouve où, cet appartement?	
PETER:	Il est **tout** près de l'université.	very
RICHARD:	Oui, mais qu'est-ce que ça veut dire exactement, «deux pièces»?	
PETER:	Il y a une salle de séjour et une chambre. C'est au rez-de-chaussée et le **loyer** de 3 100 francs est raisonnable.	rent
RICHARD:	Mais **dis donc!** Tu es **fou?** C'est beaucoup trop cher!	wait a minute / crazy
PETER:	Oui, t'as peut-être raison. Cherchons un petit studio.	

À vous! ■■■■■■■■■■■■■■■■■■■■■■■■■■■

K. **Cherchons un appartement.** You and your friend are now college students and have just arrived in Grenoble on a study abroad program from your university. Part of the experience is that you must find your own lodging. Look at the apartment ads from the classified section of the newspaper and carry out the following tasks: (1) describe the apartments according to the abbreviations, (2) decide which apartments are too expensive, and (3) decide which apartment you're going to rent **(louer).** Consult the *Lexique des Abréviations* on page 179 if you need to.

 Le savez-vous?

In France,
a) 36% of the French live in houses, 64% live in apartments.
b) 73% live in houses, 27% live in apartments.
c) 25% live in houses, 75% live in apartments.
d) 54% live in houses, 46% live in apartments.

réponse

---

appartements meublés

1. CENTRE-VILLE, studio dans très bel imm. 3ᵉ ét., tt cft., kitchenette, ch. comp. 1 800 F.
   Tél. 98-62-44-67

2. BANL., Studio tt cft., 6ᵉ ét., asc. salle dche, coin cuis., cab. toil. 2 200 + ch.
   Tél. 87-91-24-56

3. CÔTÉ UNIVERSITÉ, 2 P., séj. av. balc., chbre, cuis. équip., RdC., petite rés., ch. comp. 2 100 F.
   Tél. 17-94-37-62

4. BANL., 3 P. dans rés. calme, gd séj., gde cuis. tte équip., 2 chbres., s. de bns., jard., gar. 3 400 F.
   Tél. 28-79-12-46

DÉBROUILLONS-NOUS!

L. **Ma maison (mon appartement).** Describe your house or apartment to one of your classmates. Where is the house or apartment located? How do you get there from school? How many rooms does it have? Name the rooms. How big are the rooms? On what floor are the rooms located? Is there a yard? Do you have a garage? Is there an elevator? Your classmate will ask you questions to get more information.

Deuxième étape

Point de départ:

Le plan de l'appartement

■ ■

 d

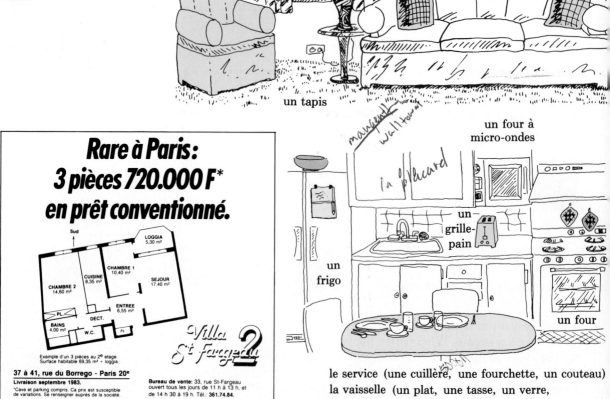

un fauteuil

des rideaux

une peinture

le canapé (le sofa)

un tapis

mangent wall towel

la placard

un four à micro-ondes

un grille-pain

un frigo

un four

le service (une cuillère, une fourchette, un couteau)
la vaisselle (un plat, une tasse, un verre,
une assiette)

À vous! ■■■■■■■■■■■■■■■■■■■■■■■■■■■■■■■■

A. **Une publicité.** Describe the apartment in the **Point de départ** in some detail to one of your classmates. He/she will ask questions to get additional information. If the ad doesn't have the information asked about, say, **"Je ne sais pas."**

B. **Un nouvel appartement.** You and your family are about to move into a new apartment. Using words you already know and the new vocabulary in the drawings, imagine how you'll furnish each room. Use the verb **mettre** *(to put)* in the infinitive form according to the model.

MODÈLE: la chambre à coucher
Dans la chambre à coucher, nous allons mettre un lit, une télévision, etc.

1. la cuisine
2. la chambre à coucher
3. le bureau office
4. la salle de séjour

C. **Là où j'habite.** Describe the furniture in each room of the house or apartment in which you live.

D. **Qu'est-ce que vous avez dit?** Use the cues to create a sentence. One of your classmates, who didn't hear, will ask you what you said. You will then respond, using the verb **dire.** Follow the model.

MODÈLE: elle / apprendre
—*Elle a appris le français à l'école.*
—*Qu'est-ce que tu as dit?*
—*J'ai dit qu'elle a appris le français à l'école.*

1. ils / parler au téléphone
2. je / aller à Grenoble
3. elle / apprendre le russe
4. il / rentrer très tard
5. nous / chercher Sylvie
6. je / acheter une moto
7. elles / monter dans sa chambre
8. ils / faire la vaisselle

E. **La maison de mes rêves.** *(The house of my dreams.)* Describe your dream house to a group of classmates. In addition to saying where it is located, be precise about what it is like (rooms, furnishings, etc.). Use sentences like: **Ma maison se trouve. . .** and **Ma maison a dix pièces. . .**

Note Culturelle

In France, it's much more common to buy rather than rent an apartment. Most apartments are unfurnished **(non meublés),** although small studios and individual rooms may come furnished. University students will often rent a room with a family, or they may find a small studio apartment. They also live in university dorms **(les résidences).** Because there are often serious housing shortages in urban areas, it is not always easy to find rooms and apartments for rent. Students may therefore also live in boarding houses **(pensions),** where one or two meals are sometimes included in the price of the room.

STRUCTURE

The irregular verb *mettre*

Enfin, nous sommes dans notre nouvel appartement.

Mets le canapé ici dans la salle de séjour.

Put the couch here in the living room.

Elle met l'ordinateur dans la chambre?

Is she putting the computer into the bedroom?

Où est-ce que **nous mettons** ce tableau?

Where *are we putting* this painting?

J'ai mis la table.

I set the table.

The irregular verb **mettre** has several meanings. It may mean *to put or place something somewhere.* It can also be used with clothing to mean *to put on* (**Mets ton pull-over**). In the idiomatic expressions **mettre la table** and **mettre le couvert,** it means *to set the table.*

mettre	
je **mets**	nous **mettons**
tu **mets**	vous **mettez**
il, elle, on **met**	ils, elles **mettent**
Past participle: **mis** (avoir)	

Application ■■■■■■■■■■■■■■■■■■■■■■■■■■■■■■■■■

F. Replace the words in italics and make the necessary changes.

1. *Je* mets la table? (nous / elle / ils / tu / vous / elles / il)
2. *Il* a mis un pull-over. (nous / elle / ils / je / elles)
3. Où est-ce que *tu* mets la commode? (elle / ils / je / nous / vous / elles)
4. *Elle* a mis la chaise dans le couloir. (je / nous / elles / il)

G. **La météo.** Based on the weather report, tell people which clothing to put on. Suggest wearing either **un T-shirt, un pull-over, un manteau** *(coat),* **des gants** *(gloves),* or **un anorak** *(ski jacket),* depending on the cues in the parentheses.

MODÈLE: Qu'est-ce que je mets aujourd'hui? (Il fait très froid.)
Tu mets un manteau et des gants.

1. Qu'est-ce que tu mets aujourd'hui? (Il fait frais.)
2. Et les enfants, qu'est-ce qu'ils mettent aujourd'hui? (Il fait chaud.)
3. Qu'est-ce qu'elle va mettre? (Il neige.)
4. Qu'est-ce que vous avez mis? (Il fait chaud.)
5. Qu'est-ce que nous mettons? (Il fait froid.)
6. Qu'est-ce que je mets? (Il fait très froid.)

Installons-nous!

Peter et son ami Richard ont enfin trouvé un petit studio. Quand ils arrivent dans l'appartement, ils décident de changer la disposition des **meubles**. — furniture

PETER: **Voyons.** Comment est-ce que nous allons arranger ces meubles? — Let's see

RICHARD: Le coin cuisine est déjà tout équipé. Il y a **même** un grille-pain, de la vaisselle et un four à micro-ondes. — even

PETER: **Tant mieux.** J'espère que tu **sais** faire la cuisine. — So much the better / know how

RICHARD: Mettons le canapé à côté de la fenêtre. Comme ça, nous avons plus de place pour nos affaires.

PETER: D'accord. Et je préfère mettre cette commode contre le mur là-bas.

RICHARD: Et où est-ce que je mets cette petite table?

PETER: Ici, à côté du canapé.

RICHARD: Voilà! Maintenant nous sommes bien installés. Allons manger quelque chose au Quick!

À vous! ■■■■■■■■■■■■■■■■■■■■■■■■■■■■■■■■■■■■■■

H. **Installons-nous!** Using the floor plan from the **Point de départ**, work with several classmates to decide how you're going to arrange your furniture. When your group is done, compare your arrangement with that of another group. Use the present tense of **mettre** when you make your plans **(Je mets deux lits dans la deuxième chambre)**. Then use the **passé composé** to explain to the other group what you did **(Nous avons mis deux lits dans la deuxième chambre)**.

DÉBROUILLONS-NOUS !

I. **Il déménage.** You've just arrived at a party, but your friend was unable to come with you. Explain to your friends that. . .
   1. your friend and his family are moving.
   2. they are unpacking **(déballer)** their things **(affaires)**.
   3. they have to buy a lot of furniture: beds, tables, chairs, and a dresser.
   4. they moved into a nice house with five bedrooms, a large living room with a balcony, and a big kitchen.
   5. they are going to have a party when they're settled **(installés)**.

Lexique

Pour se débrouiller _____

Pour demander et indiquer des précisions

Que voulez-vous (veux-tu) dire?	Comment dit-on. . .?
Je veux dire que. . .	Je ne sais pas comment dire. .
Que veut dire. . .?	Vous avez (tu as) dit que. . .?

Thèmes et contextes _____

La maison ou l'appartement (m.)

un ascenseur	un immeuble
un balcon	un jardin
un cabinet de toilette	un parking
une chambre à coucher	une pièce
le chauffage	une résidence
le chauffage	une salle à manger
une cuisine	une salle de bains
une douche	une salle de séjour
un garage	

Les meubles et les meubles de cuisine

une armoire
une assiette
un canapé
un couteau
une cuillère
une étagère
un fauteuil
un four
un four à micro-ondes

une fourchette
un frigo
un grille-pain
un plat
un rideau
un service
un sofa
un tapis
la vaisselle

Vocabulaire général

Noms

un anorak
la banlieue
une fleur
un gant
le loyer
un manteau

une pension
les petites annonces *(f.pl.)*
un pull-over
un rêve
un T-shirt
la vérité

Adjectifs

fou (folle)
installé(e)
meublé(e)
sévère

Verbes

déballer
dessiner
dire
dire bonjour (au revoir) à
dire oui (non)
donner la main à

louer
mettre
mettre la table (le couvert)
passer (un film)
vouloir dire

Autres expressions

à vrai dire
dis (dites) donc
je ne sais pas
même
voyons

Mise au point

Lecture: *Une publicité*

Compréhension ■■■■■■■■■■■■■■■■■■■■■■■■■■■■■■

A. Answer the questions according to what you read and saw in the ad.

1. In which French city is this apartment building located?
2. What does **16ᵉ** refer to?
3. What are the two outstanding characteristics of this building?
4. Is this a new or an old apartment building? How do you know?
5. How do you go about getting more information about this building?
6. What are the business hours of the real estate office?
7. How many bedrooms does the apartment have?
8. Is the living room big or small?
9. How many bathrooms does the apartment have?
10. Why do you think they don't tell the price of the apartment?

B. Nos meubles. A family has just moved into the apartment advertised in the **Lecture.** Explain how they arranged their furniture. Use **mettre** and a variety of subject pronouns **(je, tu, il, elle, nous, vous, ils, elles)** for your description.

C. Échange. Use French to ask your classmate about his/her house or apartment.

1. location
2. how to get there
3. number of bedrooms
4. number of bathrooms
5. size of kitchen (large or small)

6. yard (yes or no)
7. garage (yes or no)
8. furniture in living room
9. furniture in other rooms
10. what there is in the kitchen

In this **Révision,** you will review:

- ordinal numbers;
- the irregular verb **dormir;**
- the irregular verbs **sortir** and **partir;**
- time expressions;

- the 24-hour clock;
- the irregular verb **dire;**
- expressions with **dire;**
- the irregular verb **mettre.**

Ordinal numbers

le premier, la première	le (la) huitième	le (la) quinzième
le (la) deuxième	le (la) neuvième	le (la) seizième
le (la) troisième	le (la) dixième	le (la) dix-septième
le (la) quatrième	le (la) onzième	le (la) dix-huitième
le (la) cinquième	le (la) douzième	le (la) dix-neuvième
le (la) sixième	le (la) treizième	le (la) vingtième
le (la) septième	le (la) quatorzième	

D. À la réception. You're the receptionist at the front desk of a big hotel. Indicate to the guests on what floor the various places are located.

MODÈLE: conference rooms (2)
   Au deuxième étage.

1. room 1245 (12)
2. beauty salon (1)
3. stores (4)
4. bathrooms (1 or 4)

5. ballroom (2)
6. restaurants (1, 9, and 14)
7. suites (20)
8. physical fitness center (16)

The irregular verb *dormir*

The verb **dormir** *(to sleep)* is irregular:

je **dors**	nous **dormons**
tu **dors**	vous **dormez**
il, elle, on **dort**	ils, elles **dorment**

Past participle: **dormi** (avoir)

E. **Est-ce qu'on dort beaucoup ou très peu?** Decide whether the following people sleep a lot **(beaucoup)** or very little **(très peu)** under the following circumstances.

MODÈLE: vous et vos amis / quand vous avez des examens
Nous dormons très peu (ou beaucoup) quand nous avons des examens.

1. on / quand on est malade *(sick)*
2. les bébés / quand ils ont faim
3. vos amis / quand il y a une soirée
4. tu / quand tu es en vacances
5. tes parents / quand ils voyagent
6. on / quand on est nerveux
7. tu / quand tu as des examens
8. ton ami(e) / quand il/elle a un problème

The irregular verbs *sortir* and *partir*

The verbs **sortir** *(to go out, to leave)* and **partir** *(to leave)* are irregular:

sortir	**partir**
je **sors**	je **pars**
tu **sors**	tu **pars**
il, elle, on **sort**	il, elle, on **part**
nous **sortons**	nous **partons**
vous **sortez**	vous **partez**
ils, elles **sortent**	ils, elles **partent**

Past participle: **sorti** (être)   Past participle: **parti** (être)

Note that **partir pour** means *to leave for* a place, and **partir de** means *to leave from* a place:

Je **vais partir pour** Montréal.
Elle **est partie de** New York pour aller à Dakar.

F. **Quand je sors, je. . .** Explain to your classmate(s) what you do in the following situations. Use the verbs **sortir, partir,** or **quitter** as appropriate to each context.

MODÈLE: Explain at what time you leave the house when you go to a movie.
Quand je vais au cinéma, je quitte (je pars de) la maison à 8h.

Explain:
1. at what time you leave the house when you go out on Saturday night.
2. at what time you leave the house to go to school in the morning.
3. how often you and your friends go out on weekends.
4. when you leave school to go home in the afternoon.
5. when your parents leave for work in the morning.
6. how often you and your friends go out during the week when school is on.
7. why you and your friends sometimes leave a class during the day.

Time expressions

1. To express the ideas of *early, on time,* or *late,* use the expressions **en avance, à l'heure,** or **en retard.**
2. To indicate when a future action will take place, use **dans (dans cinq minutes).**
3. To indicate how long ago something took place, use **il y a (il y a deux ans).**
4. To indicate for how long an action continued, use **pendant (pendant une heure).**
5. To express quarter hours, use the expressions **un quart d'heure, une demi-heure, trois quarts d'heure.**

G. **À l'heure, en avance, en retard?** Answer the questions for each of the situations given. Use a time expression in each of the answers.

MODÈLE: Le film a commencé à 8h30. Jacques est arrivé au cinéma à 8h35.
Est-ce que Jacques est arrivé à l'heure, en avance ou en retard?
Jacques est arrivé en retard.

1. La boulangerie ferme à 6h. J'habite à quinze minutes de la boulangerie et je quitte la maison pour acheter du pain à 5h30. Est-ce que je vais arriver à l'heure pour acheter du pain?
2. Mireille a commencé ses devoirs à 8h. Elle a fini ses devoirs à 11h30. Pendant combien d'heures est-ce qu'elle a étudié?
3. Nous avons parlé au téléphone de 4h15 à 5h. Pendant combien de minutes est-ce que nous avons parlé?
4. Paul est né en 1981. Il y a combien d'années est-ce qu'il est né?
5. Il est maintenant 7h45. Nos amis vont arriver à 8h. Dans combien de minutes est-ce que nos amis vont arriver?

The 24-hour clock

Conversational time	Official time
dix heures moins le quart (du matin)	9h45 neuf heures quarante-cinq
midi et demi	12h30 douze heures trente
trois heures moins dix (de l'après-midi)	14h50 quatorze heures cinquante
onze heures et quart (du soir)	23h15 vingt-trois heures quinze
minuit cinq	0h05 zéro heure cinq

H. **A quelle heure part le train pour. . . ?** You're at a train station meeting a friend. While you're waiting for her train to arrive, people keep asking you about the departure times of their trains. Give them the conversational time for the official time you see on the departure board.

MODÈLE: A quelle heure part le train pour Nice?
          Il part à une heure dix de l'après-midi.

Nice	13.10	**Strasbourg**	14.00
Munich	10.05	**Zurich**	19.50
Grenoble	15.45	**Montpellier**	20.30
Tours	17.20	**Rouen**	21.15
Paris	8.55	**Madrid**	23.40

A quelle heure part le train pour

1. Zurich? 3. Madrid?   5. Strasbourg?   7. Paris?   9. Munich?
2. Nice?   4. Grenoble? 6. Tours?   8. Rouen?   10. Montpellier?

The irregular verb *dire*

je **dis**   nous **disons**
tu **dis**   vous **dites**
il, elle, on **dit**   ils, elles **disent**

Past participle: **dit** (avoir)

I. Answer the questions using the verb **dire.**

1. Est-ce que tu dis toujours la vérité?
2. Qu'est-ce que tu dis quand tu ne veux pas faire la vaisselle? (**Je dis...**)
3. Qu'est-ce que tes parents disent quand tu rentres très tard?
4. Qu'est-ce que ton ami(e) dit quand tu arrives à l'école?
5. Qu'est-ce que ton professeur dit quand tu arrives en retard?
6. Qu'est-ce que tes parents disent quand tu ne fais pas ton lit?
7. Est-ce que tu dis toujours bonjour à tes amis quand tu arrives à l'école?
8. Est-ce que tes amis disent des bêtises quelquefois?

Expressions with *dire*

à vrai dire	*to tell the truth*
dire oui (non)	*to say yes (no)*
vouloir dire	*to mean*
Comment dit-on...?	*How do you say...?*
dire bonjour (au revoir) à	*to say hello (good-bye) to*
Qu'est-ce que vous avez (tu as) dit?	*What did you say?*

J. Des précisions. Which expression with **dire** would you use in each of the following situations?

1. You want to ask your teacher how to say something in French.
2. You want to ask your teacher what a French word means in English.
3. You want to ask your friend what she means by something she said.
4. You want to explain what you mean by something you said.
5. You want someone to say hello to a friend of yours.
6. You want to find out what someone said.

The irregular verb *mettre*

The irregular verb **mettre** has several meanings. It may mean *to put or place something somewhere*. It can also be used with clothing to mean *to put on* (**mets ton pull-over**). In the idiomatic expressions **mettre la table** and **mettre le couvert, it means** *to set the table.*

mettre	
je **mets**	nous **mettons**
tu **mets**	vous **mettez**
il, elle, on **met**	ils, elles **mettent**
Past participle: **mis** (avoir)	

K. **Il met 50 francs à la banque.** Indicate how much money each of the following people is putting in the bank.

MODÈLE: Jean / 100F
Il met cent francs à la banque.

1. ma mère / 2 000F
2. mes cousines / 1 500F
3. je / 350F
4. mon père / 1 600F
5. mes amis / 75F
6. ma tante / 10 000F
7. mon frère / 540F
8. mes sœurs / 600F

L. **Elle a mis. . .** Things are always getting misplaced in your house, but you always seem to know where they are. Use **mettre** in the **passé composé** and the cues to tell where people put things.

MODÈLE: Monique / clés / dans le tiroir
Monique a mis les clés dans le tiroir.

1. nous / les fourchettes / dans le tiroir
2. Frank / les assiettes / dans l'armoire
3. je / le grille-pain / dans la salle à manger
4. ils / les assiettes / dans la salle de séjour
5. Nancy / la lampe / dans la chambre
6. nous / la peinture / dans la salle de séjour
7. je / les livres / sur les étagères
8. Paul / le verre / dans le frigo

Point d'arrivée

M. **Une chambre d'hôtel.** You and your family are checking into a hotel.

1. Tell the desk clerk you have reservations for two rooms for five nights.
2. You want two rooms with bathrooms.
3. Say you prefer to be on the first floor. You don't like elevators.
4. Ask how much the rooms cost.
5. Ask if they take travelers checks.

N. **Au revoir... À bientôt.** You've just spent some time at the home of some French friends and are about to return home. Thank your friends for everything they did for you, ask them to visit you in the United States, tell them that you intend to return to Paris next summer, and say good-bye.

O. **Je cherche un appartement.** You're in an apartment rental office. Explain to the person that...

1. you want to rent an apartment with two bedrooms and a living room.
2. you would also like a small dining room.
3. you need a kitchen that is fully equipped with a refrigerator, stove, etc.
4. you want to live in a building which has an elevator.
5. you prefer to live in the suburbs.

P. **Une lettre.** You've just moved into an apartment. Write a letter to your French family describing the apartment and your furniture.

While on a school trip to France, you and your classmates are staying in a small hotel in the south of France. One day, after an excursion to a neighboring town, your group returns to the hotel long after midnight to find that the front door is locked and you can't get in. What's happening?

a. In small French hotels, you can't get back into the hotel after 10 P.M.
b. Many French hotels are locked after a certain hour at night. To get back in, you must ring a door bell.
c. The owners of your hotel don't approve of people staying out late at night, so they locked the door to teach you a lesson.

Èze est un petit village très pittoresque situé dans le sud-est de la France. Perché en haut d'un rocher, il offre un très belle vue sur la mer méditerranée.

Unité trois _____

On passe le temps

Objectives

In this unit, you will learn:

- to talk about your daily routine;
- to organize weekend activities;
- to discuss vacation plans.

Chapitre sept

Qu'est-ce que tu fais d'habitude?

Aubagne est une ville de 38 561 habitants située non loin de Marseille. Là, comme dans toutes les petites villes de France, le matin on va au marché faire ses courses.

Première étape

Point de départ:

Le matin chez Claire Renaudet

▪▪▪▪▪▪▪▪▪▪▪▪▪▪▪▪▪▪▪▪▪▪▪▪▪▪▪▪▪

Je me lève: I get up
je me prépare: I get ready
ce qui: which
à peu près: about
qui y aille: that goes there
tôt: early
je fais la grasse matinée: I stay in bed

Claire Renaudet **décrit** ce qu'elle fait d'habitude le matin.　　　describes

Je me lève à 7 h 20 et je prends mon petit déjeuner. Puis je me prépare pour aller à l'école, ce qui me prend à peu près trois-quarts d'heure. Je pars au lycée à 8 h 10. J'y vais à pied, car il n'y a pas de bus qui y aille directement. Cela me prend un peu moins de 20 minutes. Généralement mes cours commencent à 8 h 30.

Les week-ends français commencent en général le samedi midi après le lycée. Par conséquent, le samedi matin je me lève à 7 h 20 aussi. Mais le dimanche matin je ne me lève pas très tôt... je fais la grasse matinée jusqu'à 10 h. Ensuite je prends le petit déjeuner avec mes parents.

203

À vous! ■■■■■■■■■■■■■■■■■■■■■■■■■■■■■■■■■■

A. **Vrai ou faux?** On the basis of Claire's description, decide if each statement is true or false. If a statement is false, restate it to make it true.

1. Claire se lève très tôt tous les matins.
2. Elle fait la grasse matinée le samedi et le dimanche matin.
3. Elle prend le petit déjeuner, puis elle se prépare pour aller au lycée.
4. Elle se prépare pour aller à l'école en moins d'une heure.
5. Elle habite à côté du lycée.
6. Elle prend l'autobus pour y aller.
7. Son premier cours est à 8h30.
8. Les week-ends français ressemblent aux week-ends américains.

STRUCTURE

The present tense of pronominal verbs

Je me lève de bonne heure.	*I get up* early.
Mon amie Chantal se lève de bonne heure aussi.	*My friend Chantal gets up* early too.
Nous nous téléphonons tous les matins.[1]	*We call each other* every morning.

Pronominal verbs may have two different meanings. They may express:

a) an action that reflects back on the subject:

Je me lave.	*I wash (myself).*
Elle se lève.	*She gets up.* (Literally, *she gets herself up.*)

OR

b) an action in which two or more subjects interact:

Nous nous téléphonons.	*We call each other.*
Elles se regardent.	*They look at each other.*

In either case, the subject (noun or pronoun) is accompanied by its corresponding reflexive or reciprocal pronoun (**me, te, se, nous, vous**). This pronoun usually comes directly in front of the verb:

[1]**Tout, toute, tous, toutes + le, la, l', les** = *every;* **tous les jours** = *every day;* **toutes les semaines** = *every week.*

se laver	
je **me lave**	nous **nous lavons**
tu **te laves**	vous **vous lavez**
il, elle, on **se lave**	ils, elles **se lavent**

If the verb begins with a vowel or a vowel sound, the pronouns **me, te,** and **se** become **m', t',** and **s': je m'habille, tu t'habilles, elle s'habille.** The **s** of **nous** and **vous** (normally silent) is pronounced in liaison with a vowel or a vowel sound: **nous nous‿habillons, vous vous‿habillez.**

Here is a list of some other frequently used pronominal verbs:

se brosser les cheveux	*to brush one's hair*
se brosser les dents	*to brush one's teeth*
s'habiller	*to get dressed*
se maquiller	*to put on makeup*
se raser	*to shave*
se réveiller	*to wake up*

Application ■■■■■■■■■■■■■■■■■■■■■■■■■■■■■

B. Replace the subject in italics and make the necessary changes.

1. *Je* me réveille à huit heures. (Jeanne / nous / vous / les autres / tu)
2. *Il* s'habille avant de déjeuner. (tu / Marie et Jacques / je / nous / Michèle / vous)
3. *Ils* se téléphonent souvent. (vous / mes sœurs / on / nous / nos cousins)

C. **Pierre ou Anne-Marie et moi.** Compare your morning activities with those of Pierre (if you are male) or those of Anne-Marie (if you are female).

Les garçons

MODÈLE: Pierre se réveille à sept heures.
          Moi, je me réveille à sept heures moins le quart.

1. Pierre reste au lit pendant une demi-heure.
2. Pierre se lève à sept heures et demie.
3. Pierre ne prend pas de douche d'habitude le matin.
4. Pierre se brosse les dents une fois *(once)* par jour.

5. Pierre s'habille d'abord; ensuite il déjeune.
6. Pierre déjeune avec son frère.
7. Pierre part pour l'école à huit heures.

Les jeunes filles

MODÈLE: Anne-Marie se réveille à sept heures.
            Moi, je me réveille à six heures et demie.

1. Anne-Marie reste au lit pendant un quart d'heure.
2. Anne-Marie se lève à sept heures et quart.
3. Anne-Marie prend une douche tous les matins.
4. Anne-Marie se brosse les cheveux.
5. Anne-Marie s'habille d'abord; ensuite elle déjeune.
6. Anne-Marie déjeune avec son frère.
7. Anne-Marie part pour l'école à huit heures.

NOTE GRAMMATICALE

Questions with pronominal verbs

To ask a question with a reflexive or a reciprocal verb, use intonation, **est-ce que,** or an interrogative expression followed by **est-ce que:**

Il se brosse les dents tous les matins?
Est-ce qu'elle se maquille avant de sortir?
Pourquoi est-ce que tu te lèves à 6h?

D. **Une famille.** As your friend describes her family's morning routine, ask follow-up questions using the expressions in parentheses.

MODÈLES: Ma mère prend une douche tous les matins. (est-ce que / se brosser les cheveux)
Est-ce qu'elle se brosse les cheveux aussi?

Mon père aime rester au lit. (à quelle heure / se lever)
À quelle heure est-ce qu'il se lève?

1. Mon frère se réveille à 6h. (à quelle heure / se lever)
2. Moi, je ne reste pas au lit le matin. (pourquoi / se lever tout de suite)
3. Ma sœur se brosse les cheveux tous les matins. (est-ce que / se brosser les dents)
4. Je me lave tous les matins. (est-ce que / se maquiller)
5. Mon père se lève, s'habille et quitte la maison. (quand / se raser)
6. Moi, je me lève, je me lave et je déjeune. (quand / s'habiller)
7. Le week-end nous restons au lit. (à quelle heure / se lever)

E. **Et toi?** You and your friends are discussing your families' morning routines. First, name the members of your family. Then use the suggested verbs to tell something about your family and to ask your partners about theirs.

MODÈLE: se réveiller de très bonne heure
ÉLÈVE A: *Mon père se réveille de très bonne heure.*
ÉLÈVE B (to ÉLÈVE C): *Est-ce que ton père se réveille de bonne heure aussi?*
ÉLÈVE C: *Oui, il se réveille de bonne heure aussi.* ou:
Non, d'habitude il se réveille à neuf heures.

1. se réveiller
2. se lever avant ___ heures
3. rester au lit jusqu'à ___ heures
4. se brosser les dents ___ fois par jour
5. prendre une douche tous les matins
6. se raser tous les jours (rarement)
7. se maquiller tous les jours (rarement)
8. s'habiller avant (après) le petit déjeuner

 Le savez-vous?

«Métro, boulot, dodo»
a) are the names of three *métro* stations in Marseille.
b) refers to the daily routine of work and sleep.
c) is a children's rhyme.
d) are the terms used to address one's husband or wife.

réponse

RELAIS

Le matin chez Jean-Marc et Cécile

Ils sont frère et sœur. Jean-Marc a 18 ans; Cécile a 14 ans. Ils sont tous deux élèves au Lycée Hugo. Et **chez eux** tous les matins sont **pareils.**

at their house / the same

MME BERGERON:	Allez, les enfants! Descendez! Oh, là là. Vous voilà enfin! Mais pourquoi est-ce que vous êtes toujours en retard le matin?
JEAN-MARC:	C'est pas de ma **faute,** maman. C'est la faute de Cécile. Elle se lève à 7h15 et elle **s'enferme** dans la salle de bains. Elle prend une douche. Elle se brosse les cheveux. Elle se brosse les dents. Elle se maquille. Moi, je n'ai pas le temps de me raser. Je me lave, c'est tout.
Cécile	C'est pas vrai, maman. Jean-Marc se réveille avant 7h. Mais il ne se lève pas. Il reste au lit jusqu'à 7h45. Il se lève enfin, il s'habille mais c'est déjà l'heure de partir. C'est pour ça qu'il n'a pas le temps de **faire sa toilette.**
JEAN-MARC:	Oh, elle exagère, maman. Mais **de toute façon** il est huit heures. Nous partons. Au revoir, maman. A ce soir.
CÉCILE:	Au revoir, maman.
MME BERGERON:	Mais vous n'avez pas pris votre petit déjeuner. Il faut manger quelque chose! Oh, là là! Les enfants!

fault
locks herself

to get ready in the morning (wash, comb hair, etc.)
in any case

À vous! ▪▪▪▪▪▪▪▪▪▪▪▪▪▪▪▪▪▪▪▪▪▪▪▪▪▪▪▪▪▪▪▪▪▪▪▪▪▪

F. **Est-ce Jean-Marc ou Cécile?** On the basis of the dialogue in the **Relais,** answer the questions about who usually does what.

1. Qui se réveille avant 7h?
2. Qui se lève le premier (la première)?
3. Qui reste au lit?
4. Qui prend une douche?
5. Qui se brosse les cheveux et les dents?
6. Qui se maquille?
7. Qui n'a pas le temps de faire sa toilette?
8. Qui ne prend pas le petit déjeuner?
9. Qui part pour l'école à 8h?

 b

G. **Chez Frédérique.** Mornings at Frédérique's house are very different. Based on the drawings, describe what Frédérique and her brother Michel do in the morning. Use the following expressions: **se réveiller, se lever, rester au lit, prendre une douche, se laver, se brosser, se raser, se maquiller, s'habiller, déjeuner, partir.**

Michel

Frédérique

H. **Et toi?** Now describe your own morning activities. Talk about the same topics as mentioned in the dialogue with Jean-Marc and Cécile, but fit the information to your personal situation.

   MODÈLE: *Moi, d'habitude, je me réveille à 6h30, . . .*

DÉBROUILLONS-NOUS !

I. **Échange.** Ask a classmate the following questions. He/she will answer them.

   1. À quelle heure est-ce qu'on se lève chez toi?
   2. Qui se lève le premier (la première)? Et le dernier (la dernière)?
   3. Qui prend une douche?
   4. Qui se lave la tête *(washes his/her hair)* le matin?
   5. Combien de fois par jour est-ce que tu te brosses les dents?
   6. Est-ce que tu t'habilles rapidement ou lentement *(slowly)*?
   7. À quelle heure est-ce que tu pars pour l'école?

J. **Une matinée typique.** Describe to another student the usual morning routine at your house, using the expressions learned in this **étape.** Your partner will ask you questions to find out more details.

   MODÈLE: —*Eh, bien. D'habitude, on se réveille de bonne heure chez moi.*
   Ma mère se lève la première.
   —*Ah, oui. À quelle heure?*
   —*Oh, elle se lève vers six heures et demie. Elle prépare le petit déjeuner pendant que mon père se rase. Etc.*

Deuxième étape

Point de départ:
La journée d'Éric Collin

day

Éric Collin décrit une **journée** typique au lycée.

Les cours commencent à 9h30 et durent 55 minutes. Le lundi, mon premier cours, c'est le latin. Ensuite j'ai une heure de français et une heure d'allemand.

À midi j'ai une heure et demie pour manger: de 12h30 à 14h. Je déjeune à la cantine du lycée. Après le déjeuner, je vais dans les classes libres (pour faire des devoirs) ou je sors du lycée pour me promener avec mes copains.

Les cours reprennent à 14h. L'après-midi j'ai une heure d'histoire géographie, puis une heure des maths puis une heure de physique-chimie. Après les cours, je reste toujours une bonne demi-heure devant le lycée pour parler avec des amis. Puis je rentre à la maison, ce qui me prend très peu de temps, car j'habite à côté du lycée.

Cette journée est purement indicative, car j'ai un emploi du temps différent pour chaque jour de la semaine.

Par exemple, le mardi, je commence à 8h30, je mange de 11h30 à 13h, et je finis à 16h! Et les cours eux-mêmes sont différents: j'étudie aussi l'anglais et les sciences naturelles, et j'ai deux heures de sports par semaine.

durent: last
cantine: cafeteria
classes libres: study hall
me promener: go for a walk
reprennent: start again
indicative: an example
emploi du temps: schedule
eux-mêmes: themselves

À vous! ■■■■■■■■■■■■■■■■■■■■■■■■■■■■■■■■■■■■■

A. **Les cours d'Éric.** Here are some of the courses offered in French **lycées.** Indicate which courses are part of Éric's **programme** for the day he just described and which are not.

MODÈLE: *Éric a un cours d'allemand, mais il n'a pas de cours d'espagnol.*

français	mathématiques	histoire
allemand	physique	géographie
anglais	chimie	économie
espagnol	sciences naturelles	musique (instrument,
grec	(biologie, géologie)	chant, danse)
latin	éducation physique	arts plastiques (peinture,
		sculpture)

B. **Vous et Éric.** Compare your school day with Eric's. For each statement, either say that your situation is similar or explain how it is different.

MODÈLE: Généralement, mes cours commencent à 9h30.
Généralement, mes cours commencent à 7h45.

1. Les cours à mon lycée durent 55 minutes.
2. Le lundi matin j'ai trois cours.
3. À notre école nous avons une heure et demie pour manger.
4. Je déjeune à la cantine du lycée.
5. Après le déjeuner, je sors du lycée pour me promener avec mes amis.
6. L'après-midi les cours se terminent à 15h.
7. Après les cours, je reste une bonne demi-heure devant le lycée.
8. Il me faut 5 minutes pour rentrer à la maison, car j'habite à côté du lycée.
9. J'ai des cours de français, d'anglais, d'allemand, de latin, d'histoire et de géographie, de physique, de chimie, de biologie et de géologie.

Prononciation: *The mute* **e**

You learned earlier that the French vowel **e** (written without an accent) can represent three sounds:

les, parler	**e**+ silent consonant at the end of a word
elle, personne	**e**+ pronounced consonant in the same syllable
le, petit	**e** in two-letter words and at the end of a syllable

When French is spoken rapidly, however, you will find that an **e** at the end of a syllable (as in **petit**) is often NOT pronounced. This *mute* **e** occurs in situations where the dropping of the sound is physically possible—that is, where the dropping of the sound does *not* result in three consecutive consonant sounds. Thus, in **samedi**, the dropping of the **e** leaves together only the two consonants **md**. However, if the second **e** of **vendredi** were to be dropped, there would remain **drd**, a combination that would be difficult to pronounce.

Pratique ■■■■■■■■■■■■■■■■■■■■■■■■■■■■■■■■■

C. Read each word aloud, dropping the **e** when it is crossed out and retaining the **e** when it is underlined.

1. samedi
2. mercredi
3. omelette
4. médecin
5. acheter
6. appartement
7. boucherie
8. tartelette
9. boulangerie
10. reprend
11. au rez-de-chaussée

REPRISE

D. **Renseignons-nous!** Use the suggested expressions to find out about one or more of your classmates' daily routines.

1. À quelle heure . . . ? (se lever en semaine / se lever le samedi matin / se lever le dimanche matin / se lever en été)
2. Combien de fois par jour (par semaine) . . . ? (se brosser les dents / se laver la tête *(to wash one's hair)* / prendre une douche)

STRUCTURE

Negation of pronominal verbs

Je **ne** me rase **pas** tous les jours.	I do *not* shave every day.
Elle **ne** se maquille **pas** souvent.	She *doesn't* put on makeup often.
Nous **ne** nous parlons **jamais.**	We *never* speak to each other.

To make a negative statement with a pronominal verb, put **ne** in front of the reflexive or reciprocal pronoun and **pas** immediately after the verb.

Je \NE/ me lève \PAS/ de bonne heure.

Application

E. Replace the subject in italics and make the necessary changes.

1. *Elle* ne se lave pas la tête le matin. (Jacques / je / nous / tu / mes frères / vous)
2. *Ils* ne se dépêchent jamais. (Monique / tu / je / mes amis / vous / nous)
3. *Elles* ne se parlent pas beaucoup. (mes parents / vous / nous / on)

À quelle heure est-ce que votre cours de biologie commence?

F. **Mais non. . .** Indicate that the following statements are incorrect. If possible, provide more accurate statements based on the drawings.

MODÈLES:

Éric se lève avant sept heures.
Mais non. Il ne se lève pas avant sept heures. Il se lève vers huit heures et demie.

Je me réveille de bonne heure.
Mais non. Tu ne te réveilles pas de bonne heure. Tu te réveilles après dix heures.

1. Georges se brosse les dents une fois par jour.

2. Mathilde et son frère se dépêchent pour aller à l'école.

3. Je me rase tous les matins.

4. Jacqueline s'habille avant le petit déjeuner.

5. Après les cours, je me promène en ville.

G. Ce que je fais, ce que je ne fais pas. Indicate which of the following activities apply to your situation and which don't.

MODÈLE: *Moi, je me réveille de bonne heure. Je ne me lève pas tout de suite. Etc.*

se réveiller de bonne heure / se lever tout de suite / rester au lit / prendre une douche le matin / se laver la tête tous les jours / se raser / se maquiller / s'habiller rapidement / déjeuner avant d'aller à l'école / partir pour l'école avant sept heures et demie / se dépêcher pour arriver à l'heure / faire des sciences / sortir de l'école pour déjeuner / avoir des cours l'après-midi / rentrer de l'école avant trois heures / se brosser les dents avant le dîner

La journée de Jean-Marc et de Cécile

Jean-Marc et Cécile parlent de leur **vie** au lycée avec leur oncle Pierre.   life

L'ONCLE PIERRE:	Alors, vous êtes tous deux au Lycée Victor Hugo cette année. C'est très **commode.** Vous y allez **ensemble** le matin?
CÉCILE:	Euh ... c'est-à-dire que nous quittons la maison ensemble, mais Jean-Marc prend son vélomoteur pour y aller. Moi, je prends le métro.
L'ONCLE PIERRE:	Mais vous vous retrouvez au lycée, non?

convenient
together

JEAN-MARC:	Mais non. Elle fait des sciences. Moi, je suis en langues modernes. Elle étudie l'allemand. Moi, je fais de l'anglais et de l'espagnol.
L'ONCLE PIERRE:	Alors, vous déjeunez ensemble à la cantine de temps en temps?
CÉCILE:	Jamais. Tout d'abord, nous ne mangeons pas à la cantine. Nous sortons de l'école. Mais Jean-Marc, il va au café avec des copains. Mes amies et moi, nous déjeunons au MacDonald, puis nous nous promenons.
L'ONCLE PIERRE:	Mais de toute façon, vous rentrez ensemble, oui?
JEAN-MARC:	Non. Elle est en sciences. Elle a souvent des cours jusqu'à 6h. Moi, je rentre toujours entre 4h et 5h.
L'ONCLE PIERRE:	Bon. Si je le comprends bien, vous êtes **tous deux** au Lycée Hugo, mais vous n'y êtes pas ensemble.
CÉCILE:	Oui, c'est ça. **Heureusement.**
JEAN-MARC:	Oui, heureusement.

both

fortunately

À vous! ■■■■■■■■■■■■■■■■■■■■■■■■■■■■■■■■■■■■

H. **Et vous?** Answer the following questions about your school routine.

1. A quelle heure est-ce que vous quittez la maison le matin?
2. Votre lycée, est-il loin de chez vous?
3. Comment est-ce que vous y allez?
4. À quelle heure est-ce que les cours commencent?
5. Vous avez des cours le matin jusqu'à quelle heure?
6. Combien de temps est-ce que vous avez pour manger?
7. Où est-ce que vous déjeunez?
8. À quelle heure est-ce que vos cours reprennent l'après-midi?
9. À quelle heure est-ce que vous quittez l'école?
10. À quelle heure est-ce que vous rentrez d'habitude?

DÉBROUILLONS-NOUS !

I. **Toi non plus?** Identify five things in Exercise G that you do *not* do. Then question your classmates until, *for each activity,* you find at least two other people who do not do it either.

Troisième étape

Point de départ:

Le soir chez Véronique Paillet

Véronique Paillet décrit une **soirée** typique chez elle.

faire le trajet: make the trip
une fois rentrée: once I'm home
le lendemain: the next day
repas: meals
débarrasse: clear
vaisselle: dishes
encore: more
je me couche: I go to bed

evening

Normalement les cours durent jusqu'à 17h ou 18h. Puis je rentre chez moi. J'habite assez loin du lycée. Par conséquent, je prends l'autobus. Il faut compter au moins 40 minutes pour faire le trajet.

Une fois rentrée, je fais mes devoirs pour le lendemain. Chez nous on dîne vers 7h45. C'est ma mère qui prépare les repas. Après le dîner, je débarrasse la table et fais la vaisselle. Puis il y a encore des devoirs! Je me couche généralement vers 10h30. Ce n'est pas très amusant!

C'est pour ça que je préfère le week-end. Le samedi soir je vais en ville avec des amis. Nous allons au cinéma ou nous allons danser. Le dimanche soir je regarde souvent la télé car il y a en général de bons films.

À vous! ■■

A. **Où est Véronique? Que fait-elle?** On the basis of what you have read above, indicate for each of the days and times where Véronique probably is and what she is doing.

MODÈLE: mardi à 15h
          Véronique est au lycée. Elle est en classe.

1. mardi à 6h15
2. mercredi à 7h30
3. jeudi à 8h

4. vendredi à 9h
5. samedi à 9h
6. dimanche à 9h

B. **Une interview.** You are being interviewed on French radio about your daily routine. Answer the following questions.

1. Généralement, vos cours durent jusqu'à quelle heure?
2. Est-ce que vous habitez près du lycée?
3. Il faut combien de temps pour rentrer chez vous?
4. Qu'est-ce que vous faites, une fois rentré(e)?
5. A quelle heure est-ce qu'on dîne chez vous?
6. Qui prépare les repas? Débarrasse la table? Fait la vaisselle?
7. Qu'est-ce que vous faites le soir en semaine?
8. A quelle heure est-ce que vous vous couchez généralement?
9. Qu'est-ce que vous faites le samedi soir? Le dimanche soir?

REPRISE

C. **Pendant les vacances. . .** During vacations, people often change their daily routines. Using the list of suggested verbs, indicate at least six activities that you do *not* do when you are on vacation.

MODÈLE: *Pendant les vacances je ne me réveille pas de bonne heure.*

se réveiller / se lever / prendre une douche / se laver / se brosser / s'habiller / déjeuner / partir / se dépêcher / avoir des cours / reprendre / rentrer

STRUCTURE

The imperative of pronominal verbs

Eh, bien, les enfants, réveillons-nous!

Nathalie! Claire! Levez-vous!   Gérard! Ne te rendors pas!

The negative command forms of pronominal verbs follow the same pattern as the command forms of other verbs you have learned—that is, the subject pronoun is simply dropped. Remember that the final **s** of the **tu** formed is dropped for **-er** verbs.

Vous ne vous levez pas.   **Ne vous levez pas!**
Tu ne te laves pas.   **Ne te lave pas!**

The subject pronoun is also dropped in the affirmative imperative of pronominal verbs. In addition, the reflexive or reciprocal pronoun is placed *after* the verb. In written French, this pronoun is attached to the verb form with a hyphen. Notice that, for ease of pronunciation, **te** becomes **toi** when it follows the verb:

Vous vous réveillez.   **Réveillez-vous!**
Nous nous levons de bonne heure. **Levons-nous** de bonne heure!
Tu te dépêches.   **Dépêche-toi!**

Application ▪▪▪▪▪▪▪▪▪▪▪▪▪▪▪▪▪▪▪▪▪▪▪▪▪▪▪▪▪▪▪▪▪▪▪▪▪

D. Give the affirmative imperative forms of the following verbs.

MODÈLE: se laver
Lavez-vous!

1. se lever
2. se coucher
3. s'habiller

MODÈLE: se parler
Parlons-nous!

4. se téléphoner
5. se retrouver
6. se séparer

MODÈLE: se raser
Rase-toi!

7. se maquiller
8. se dépêcher
9. se brosser les cheveux

E. Give the negative imperative forms of the following verbs.

MODÈLE: se séparer
Ne vous séparez pas!

1. se dépêcher
2. se lever
3. se parler

MODÈLE: se dépêcher
Ne te dépêche pas!

4. se raser
5. se coucher
6. se lever

F. **Dites à. . .** *(Tell . . .)* First tell your friend Anne-Marie to do each of the activities suggested below.

MODÈLE: se lever
Anne-Marie, lève-toi!

1. se réveiller
2. se dépêcher
3. se laver les mains

4. se brosser les dents
5. s'amuser bien
(to have a good time)

Then tell the small children you are taking care of to do each of the activities suggested below.

MODÈLE: se coucher
Alors, les enfants, couchez-vous!

6. se lever
7. se reveiller
8. se dépêcher

9. s'amuser bien
10. s'habiller

G. **Dialogues à compléter.** Complete each dialogue with the affirmative or negative imperative of one of the following verbs: **se lever, se coucher, se dépêcher, se laver, s'habiller, se réveiller.**

MODÈLE: —André! André! *Réveille-toi!*
—Comment? Qu'est'ce qu'il y a?
—Il y a quelqu'un qui veut te parler.

1. —Quelle heure est-il, François?
   —Il est 9h55, Papa.
   —Comment? 9h55? ____
2. —Mireille! Mireille!
   —Oui, Maman?
   —On va dîner, ma petite. ____
   —OK, Maman.
3. —Jean-Jacques! Il est déjà 19h30!
   —Qu'est-ce qu'il y'a, Maman?
   —Le film commence dans une demi-heure! ____ !
4. —Jean-Louis! Annick! Qu'est-ce que vous faites là?
   —Euh, nous préparons quelque chose, Maman.
   —Il est déjà minuit. ____ , mes enfants!
   —Dans un instant, Maman!
5. —Guillaume, mon amour. ____ , s'il te plaît!
   —Mais pourquoi, ma chérie?
   —C'est que notre fille vient dîner à la maison avec son nouveau fiancé.
     Nous voulons faire bonne impression, n'est-ce pas?
   —Oui, mon chou.

Le soir chez Jean-Marc et Cécile

Les parents de Jean-Marc et de Cécile sont en voyage. Leur oncle et leur tante passent la semaine à la maison avec eux. Quand Jean-Marc et Cécile rentrent du lycée, c'est leur tante Pascale **qui les attend.**

who is waiting for them

LA TANTE PASCALE:	Alors, les enfants, il y a du travail à faire. Qui va s'occuper des animaux?
CÉCILE:	Jean-Marc. Il s'occupe toujours des animaux. Moi, je fais la lessive.
LA TANTE PASCALE:	Bon. D'accord. Et moi, je vais préparer le dîner. À quelle heure est-ce que vous mangez d'habitude?
JEAN-MARC:	On dîne généralement **vers** 8h.

around

Après le dîner.

LA TANTE PASCALE:	Bon. Qui va débarrasser la table?
CÉCILE:	Moi, Moi!
JEAN-MARC:	Non. Tu as débarrassé la table hier soir. Moi, je vais le faire ce soir. Tu vas faire la vaisselle et ensuite tu vas terminer tes devoirs.
CÉCILE:	Bon. D'accord. Mais qu'est-ce que tu vas faire après, toi?
JEAN-MARC:	J'ai déjà terminé mes devoirs. Je vais regarder la télé.
LA TANTE PASCALE:	À quelle heure est-ce que vous vous couchez, vous deux?
JEAN-MARC:	Moi, je me couche vers 11h. Ma petite sœur, elle se couche plus tôt, elle.

À vous! ■■■■■■■■■■■■■■■■■■■■■■■■■■■■■■■■■

H. **Jean-Marc et Cécile.** Answer the questions on the basis of the dialogue.

1. Qui s'occupe des animaux?
2. Qui fait la lessive?
3. Qui fait des devoirs avant et après le dîner?
4. À quelle heure est-ce qu'on mange le soir d'habitude?
5. Qui débarrasse la table?
6. Qui fait la vaisselle?
7. Qui a le temps de regarder la télé?
8. Qui se couche le premier (la première)?

I. **Et vous?** Answer the questions about your evening routine.

1. À quelle heure est-ce que vous rentrez de l'école?
2. Est-ce que vos parents travaillent?
3. Est-ce que vous aidez avec le travail de la maison?
4. Qui fait la lessive chez vous?
5. Qui fait la vaisselle chez vous?
6. Qui débarrasse la table après le dîner?
7. Avez-vous des animaux? Qui s'occupe de vos animaux?
8. Quand est-ce que vous faites vos devoirs?
9. Est-ce que vous avez le temps de regarder la télé le soir?
10. À quelle heure est-ce que vous vous couchez d'habitude?

DÉBROUILLONS-NOUS !

J. **Qu'est-ce que tu fais le soir?** Ask your classmates questions about their late afternoon and evening routines in order to find people who . . .

1. get home from school at the same time you do.
2. do their homework at the same time you do.
3. eat dinner at the same time your family does.
4. help around the house in the same way(s) you do.
5. go to bed at the same time you do.

Try to find at least two people for each category.

Lexique

Pour se débrouiller

Pour parler des activités de tous les jours

se brosser les cheveux *(m.pl.)*
　　　　　　les dents *(f.pl.)*
se coucher
déjeuner
dîner
s'habiller
se laver (la tête)

se lever
se maquiller
prendre une douche
se raser
rester au lit
se réveiller

Thèmes et contextes

Le travail de la maison

débarrasser la table
faire la lessive

faire la vaisselle
s'occuper de

Vocabulaire général

Nom

un(e) lycéen(ne)

Préposition

avant

Verbes

se dépêcher
passer le temps (à + *infinitive*)
se promener
se retrouver
se téléphoner
terminer

Adjectif

tout(e) seul(e)

Adverbe

lentement

Chapitre huit

Qu'est-ce que tu vas faire ce week-end?

Biarritz est une station d'été importante sur la côte Atlantique. La ville a 26 598 habitants. À Biarritz, comme dans toutes les villes de France, le samedi soir on se promène, on va au cinéma, on dîne au restaurant, on retrouve des amis au café.

Première étape

Point de départ:

Pariscope

Each week in Paris, a small magazine called **Pariscope** can be purchased at newsstands. It gives all the entertainment listings for the coming week.

FILMS

AJANTRIK. 1958. 1h40. Comédie dramatique indienne en noir et blanc de Ritwik Ghatak avec Kaa Banerjee, Gyanesh Mukherjee, Amil Chatterjee, Gangapada, Kajal Gupta, Keshta Mukerjee. Au Bengale, les rapports d'affection d'un chauffeur de taxi et de sa vieille voiture qu'il considère comme un être vivant. Naissance, mariage, mort, culte des ancêtres, renaissance: tel est le thème profond d'Ajantrik, la loi de la vie. ♦ Republic Cinémas 110 v.o. ♦ Le Grand Rex 16.

LA MOUCHE. The Fly. 1986. 1h35. Film fantastique américain en couleurs de David Cronenberg avec Jeff Goldblum, Geena Davis, John Getz, Jay Boushai, Les Carlson.
Un savant, créateur d'un engin capable de transporter la matière dans l'espace, expérimente son invention sur lui, mais, enfer et damnation, en compagnie d'une mouche imprévue. Par le réalisateur de "Dead Zone" et "Vidéodrome", la danse des chromosomes en folie et la mutation physiologique terrifiante d'un humain. Des effets spéciaux saisissants et efficaces. Prix Spécial du Jury au festival d'Avoriaz 1987. ♦ UGC Ermitage 79 v.o. ♦ Le Hollywood Boulevard 89 v.f. ♦ Le Grand Rex 16.

OTELLO. 1986. 2h. Film musical italien en couleurs de Franco Zeffirelli avec Placido Domingo, Katia Ricciarelli, Justino Diaz. À Chypre, au début du XVIe siècle. Le général maure Otello est victime de la haine d'un de ses officiers qui a juré de le perdre. Le célèbre opéra de Verdi, drame de la jalousie et de l'amour fou, porté a l'écran par un cinéaste passionné d'art lyrique ("La Traviata"). ♦ Vendome Opéra 18 v.o. ♦ Le Grand Rex 16.

PEGGY SUE S'EST MARIÉE. Peggy Sue got married. 1986. 1h40. Comédie américain en couleurs de Francis Ford Coppola avec Kathleen Turner, Nicholas Cage, Barry Miller, Catherine Hicks, Joan Allen, Kevin J. O'Connor.
Au cours d'une grande fête donnée par les anciens élèves du lycée Buchanan, Peggy Sue, élue reine de la soirée en souvenir de sa popularité en 1960, perd connaissance et dérive à travers le temps. Elle se réveille en 1960 et retrouve le monde de son adolescence, ses émotions, son premier amour. . . Une brillante interprétation de la séduisante Kathleen Turner. ♦ Les Templiers 21 v.o. ♦ Studio Galande 40 v.o. ♦ Le Grand Rex 16.

LE SOLITAIRE. 1986. 1h35. Film policier français en couleurs de Jacques Deray avec Jean-Paul Belmondo, Jean-Pierre Malo, Michel Creton, Patricia Malvoisin, Catherine Rouvel.
Un policier traque impitoyablement le tueur qui a abattu son meilleur ami. Après "Borsalino", "Le Marginal", la nouvelle collaboration d'un tandem qui a fait ses preuves, et un héros plus bataillleur que jamais. ♦ Le Grand Rex 16. ♦ Les Forums Cinémas Orient Express 3. ♦ UGC Normandie 81. ♦ Paramount Opéra 92.

CROCODILE DUNDEE. 1985. 1h35. Film d'aventures australien en couleurs de Peter Faiman avec Paul Hogan, Linda Kozlowski, John Meillon, David Gulpilil, Mark Blum, Michael Lombard. Pour les besoins d'un reportage, une jeune et ambitieuse journaliste américaine partage pendant un temps la vie d'un aventurier viril élevé au sein d'une tribu aborigène. Une aventure divertissante qui s'est imposée comme une des plus grands succès de l'histoire du cinéma australien. ♦ Forum horizon 3 bis v.o. ♦ Hautefeuille Pathé 48 v.o. ♦ Marignan Concorde Pathé 70 v.o. ♦ Imperial Pathé 13 v.f.

PROMESSE. 1986. 1h45. Drame psychologique japonais en couleurs de Yoshishige Yoshida avec Rentaro Mikuni, Sachiko Murase, Chochuro Kawarasaki, Orie Sato, Tetsuta Sugimoto.
À la périphérie de Tokyo, la cohabitation douloureuse de trois générations d'une même famille aboutit au meurtre. La vieillesse et la mort: deux étapes sur lesquelles la réalisateur pose un regard cruel et dur. ♦ Republic Cinemas 110 v.o.

CINÉMAS

16 LE GRAND REX. 1 Bd Poissonière. 42.36.83.93. MºBonne-Nouvelle. Perm vers 13h15 à 21h35. Pl: 33 F. Lun (sf fêtes et veilles de fêtes), tarif unique: 22 F. Pour les — 18 ans et + 60 ans du Mar au Ven de 17h30 à 19h30, Sam à 0h30, et Dim à 22h, pl: 22 F. Étud. du Mar 13h au Ven 19h (sf fêtes et veilles de fêtes), pl: 22 F. Salles accessibles aux handicapés.

Le Solitaire
Séances: 14h, 16h (sf Mer, Sam, Dim), 18h, 20h, 22h. Film 20 mn après.

Otello
Séances: 13h45, 15h50, 17h55, 20h, 22h05. Film 20 mn après.

Peggy Sue s'est mariée.
Séances: 14h, 16h30, 19h, 21h35. Film 25 mn après.

La Mouche v.o. Int—13 ans
Séances: 13h15, 15h15, 17h30, 19h40, 21h55. Film 30 mn après.

Anjantrik
Séances: 13h40, 15h35, 17h40, 19h50, 22h. Film 25 mn après.

À vous! ■■■■■■■■■■■■■■■■■■■■■■■■■■■■■■■■■■■■■■

A. **Renseignons-nous!** Based on the excerpts from **Pariscope,** answer the following questions about the movie listings.

1. What kind of film is **Le Solitaire?** When was it made? Who directed it? How many movie theaters is it playing at?
2. One place where **Le Solitaire** is being shown is **Le Grand Rex.** Where is this movie house located? Where do you get off the **métro** when you go to this theater? What time is the first show? What is the time of the last show?
3. What kind of film is **La Mouche?** Where was it made? If you go to see this film at **Le Grand Rex,** how much will you have to pay to get in? How much will one of your parents pay? And one of your grandparents?
4. The abbreviation **int—13 ans** is short for **interdit aux moins de 13 ans.** What does this statement refer to?
5. What other kinds of films are mentioned in these listings? What countries (other than France and the United States) are represented?
6. If you had to pick just one of these films to see, which one would you choose? Why?

Prononciation: *The mute **e** in fixed groups*

Some word combinations require the dropping or the pronouncing of an **e** no matter what sound follows. Among these are the following, which you may have already noticed while working in class or in the language laboratory:

est-c∉ que   qu'est-c∉ que   parc∉ que   je n∉   je m∉   pas d∉

Pratique ■■■■■■■■■■■■■■■■■■■■■■■■■■■■■■■■■■

B. Read each group of words aloud, taking care to delete the **e** where indicated.

1. je m∉ couch∉
2. je m∉ dépêch∉
3. je n∉ vais pas
4. où est-c∉ qu'il va?
5. parc∉ que je n∉ travaill∉ pas
6. qu'est-c∉ que vous voulez
7. pas d∉ pain
8. pas d∉ légum∉s
9. pas d∉ problèm∉
10. je n∉ suis pas

C. **Des conseils.** *(Advice.)* In each of the following situations, decide whether to tell the people involved to do or not to do each of the actions mentioned. First, give advice to a friend who has a very difficult exam tomorrow.

MODÈLES: se coucher de bonne heure
Couche-toi de bonne heure!

étudier jusqu'à trois heures du matin
N'étudie pas jusqu'à trois heures du matin!

1. se coucher de bonne heure
2. étudier jusqu'à trois heures du matin
3. se lever de bonne heure
4. prendre une douche

Then, talk to a friend who is planning to go to a semi-formal dance.

5. se laver la tête
6. s'habiller de façon élégante
7. manger avant d'aller au bal
8. se raser (se maquiller)

Finally, talk to the *three* children for whom you are baby-sitting.

9. se coucher de bonne heure
10. se brosser les dents
11. regarder la télévision
12. se réveiller pendant la nuit

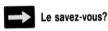 Le savez-vous?

The *cinéastes* (filmmakers) François Truffaut, Jean-Luc Godard, and Alain Resnais gained great popularity in the 1960s and 1970s. They were often linked together by a group name.
a) *La Nouvelle Vague* (The New Wave).
b) *Les Surréalistes* (The Surrealists).
c) *Les Coléreux* (The Angry Young Men).

réponse

STRUCTURE

The direct-object pronouns **le, la, l', les**

Elle veut **mon stylo.**	Oui, elle **le** veut.
Où est **la librairie?**	**La** voilà, en face du bureau de poste.
Tu aimes **la musique moderne?**	Non, je ne **l'**aime pas beaucoup.
Il comprend **les devoirs?**	Oui, il **les** comprend.

A direct object is the person or thing directly affected by the verb; it tells *whom* or *what* is acted upon. Thus, in the first column of sentences, the noun phrases **mon stylo, la librairie, la musique moderne,** and **les devoirs** are all used as direct objects. Whenever possible, speakers try to avoid repeating nouns (in general) and direct objects (in particular) by using pronouns. In English, you say *him, her, them* to refer to people and *it* or *them* to refer to things. In French, no distinction is made between people and things. Here are the French direct-object pronouns:

masculine singular	le	Elle veut **mon cahier.** → Elle **le** veut.
feminine singular	la	Voilà **ma tante.** → **La** voilà.
masculine or feminine singular before a vowel or a vowel sound	l'	J'aime bien **ton frère.** → Je **l'**aime bien.
masculine or feminine plural	les	Il a **les billets.** → Il **les** a.

 a

In the present tense, the direct-object pronoun always precedes the verb:

affirmative statement	Oui, je **l'**aime.
negative statement	Non, nous ne **les** cherchons pas.
question	Est-ce que tu **la** veux?
special expressions	**Le** voilà. **Les** voici.

Application ■■■■■■■■■■■■■■■■■■■■■■■■■■■■■■■■■

D. **La voilà!** You are showing some French friends around St-Jean de Luz, a small fishing village near Biarritz. Use direct-object pronouns to answer their questions about where various places are located.

MODÈLE: Où est le bureau de poste?
Le voilà, à côté de la pharmacie. ou:
Le voilà, sur le boulevard Victor Hugo.

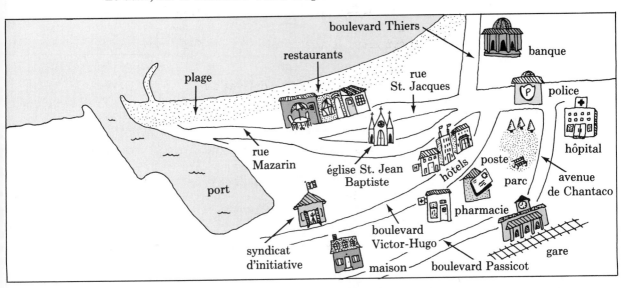

1. Où est la banque?
2. Où est le commissariat de police?
3. Où sont les hôtels?
4. Où est ta maison?
5. Où est la gare?
6. Où est l'hôpital?
7. Où sont les restaurants?
8. Où est l'Église St-Jean Baptiste?

E. **Tu aimes les haricots verts?** You have invited a friend to have dinner with you and your family. You tell your friend what your parents are planning to serve and ask him/her if he/she likes that kind of food. Your friend will answer on the basis of his/her own likes and dislikes. Follow the model.

MODÈLE: des haricots verts
—*On va servir des haricots verts. Tu aimes les haricots verts?*
—*Oui, je les aime beaucoup.* ou:
Non, je ne les aime pas.

1. de la salade
2. du jambon
3. des carottes
4. du poisson *(fish)*
5. de la charcuterie *(cold cuts)*
6. des tomates
7. du porc
8. des épinards *(spinach)*

NOTE GRAMMATICALE

Direct-object pronouns: Immediate future and **passé composé**

When used with the immediate future, the direct-object pronoun precedes the infinitive. This pattern occurs whenever there is a conjugated verb followed by an infinitive:

Nous allons acheter **cette voiture?**	Oui, nous allons **l'**acheter.
Tu veux voir **ce film?**	Non, je ne veux pas **le** voir.

In the **passé composé**, the direct-object pronoun is placed immediately in front of the auxiliary verb (**avoir** or **être**). The past participle agrees in number and gender with the preceding direct object:

Tu as mangé **le pamplemousse?**	Non, je ne **l'**ai pas mangé.
On a trouvé **la clé?**	Oui, on **l'**a trouv**ée** sous la table.
Vous avez acheté **les pommes?**	Oui, nous **les** avons achet**ées.**

F.   **Je l'ai déjà fait!** *(I've already done it!)* When your mother tells you to do something, you indicate that you have already done it. Follow the model.

MODÈLE: Fais la lessive!
           Je l'ai déjà faite!

1. Achète le pain!
2. Prépare le déjeuner!
3. Mange tes légumes!
4. Débarrasse la table!
5. Fais la vaisselle!
6. Termine tes devoirs!
7. Écoute mon nouveau disque!
8. Cherche mes clés!

G.   **Je ne veux pas. . . je ne vais pas. . .** You are in a particularly bad mood one evening. Whenever someone asks if you are going to do what you normally do, you indicate that you don't want to do it and, moreover, you are not going to do it. Follow the model.

MODÈLE: préparer le dîner
           —*Est-ce que tu vas préparer le dîner ce soir?*
           —*Non, je ne veux pas le préparer ce soir.*
           —*Mais tu vas le préparer quand même* (anyway), *non?*
           —*Je ne veux pas le préparer et je ne vais pas le préparer.*

1. faire la lessive
2. aider ton frère
3. débarrasser la table

4. faire la vaisselle
5. terminer tes devoirs
6. regarder la télé

Allons voir le nouveau film au Gaumont!

Jean-Marc et Cécile travaillent très dur en semaine. Mais le week-end ils ont besoin de **s'amuser** un peu. Jean-Marc aime beaucoup le cinéma. Le voici **en train de** parler avec ses amis, Marcelle et Henri.

to have a good time
in the process of

JEAN-MARC:	Alors, qu'est-ce qu'on va faire ce week-end?	
MARCELLE:	Pourquoi pas **nous balader** en ville?	go for a stroll
HENRI:	Non, ce n'est pas très intéressant, ça.	
MARCELLE:	Eh bien, qu'est-ce que tu veux faire?	
HENRI:	Je voudrais **louer** une vidéo.	to rent
MARCELLE:	Non. Moi, j'**ai envie de** sortir.	feel like
JEAN-MARC:	Alors, j'ai une idée. Allons **voir** le nouveau film au Gaumont.	see
MARCELLE:	J'espère que ce n'est pas un film **d'épouvante. J'ai horreur de** ça.	horror hate
JEAN-MARC:	Non, non, non. C'est un bon film **policier.**	mystery (detective)
HENRI:	D'accord. **Il passe** à quelle heure?	it is showing
JEAN-MARC:	Samedi soir il passe à 21h. On se retrouve devant le cinéma Gaumont à 20h30?	
HENRI:	Très bien. Rendez-vous à 20h30. Ça va, Marcelle?	
MARCELLE:	Oh, oui. Ça va. **À samedi.**	See you Saturday

À vous! ■■■■■■■■■■■■■■■■■■■■■■■■■■■■■■■■

H. **Qu'est-ce qu'on va voir?** Using the listings from *Pariscope* on p. 225, recommend films for your friends. They will tell you what kinds of films they like and will ask you questions about where the film is playing and what country the film was made in. Types of films: **films d'aventure, films comiques, drames psychologiques, science-fiction, films policiers**

MODÈLE: films policiers
—*Moi, j'adore les films policiers.*
—*Va voir* Le Solitaire.
—*Où est-ce qu'il passe?*
—*Au Grand Rex.*
—*C'est un film américain?*
—*Non, c'est un film français.*

I. **Rendez-vous à 18h.** Invite a friend to go to the movies with you. Then make arrangements about where and when to meet.

MODÈLE: *Hannah et ses sœurs* / devant le cinéma / 18h
—*Est-ce que tu veux voir* Hannah et ses sœurs *ce soir?*
—*Oh, oui. C'est un très bon film. Où est-ce qu'on se retrouve?*
—*Devant le cinéma à 18h.*
—*D'accord. Rendez-vous à 18h, devant le cinéma.*

1. *Jean de Florette* / à la station de métro Denfert-Rochereau / 20h
2. *Éclair de lune* / devant le cinéma / 19h30
3. *Souvenirs d'Afrique* / au Café Royal / 18h
4. *Trois hommes et un couffin* / en face du cinéma / 20h30

DÉBROUILLONS-NOUS !

J. **Échange.** Ask another student the following questions. He/she will answer them.

1. Qui prépare le dîner chez toi?
2. À quelle heure est-ce qu'on mange d'habitude?
3. Qui débarrasse la table? Qui fait la vaisselle?
4. Est-ce que tu fais tes devoirs avant ou après le dîner?
5. À quelle heure est-ce que tu les termines normalement?
6. Est-ce tu as des animaux? Qui s'occupe de tes animaux?

K. **Allons au cinéma!** Using *Pariscope,* make arrangements with another student to go to the movies. Be sure to discuss the kind of film you would like to see, to choose a film, and to arrange where and when you will meet.

You go to the movies in France for the first time. According to *Pariscope,* the **séance** begins at **18h10.** You arrive at 6 o'clock, buy your ticket, are shown to a seat, and at 6:10 a short film is shown followed by a series of filmed commercials. Then, the lights go on. Why?

a. The projectionist is having difficulty showing the feature film.
b. It is time for the ushers to go up and down the aisles selling candy and ice cream.
c. You misread the time. The show is over.
d. In France, the police frequently search movie theater crowds for known criminals.

Deuxième étape

Point de départ:

On vous invite à une soirée

une soirée: party

Chère amie,

Mireille et Chantal partent pour les États-Unis dans quinze jours.

Pour leur dire au revoir et bon voyage, j'organise une petite soirée chez moi... le vendredi 4 septembre à 20 h 30.

Je compte sur toi. Réponds-moi vite. Et surtout ... ne dis rien à nos invitées d'honneur. Ce sera une surprise pour elles.

Amitiés

Nicole

Chère Mademoiselle,

À l'occasion du 21ᵉ anniversaire de notre fils Jean-Jacques, ma famille organise un dîner chez nous, 12 quai d'Anjou, le samedi 17 juillet à 21 h.

Nous serions tous très heureux si vous et votre frère Michel pourriez être des nôtres.

Auriez-vous la gentillesse de donner réponse aussitôt que possible.

Veuillez agréer, chère Mademoiselle, l'expression de mes sentiments les meilleurs.

Simone Joyal

Monsieur et Madame Maurice Verdier
prient <u>Mlle Antoinette Ferré</u>

de leur faire le plaisir d'assister à la soirée dansante qu'ils donneront chez eux le <u>samedi 17 février</u> à <u>20</u> heures pour fêter <u>l'anniversaire de leur fille Madeleine</u>.

23, rue de Tivoli

R.S.V.P.
Tél. 67.89.21

À vous! ■■■■■■■■■■■■■■■■■■■■■■■■■■■■

A. **Les trois invitations.** Answer the following questions about the three invitations you have just read.

1. Which invitation is the most formal? the least formal?
2. What is the occasion for each invitation?

3. Except when writing to a close friend, the French tend to use for-
malized expressions in making invitations. Find in Mme Joyal's note
the French equivalents of the following expressions:

a. Dear Miss Leclerc
b. for Jean-Jacques' birthday
c. to join us
d. RSVP
e. Very truly yours

4. In what situations might Americans send invitations similar to each of
the invitations reprinted above?

B. **Chez Henri et chez Françoise.** Henri and Françoise are schoolmates,
but their family lives are very different. Henri, his parents, and his sister
lead a very traditional existence. Guess who probably does the following
household chores in Henri's family: **son père, sa mère, sa sœur, Henri.**
Use a direct-object pronoun in your answer.

MODÈLE: Qui fait la lessive?
          Sa mère (sa sœur) la fait d'habitude.

1. Qui prépare les repas?   4. Qui fait les courses?
2. Qui débarrasse la table?   5. Qui lave la voiture?
3. Qui fait la vaisselle?

Françoise, on the other hand, lives in a nontraditional family. Household
chores are not assigned by gender. Guess who did the following chores *last
week* at her house: **son père, sa mère, son frère, Françoise.** Use a
direct-object pronoun in your answer.

MODÈLE: Qui a fait la lessive?
          Son père (son frère) l'a faite.

6. Qui a préparé les repas?   9. Qui a fait les courses?
7. Qui a débarrassé la table?   10. Qui a lavé la voiture?
8. Qui a fait la vaisselle?

C. **Chez toi.** Find out from a classmate who usually takes care of the following household chores in his/her house. Then ask if that person *is going to
do* that chore at the indicated future time. Use a direct-object pronoun
when possible.

MODÈLE: faire la vaisselle / ce soir
   —Qui fait la vaisselle chez toi d'habitude?
   —Ma sœur la fait.
   —Est-ce qu'elle va la faire ce soir?
   —Oui, elle va la faire ce soir. ou:
    Non, mon père va la faire ce soir.

1. préparer le dîner / ce soir
2. débarrasser la table / ce soir
3. faire la lessive / cette semaine
4. faire les courses / cette semaine
5. laver la voiture / ce week-end

STRUCTURE

The immediate future of pronominal verbs

Ma sœur et moi, **nous allons nous retrouver** en ville.	My sister and I *are going to meet* downtown.
Tu vas t'acheter quelque chose?	*Are you going to buy yourself* something?
Oui, **je vais m'acheter** un jean.	Yes, *I'm going to buy myself* some jeans.
Ensuite, **on va se promener.**	Afterwards, *we're going to take a walk.*

The immediate future of pronominal verbs is formed in the same way as the immediate future of any other verb—that is, with **aller** and an infinitive. The reflexive or reciprocal pronoun that accompanies the verb agrees with the subject of **aller** and is placed immediately before the infinitive.

 The negative of the immediate future is formed by putting **ne ... pas** around the conjugated form of **aller:**

Je $\bigvee$ NE $\bigvee$ vais $\bigvee$ PAS $\bigvee$ m'habiller.

Est-ce que tu vas te coucher?	Non, je **ne** vais **pas** me coucher.
À quelle heure est-ce qu'ils vont se lever?	Ils **ne** vont **pas** se lever avant 9h.

Application ■■■■■■■■■■■■■■■■■■■■■■■■■■■■■■

D. Replace the subject in italics and make the necessary changes.

1. *Je* vais me dépêcher. (nous / Marc / tu / mes parents / on / vous)
2. Est-ce qu'*elle* va s'occuper des animaux? (tu / Marc / tes parents / vous / nous)
3. *Ils* ne vont pas s'inquiéter. (elle / nous / je / tu / mes parents)

E. **Samedi prochain.** Next Saturday is a special day. Consequently, you are not planning to follow your usual weekend routine. Describe what you normally do on Saturday. Then use the cues in parentheses to tell how next Saturday is going to be different.

MODÈLE: rester à la maison / se balader avec des amis à la campagne
Normalement je reste à la maison le samedi. Samedi prochain je vais me balader avec des amis à la campagne.

1. se réveiller tard / se réveiller de bonne heure
2. rester au lit / se lever tout de suite
3. ne pas se laver / prendre une douche
4. ne pas se raser ou se maquiller / se raser ou se maquiller
5. s'habiller après le petit déjeuner / s'habiller avant le petit déjeuner
6. se brosser les dents après le petit déjeuner / ne pas se brosser les dents
7. ne pas se dépêcher / se dépêcher
8. faire la vaisselle / ne pas faire la vaiselle
9. regarder les sports à la télé / ne pas regarder les sports
10. se coucher de bonne heure / se coucher tard

F. **Lundi prochain.** On the other hand, next Monday promises to be a perfectly ordinary day. Imagine that you and the other members of your family are going to do what you normally do every Monday. Describe your activities.

MODÈLE: *Lundi prochain mon père et ma mère vont se lever vers 7h. Ma sœur et moi, nous allons rester au lit jusqu'à 7h30. Etc.*

Il va y avoir une soirée chez Cécile

Cécile n'aime pas **tellement** le cinéma. Elle va profiter de l'absence de son frère (il va être en ville samedi soir) pour organiser une soirée. Elle parle de ses **projets** avec ses parents.

too much
plans

M. BERGERON:	Alors, tu organises une soirée et les gens vont **venir** ici. C'est ça?	to come
CÉCILE:	Oui. C'est ça.	
MME BERGERON:	Mais il y a beaucoup de travail à faire.	
CÉCILE:	Ne t'inquiète pas. Ma **copine** Isabelle et moi, nous allons tout faire.	friend, pal (*m.*: **mon copain**)
MME BERGERON:	Tout?	
CÉCILE:	Mais oui. Isabelle va s'occuper de la **nourriture.** Et moi, je vais m'occuper des invitations. J'ai déjà invité une douzaine d'amis.	food
M. BERGERON:	Une douzaine? Ce n'est pas beaucoup.	
CÉCILE:	Mais si. Ils vont **amener** leurs amis. Comme ça, il va y avoir trente ou quarante personnes.	to bring (people)
MME BERGERON:	Ta soirée, à quelle heure est-ce qu'elle va commencer?	
CÉCILE:	À huit heures. Et elle va continuer jusqu'à 1h ou 2h du matin.	
M. BERGERON:	Et qu'est-ce que vous allez faire pendant tout ce temps-là?	
CÉCILE:	On va manger, on va discuter, les amis vont **apporter** des disques et on va danser. On va chanter peut-être...	to bring (things)
MME BERGERON:	Alors, amusez-vous bien, ma petite!	

À vous! ∎∎∎∎∎∎∎∎∎∎∎∎∎∎∎∎∎∎∎∎∎∎∎∎∎∎∎∎∎∎∎∎∎∎

G. **Les questions de Jean-Marc.** Cécile did not invite her brother to her party. When Mr. and Mrs. Bergeron mention to Jean-Marc that there is going to be a party, he makes fun of his little sister's plans. Play the role of Mr. or Mrs. Bergeron and correct Jean-Marc's mistaken impressions.

MODÈLE: Alors, Cécile va organiser une soirée? Quelle blague! *(What a joke!)* Maman et Papa, vous allez tout faire.
Mais non. Cécile et sa copine Isabelle vont tout faire.

1. Ah, oui? Qui va préparer la nourriture?
2. Et qui va inviter les gens?
3. Et qui est-ce qu'elle va inviter? Elle a seulement *(only)* deux ou trois amis.
4. Bon! Elle va donner une soirée et une dizaine de personnes vont venir.
5. Les pauvres invités et leurs amis! Ils vont vraiment s'ennuyer.
6. Ils sont trop jeunes pour faire une soirée. Ils se couchent à 10h, non?

H. **Qu'est-ce que tu vas faire?** You and your friends have decided to organize a party. Everyone has to contribute in one way or another. Using the following list, choose your contributions to the party.

MODÈLE: *Moi, je vais préparer une salade. Et toi?*

Activités: acheter des fruits / acheter des jus de fruits / préparer une salade/ apporter des disques / apporter un pick-up *(record player)* / jouer de la guitare/ inviter les gens / amener mon frère (ma sœur) et ses ami(e)s / arranger le buffet / faire un gâteau / faire la vaisselle

DÉBROUILLONS-NOUS !

I. **Organisons une soirée!** You and a friend decide to organize a party. Decide when and where you will have it. Then talk about the preparations. Share the responsibilities as follows:

You	Your friend
invite the guests (talk about how many and who)	take care of the food (three things to eat and two kinds of beverages)
arrange the location	provide activities

Lexique

Pour se débrouiller

Pour faire des projets

Allons. . .!
avoir envie de
avoir une idée

Pourquoi pas. . .?
Rendez-vous à. . .

Thèmes et contextes

Les films

une comédie
un drame psychologique
un film d'épouvante

un film fantastique
un film policier
un film de science-fiction

Vocabulaire général

Noms

une blague
une copine
la nourriture
un pick-up
le poisson

Adjectif

comique

Adverbe

seulement

Verbes

amener
apporter
se balader
louer
passer

Chapitre neuf

Dans quelques semaines ce sont les vacances!

Avec ses 337 085 habitants, Nice est la plus grande ville de la Côte d'Azur. Son climat et ses plages attirent des vacanciers de toutes les régions de la France et de l'Europe.

Point de départ:

Des vacances en famille

vacances: vacation (always used in the plural)

Je m'appelle Nathalie Mory et j'habite à Lyon. Mais tous les étés je passe les vacances avec ma famille au bord de la mer, près de Biarritz. Dans ma famille on aime beaucoup **nager. En plus,** mon frère André **fait de la voile** et **de la planche à voile** et ma sœur Denise **fait du ski nautique.** Moi, quand je ne suis pas à **la plage,** je **fais de l'équitation** au centre équestre avec ma mère. Elle et moi, nous faisons aussi du jogging. Et vers **la fin** de l'après-midi nous jouons souvent au volley avec André et Denise. **Comment?** Je n'ai pas parlé de mon père. Ah, lui, il n'est pas très sportif. Il préfère **se reposer** et **prendre du soleil!**

to swim / In addition / goes sailing

windsurfing / goes waterskiing

the beach / go horseback riding

the end

What did you say?

to relax

to sunbathe

243

À vous! ■■■■■■■■■■■■■■■■■■■■■■■■■■■■■■■■■■■

A. **La famille de Nathalie.** Based on Nathalie's description of her family' vacations, play the role of each family member and explain what you d during the summer.

1. son frère André
2. sa mère
3. sa sœur Denise

4. son père
5. Nathalie

Prononciation: *The mute* e *(review)*

At this stage in learning French, you should not be overly concerned with th problem of the mute **e.** Awareness of the tendency to drop the unaccented ‹ whenever possible will help you to understand spoken French. In your ow‹ speaking, you need only try to drop the **e** in frequently used expressions. Th‹ following exercise reviews some of the more common examples of this **e.**

Pratique ■■■■■■■■■■■■■■■■■■■■■■■■■■■■■■■■■

B. Repeat the following sentences carefully, dropping the **e** when necessary.

1. Tu désires quelque chose?
2. Moi, je voudrais une limonade.
3. Est-ce qu'il y a un bureau de tabac près d'ici?
4. Le bureau de poste est en face de l'hôtel.
5. Mais je ne sais pas où se trouve l'hôtel.
6. Est-ce que tu veux te promener?
7. Je vais prendre le train à quatre heures.
8. Deux petits déjeuners pour la trente-cinq.

REPRISE

C. **Conséquences logiques.** Use pronominal verbs to tell what the people will probably do or not do in the following situations.

MODÈLE: Henri sort avec Béatrice. Elle est fatiguée; il est triste.
Ils ne vont pas s'amuser. ou:
Ils vont se séparer de bonne heure.

1. Il est 6h du matin. Cécile se réveille. Elle n'a pas de cours avant 9h.
2. Il est 8h45 du matin. Jean-Marc se réveille. Il a un cours à 9h15.
3. Il fait très beau. Nous avons deux heures de libres. Il y a un joli parc près de la maison.

4. Tu vas prendre une douche. Tes cheveux sont sales *(dirty)*.
5. Cécile a des courses à faire en ville. Isabelle aussi. Elles veulent voir le nouveau film policier au Palace.
6. Cécile a mangé des bonbons et de la glace. Elle n'aime pas aller chez le dentiste.
7. Il est 10h du soir et Jean-Marc est très fatigué. Il n'y a pas grand chose à la télé.

STRUCTURE

Pronominal versus nonpronominal verbs

Many French verbs have both a pronominal and a nonpronominal form. In some cases, the meanings are different:

Où est-ce qu'on peut **trouver** des livres en français?	Where can one *find* some French books?
Où **se trouve** la librairie?	Where *is* the bookstore *located?*

In other cases, the meaning is the same, but there is a grammatical difference. The nonpronominal verb expresses an action that goes from the subject to the object. The pronominal verb expresses a reciprocal action (the idea of "each other"):

Je vais **retrouver** mes amis en ville.	I'm going to *meet* my friends in town.
Nous allons **nous retrouver** au café.	We're going to *meet (each other)* at the café.

In most cases, however, the nonpronominal verb indicates an action that the subject does to someone else and the pronominal verb expresses an action that the subject does to itself:

Je **lave** la voiture.	I *wash* the car.
Je **me lave.**	I *wash (myself).*
Je **me lave** la tête.	I *wash* my hair.

Now that you have learned to conjugate pronominal verbs, be careful not to try to make every verb pronominal. Remember that most of the time you will be using nonpronominal verbs. Use a pronominal verb or the pronominal form of a verb only in fixed expressions (such as **se trouver**), to express a reciprocal action ("to each other"), or to indicate a reflexive action ("to itself").

Application ■■■■■■■■■■■■■■■■■■■■■■■■■■■■■■

D. **En anglais.** Give the English equivalent of each of the following sentences.

1. Elle s'habille.
2. Elle habille ses enfants.
3. Biarritz se trouve au sud-ouest de la France.
4. Il a trouvé son stylo.
5. Elle va en ville pour retrouver ses amis.
6. Elles vont se retrouver devant le bureau de poste.
7. Mon frère écoute la radio.
8. Mes parents ne s'écoutent pas.

E. **Il se lave le visage.** Use the verbs provided to describe the activities of the indicated people as portrayed in the drawings. For each pair of drawings, decide which activity requires the pronominal form of the verb and which activity can be expressed with the nonpronominal form.

MODÈLE: laver
Michel se lave le visage.
Madame Brunet lave les fenêtres.

Michel   Madame Brunet

Monsieur Thibeault   Monsieur Thibeault / Yves

1. réveiller

Madame Hébert   Jean-Claude

2. *regarder*

Madame Elias   Elle / enfants

3. *parler*

Yves   Ils

4. *promener*

RELAIS

Nous, on va toujours au bord de la mer!

Cécile parle avec sa copine Isabelle des vacances d'été.

CÉCILE:	Alors, Isabelle, qu'est-ce que tu vas faire pendant les vacances?
ISABELLE:	Tous les ans nous allons **au bord de la mer.**
CÉCILE:	Ah, oui. Où?
ISABELLE:	Nous **louons** une maison à La Baule.
CÉCILE:	**La Baule.** C'est en Bretagne, n'est-ce pas? C'est joli là-bas?
ISABELLE:	Oh, oui. C'est magnifique. Il y a une très belle **plage.**
CÉCILE:	Mais il n'y a pas grand chose à faire, n'est-ce pas? Tu dois **t'ennuyer** un peu.
ISABELLE:	Mais non. Ma famille aime faire du sport. Regarde ces photos.
CÉCILE:	Et le soir?
ISABELLE:	Le soir nous allons au Pouliguen, un petit village à côté de La Baule. Là on peut manger des **crêpes,** aller au cinéma, danser. C'est très **sympa.**

to the seashore

rent

La Baule resort town in southern Brittany on the Atlantic coast / *beach*

get bored

filled pancakes

sympa = sympathique (nice, agreeable)

À vous! ■■

F. **Vous et les sports d'été.** Give your personal reactions to your experience with the following summer sports activities.

MODÈLE: jouer au golf
Je joue souvent au golf. ou:
Je voudrais bien jouer au golf un jour. ou:
Je n'ai jamais joué au golf. ou:
Je n'ai pas envie de jouer au golf. Etc.

1. nager
2. jouer au tennis
3. faire du ski nautique
4. faire du jogging
5. aller à la pêche
6. faire de l'équitation
7. jouer au volley
8. faire de la planche à voile

G. **Les vacances d'été.** Based on the drawings, describe a typical vacation day—first for Isabelle and then for her brothers.

MODÈLE: *Le matin Isabelle se lève vers huit heures et demi.*

Le savez-vous?

Many French people like to vacation *en Corse* (in Corsica). What is Corsica?
a) a region of northern Italy
b) a province of southern France
c) a resort area in Spain
d) an island in the Mediterranean

réponse ➡️

DÉBROUILLONS-NOUS!

H. **Les vacances d'été.** Tell a classmate about your family's usual summer vacation. Indicate where you go and what you do, and give an example of a typical day's routine. (If your family does not take vacations, try to imagine one that you would like to take.)

Deuxième étape

Point de départ:

Un camping

■■■■■■■■■■■■■■■■■■■■■■■■■■■■■■■■

→ d

Vous y trouverez: ombrage et végétation-idéale, emplacements délimités, branchements pour caravanes, sanitaires modernes avec eau chaude, libre service alimentation, boissons, glace, bar, caféteria, restaurant, plats à emporter, bazar, gaz, journaux, banques, change, jeux, animation, spectacle, etc. . .

A proximité: tous commerces, cinéma, bowling, dancing, tennis, équitation, voile, ski nautique, plongée sous marine, magnifiques promenades, excursions aux 3 îles d'or, naturisme.

À vous! ■■■■■■■■■■■■■■■■■■■■■■■■■■■■■■■■■■■■

A. **Un camping moderne.** Some friends of your parents are going camping in the south of France. They bring you a brochure for the **camping-caravaning** *La Presqu'ile* and ask for your help in reading it. You don't know many of the words, but you are able to read enough to get the general idea. Answer the friends' questions about the campgrounds.

1. Where is it located?
2. Is the weather good in that part of France?
3. Do you need a tent or are there places for trailers and recreational vehicles?
4. Are there modern toilet and bathing facilities?
5. Can you get food there?
6. What can you do besides swim and sunbathe?

B. **Une journée à la plage.** During the summer, you and your older sister (**sœur aînée**) often spend Saturday at the beach. Using the suggested expressions, tell what you usually do that day.

MODÈLE: je / se lever à 7h30
Moi, je me lève à 7h30.

1. ma sœur / se lever à 8h
2. elle / prendre une douche
3. je / se laver
4. nous / déjeuner ensemble
5. nous / s'habiller
6. elle / faire de la planche à voile
7. je / jouer au volley
8. nous / se retrouver à 6h du soir
9. nous / manger des crêpes
10. nous / rentrer vers 9h
11. je / se coucher tout de suite
12. elle / se coucher vers minuit

STRUCTURE

The use of pronouns with the imperative

Calme-**toi!**	Calm *yourself!* (Take it easy!)
Ne **t'**inquiète pas!	Don't worry *(yourself)!*

You have already learned that the reflexive or reciprocal pronoun (**te, toi; vous; nous**) is placed *after* the verb form in the affirmative imperative and *before* the verb form in the negative imperative. The direct object pronouns **le, la, l', les** follow the same pattern:

Prends-**le!**	Take *it!*
Amenez-**les!**	Bring *them!*
Ne **la** regarde pas!	Don't look at *her!*

Application ■■■■■■■■■■■■■■■■■■■■■■■■■■■■■■

C. Use the cues to form affirmative commands.

MODÈLE: vous / se lever
Levez-vous!

1. vous / la prendre
2. vous / le regarder
3. vous / se séparer
4. tu / les apporter
5. tu / se réveiller
6. tu / le chercher
7. nous / se coucher
8. nous / les acheter
9. nous / la manger

D. Now use the cues in Exercise C to form negative commands.

MODÈLE: vous / se lever
Ne vous levez pas!

E. **Bonne idée! . . . Mais non!** Cécile and Isabelle are talking about the plans for their party. Two of their friends respond to their comments—the first positively and the second negatively.

MODÈLE: Je vais acheter le nouveau disque de Ray Charles.
—*Bonne idée! Achète-le!*
—*Mais non. Ne l'achète pas!*

1. Je vais inviter Michèle Samson.
2. Je vais préparer la salade cet après-midi.
3. Je vais me reposer.

4. Je vais amener mes cousins.
5. Je vais apporter le nouveau disque de Téléphone.

MODÈLE: Nous allons inviter Roger et son frère.
     —Bonne idée! Invitez-les!
     —Mais non! Ne les invitez pas!

6. Nous allons inviter Anne-Marie et sa copine.
7. Nous allons servir la viande d'abord.
8. Nous allons faire la vaisselle demain matin.
9. Nous allons arranger le buffet cet après-midi.
10. Nous allons nous dépêcher.

Allons faire du camping!

Cécile et Jean-Marc font des projets de vacances avec leurs parents.

CÉCILE:	Papa, qu'est-ce qu'on va faire pour les vacances cette année?	
M. BERGERON:	Je ne sais pas. Vous voulez aller **dans les montagnes faire de l'alpinisme?**	to the mountains to go mountain climbing
JEAN-MARC:	Mais non! Absolument pas! On est allé dans les montagnes l'année dernière et l'année avant et nous avons fait des **randonnées** de six heures et...	hikes
MME BERGERON:	Mais **calme-toi! Ne t'énerve pas!** Qu'est-ce que vous voulez faire, les enfants?	take it easy / don't get excited
CÉCILE:	Ben, pourquoi pas **rendre visite à** Mémé et à Pépé?	visit
M. BERGERON:	Non, non. On les a vus au printemps. Et ils vont partir en voyage.	
JEAN-MARC:	J'ai une idée. Faisons du camping!... Oui, on peut louer une caravane. Cécile et moi, on peut dormir sous des tentes. Pour toi et Maman, il y a des lits dans la caravane.	
MME BERGERON:	La caravane, elle a des toilettes?	
CÉCILE:	On peut aller dans les **campings.** Là il y a W.-C., douche, **machine à laver—tout ce qu'on veut.**	campgrounds / washing machine / everything you (could) want
JEAN-MARC:	La caravane a une **cuisinière** et un **frigo.** On peut préparer nos repas si on ne veut pas manger au restaurant. Ça va coûter moins cher.	stove / refrigerator
CÉCILE:	Alors, Papa. On va faire du camping?	
M. BERGERON:	**On va voir,** on va voir.	we'll see

À vous! ■■■■■■■■■■■■■■■■■■■■■■■■■■■■■■■

F. **Le camping traditionnel. . . le camping moderne. . .** "Traditional"
campers often make fun of "modern" campers. Compare the activities of
traditional and modern campers, using the suggested expressions.

aller dans un camping / aller dans la forêt / dormir à la belle étoile *(under
the stars)* / dormir dans une caravane / dormir sous une tente / faire un feu
avec du bois *(wood)* / garder *(keep)* des boissons dans un frigo / garder des
boissons dans l'eau froide / préparer des repas sur une cuisinière / prendre
une douche / se laver dans la rivière

G. **Les vacances de printemps.** Discuss with some classmates where to go
for spring vacation. Use the following expressions.

MODÈLE: aller au bord de la mer / nager / faire de la planche à voile

ÉLÈVE A: *Comment est-ce qu'on va passer les vacances de
printemps cette année?*
ÉLÈVE B: *Moi, je voudrais aller au bord de la mer.*
ÉLÈVE C: *C'est une bonne idée. On peut nager.*
ÉLÈVE A: *Et on peut faire de la planche à voile.*

1. aller dans les montagnes / faire du ski / patiner
2. faire du camping / louer une caravane / dormir sous une tente
3. aller au bord de la mer / prendre du soleil / faire du ski nautique
4. aller en France / louer une voiture / visiter les provinces
5. aller dans les montagnes / faire de l'alpinisme / se reposer
6. aller à Washington / rendre visite au Sénateur . . . / voir la Maison
Blanche

DÉBROUILLONS-NOUS !

H. **Les vacances d'été.** Discuss with another student your family's vacation
plans for the summer. Talk about where you are going, when you are going
to leave **(partir),** and what you are going to do. (If some people in your
family would like to do something different, talk about their wishes too.)

Lexique

Pour se débrouiller

Pour organiser des vacances (f. pl.)

aller au bord de la mer
dans les montagnes
dormir à la belle étoile
sous une tente
faire du camping

louer une caravane
passer les vacances
prendre du soleil
rendre visite à
sur la plage

Thèmes et contextes

Les activités (f. pl.) sportives

aller à la pêche
faire de l'alpinisme *(m.)*
de l'équitation *(f.)*
du jogging
de la planche à voile
des randonnées *(f.pl.)*
du ski nautique
de la voile

jouer au golf
au tennis
au volley

Vocabulaire général

Noms

du bois
un camping
une crêpe
une cuisinière
un frigo
une machine à laver
une sœur aînée

Verbes

se calmer
s'énerver
s'ennuyer
garder
s'inquiéter
se reposer

Adjectifs

sale
sympa(thique)

Autres expressions

tout ce qu'on veut
On va voir.

Mise au point

Lecture: *Idées pour l'été*

Many French teenagers like to read the magazine ***Phosphore,*** which is devoted to topics of interest to young people. In the article reproduced below, eight French teenagers are interviewed about how they spend their summer vacation. You may not understand some of what is said, but you should be able to get the general idea and identify what activities interest each interviewee. Read the article, looking for words and expressions that you recognize or that you can figure out using your reading techniques (cognates, word families, context). Then do the first exercise.

Anne-Sophie, 16 ans, *voile à la mer :*
« J'ai l'occasion de faire de la voile en famille mais je me suis inscrite en école de voile quand même pour apprendre à barrer, par exemple. Grâce à cela, je suis maintenant plus indépendante et sûre de moi.
L'année dernière, je suis partie pour la première fois huit jours, en croisière. Cette année, je recommence quinze jours. »

Olivier, 17 ans, *voile aux Glénans :*
« J'ai déjà fait 4 stages aux Glénans et je suis mordu par l'école elle-même et par la voile : l'ambiance est super, l'encadrement sérieux mais sympa. »

Anne, 15 ans, *planche et voile :*
« Pas de problème, au bout de deux semaines, on sait faire de la planche et de la voile ! »

Sylvie, 15 ans, *multi-sports, Finistère :*
« Ce qui m'a plu, c'est de toucher à plusieurs activités : tir à l'arc, canoë-kayak, volley-ball. »

Nathalie, 16 ans, *delta-plane, montagne :*
« Je m'étais inscrite à un stage de delta-plane, spéléo et escalade. En fait, j'ai fait trois semaines de delta et c'était encore un peu court ! Les meilleurs décollent au bout de deux semaines. C'est un sport dangereux et on ne peut pas aller plus vite. Au départ, on s'entraîne simplement sur terrain plat à déplier une aile, à utiliser le matériel. »

Catherine, 16 ans, *équitation, arrière-pays breton :*
« Séjour merveilleux dans un lieu superbe (cimes boisées de Kerchouan). Nous avions beaucoup d'autonomie et de responsabilités vis-à-vis de nous-mêmes et des chevaux. Initiation également au ping-pong, au kayak, au cyclo-tourisme. »

Sophie, 17 ans, *sports nautiques au lac de Savines :*
« Du moment que l'activité touche à l'eau ! Je pratique la natation depuis onze ans et ce n'est pas un hasard. J'ai surtout aimé la planche à voile et puis le ski nautique, un sport rapide mais que l'on ne peut généralement pas pratiquer à cause de son coût. Le canoë, cela m'a moins plu. Il est vrai que sur lac, cela manque de piquant ! Quant à la voile, je n'ai pas eu le temps d'apprécier. Un mois, c'est trop court.

Antoine, 16 ans, *randonnée et escalade en montagne :*
« L'important, la première fois, c'est de ne pas regarder en bas ! A l'école d'escalade, en une dizaine d'après-midi, nous avons appris l'essentiel: à descendre en rappel par exemple. Nous sommes également partis en randonnée. D'habitude, je n'aime pas marcher mais là, en montagne et en groupe, ce n'était plus pareil. Nous sommes même partis seuls mais nous avons dû rentrer à cause du mauvais temps. Malgré tout, c'est un très bon souvenir ! » ■

Compréhension ■■■■■■■■■■■■■■■■■■■■■■■■■■■■

A. **Qui a écrit cet article?** (*Who wrote this article*?) At the end of summer vacation, a local French newspaper asked several young people to write short articles about their activities while out of school. Read the following titles for the articles, then identify, on the basis of the information in the interviews above, the student who wrote each article.

1. "J'adore monter à cheval"
2. "Une semaine en bateau à voile"
3. "En haut de la montagne"
4. "La planche à voile, c'est facile"
5. "Ma cinquième année à l'école de voile"
6. "J'aime la vitesse—dans l'eau et sur l'eau"
7. "On a l'impression de voler (*to fly*)"
8. "Je suis très sportive"

B. **Comment le savez-vous?** Answer the following questions about each interview. Then point out the words or expressions on which you based your answer.

1. Has Anne-Sophie had a lot of experience sailing, or will next summer be her first time?
2. Does Olivier like or dislike his lessons?
3. According to Anne, are her sports easy or difficult to learn?
4. Why did Sylvie like her camp experience?
5. According to Nathalie, is her sport easy or difficult to learn?
6. Did Catherine find her experience to be valuable or not?
7. Was Sophie happy or disappointed with her vacation?
8. What advice does Antoine have for those who are interested in learning his sport? Did he get to do everything he wanted to?

C. **Les vacances de mes rêves.** Imagine a dream vacation for you and your family (or a friend). A classmate will then ask you the following questions.

1. Où est-ce que tu vas?
2. Comment—en voiture? En avion? Etc.
3. Avec qui?
4. Qu'est-ce que tu fais le matin? L'après-midi? Le soir?
5. Combien de temps est-ce que tu passes à (au, dans)...?

D. **Une boum.** In French, another expression for **une soirée** is **une boum.** You are organizing a party for your friend Marc. At first, you have trouble getting people to help. Fortunately, a friend supports you by telling people to do what you ask.

MODÈLE: Henri / acheter les boissons

VOUS: *Henri, tu veux acheter les boissons?*

ÉLÈVE A: *Non, je ne veux pas les acheter.*

ÉLÈVE B: *Achète-les, Henri!*

1. René / acheter la viande
2. Martine / apporter tes disques
3. Dominique / amener ton frère
4. Max / débarrasser la table
5. Anne / s'occuper du dessert

Then, during the party, you have trouble with your guests. Each time you
friend reports what is going on, you have to tell some people *not* to d
something.

MODÈLE: Jean et Alain / manger le dessert
       VOUS: *Jean! Alain! Qu'est-ce que vous faites?*
       ÉLÈVE A: *Nous mangeons le dessert.*
       VOUS: *Ne le mangez pas!*

  6. Monique et Évelyne / regarder la télévision
  7. Christiane et Jacques / se disputer
  8. François et Marie-Laure / manger le fromage
  9. Robert et Yves / inviter Bruno Laporte et ses cousins
10. Sophie et Philippe / chercher le bureau de ton père

RÉVISION

In this **Révision,** you will review:

- pronominal verbs;
- the direct-object pronouns **le, la, l', les;**
- the use of pronouns with the imperative.

Pronominal verbs

se coucher

present	immédiate future
je **me couche**	je **vais me coucher**
tu **te couches**	tu **vas te coucher**
il, elle, on **se couche**	il, elle, on **va se coucher**
nous **nous couchons**	nous **allons nous coucher**
vous **vous couchez**	vous **allez vous coucher**
ils, elles **se couchent**	ils, elles **vont se coucher**

E. **Une mauvaise journée.** Using the drawings and the suggested verbs, describe Claudette and Jean-Pierre's day in two different ways:

1. As if it were taking place **aujourd'hui**
2. As if it were going to take place **samedi prochain**

If you are female, play the role of Claudette (that is, Claudette = **je**, Jean-Pierre = **il**). If you are male, play the role of Jean-Pierre (that is, Jean-Pierre = **je**, Claudette = **elle**).

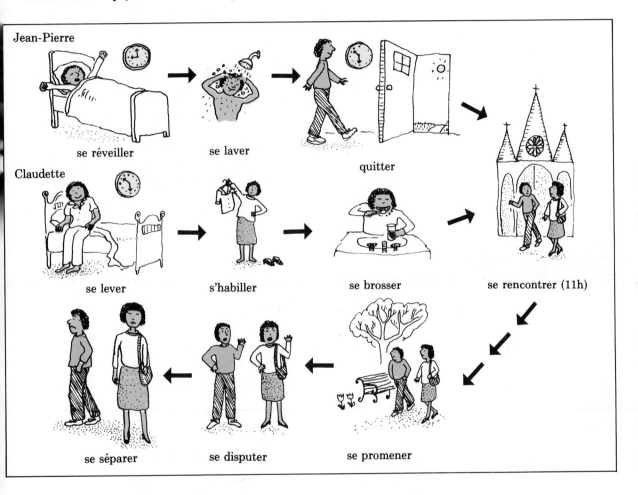

Jean-Pierre

se réveiller   se laver   quitter

Claudette

se lever   s'habiller   se brosser   se rencontrer (11h)

se séparer   se disputer   se promener

F. **La ronde de questions.** Use the subjects in parentheses to ask questions for each of the following expressions.

1. se lever d'habitude / à quelle heure (tu / vous / il / elles)
2. se brosser les dents / combien de fois par jour (tu / vous / ils / elle)
3. se raser ou se maquiller demain matin (tu / vous / il / elle)

G. **Écoutez bien!** Many verb forms sound quite similar. Therefore, it is important to pay careful attention to questions to identify the time (present or immediate future) and the type of verb (pronominal or nonpronominal involved. Practice this skill by answering the following questions.

1. À quelle heure est-ce que vous vous couchez d'habitude? Vous alle. donc vous coucher à _____ heures ce soir aussi? (Non? À quelle heur est-ce que vous allez vous coucher ce soir?)
2. À quelle heure est-ce que vous vous levez d'habitude? À quelle heur est-ce que vous avez l'intention de vous lever samedi matin?
3. Combien de fois par semaine est-ce que vous vous lavez la tête? Vou allez vous laver la tête ce matin (ce soir)?
4. Le matin, vous déjeunez d'habitude avec votre famille? Vous alle. déjeuner avec votre famille demain matin aussi? (Non? Avec qui est-c que vous allez déjeuner?)
5. Vous allez vous amuser ce week-end? Pourquoi (pas)? Qu'est-ce qu vous allez faire?

The direct-object pronouns le, la, l', les

Remember that direct object pronouns usually *precede* a conjugated verb or an infinitive:

Je **les** cherche.
Elle veut **l'**acheter.
Ne **la** prenez pas!
Le voilà.

In the **passé composé,** the direct-object pronoun is placed immediately in front of the auxiliary verb (**avoir** or **être**):

Tu as écouté **la musique?**   Oui, je **l'**ai écout**ée.**

Note that the past participle agrees in number and gender with the preceding direct object.

H. **Comment le trouvez-vous?** *(What do you think of him?)* When your in structor asks your impression of the following people or things, use one o the suggested adjectives or an adjective of your own choice to give your opinion.

MODÈLE: Comment trouvez-vous Clint Eastwood? (beau / sexy / idiot / ?)
Moi, je le trouve assez sexy. ou:
Je ne le trouve pas très beau.

1. Comment trouvez-vous Jane Fonda? (intelligente / jolie / radicale / **?**)
2. Comment trouvez-vous Sylvester Stallone? (fort / macho / intellectuel / **?**)
3. Comment trouvez-vous les films de Woody Allen? (amusants / intéressants / ennuyeux / **?**)
4. Comment trouvez-vous la musique de Beethoven? (belle / ennuyeuse / difficile à écouter / **?**)
5. Comment trouvez-vous les disques de Michael Jackson? (passionnants / bons / agréables / **?**)
6. Comment trouvez-vous les tableaux de Picasso? (beaux / bizarres / ridicules / **?**)

I. **La nourriture.** Isabelle has organized the food for her friend Cécile's party. She explains what each person is bringing and where he/she is going to buy it.

MODÈLE: Mireille / la salade
Mireille va apporter la salade. Elle va l'acheter au marché.

1. Martine / le pain
2. Didier / les boissons
3. Annick / le pâté
4. Fernande / les tartes
5. toi / les fromages
6. moi / la viande

J. **La boum.** It is the evening of the party, and Cécile is checking if the food has arrived. Using the cues from Exercise I, Martine shows her where everything is.

MODÈLE: Mireille / la salade
—*Est-ce que Mireille a apporté la salade?*
—*Oui, elle l'a apportée. La voici.*

The use of pronouns with the imperative

Affirmative: verb + pronoun
Prenez-**le**! Asseyez-**vous**!

Negative: **ne** + pronoun + verb + **pas**
Ne **le** prenez pas! Ne **vous** asseyez pas!

K. **Le frère aîné / la sœur aînée.** As an older brother or sister, you take great delight in telling your younger siblings what to do. Use the expressions given below to talk to your little brother.

MODÈLE: se réveiller
          Réveille-toi!

1. se lever
2. se brosser les dents
3. se laver les mains *(hands)*

4. s'habiller
5. se coucher

Now talk to your twin sisters.

MODÈLE: ne pas se parler
          Ne vous parlez pas!

6. ne pas se regarder
7. ne pas s'habiller
8. s'amuser toutes seules *(all by yourselves)*
9. se dépêcher
10. ne pas se lever
11. s'asseoir *(to sit down)*

L. **Faites-le! . . . Ne le faites pas!** Sometimes you have to encourage people; other times you need to discourage them. In the first part of this exercise, your partner plays the role of the people indicated who do not want to do something. You encourage them, using an imperative form and a direct-object pronoun.

MODÈLES: je / manger mes légumes
           — *Je ne veux pas manger mes légumes.*
           — *Mais si. Mange-les!*

           nous / écouter notre mère
           — *Nous ne voulons pas écouter notre mère.*
           — *Mais si. Écoutez-la!*

1. je / terminer mes devoirs
2. je / prendre ma voiture
3. je / se lever
4. nous / regarder les danses folklorique
5. nous / s'asseoir
6. nous / faire la vaisselle

Now your partner will play the role of the people indicated who want to do something. Your role is to discourage them from doing it. Use an imperative and a direct-object pronoun.

MODÈLE: je / acheter cette calculatrice
           — *Je vais acheter cette calculatrice.*
           — *Mais non. Ne l'achetez pas!*

7. je / se lever
8. je / prendre la voiture de papa
9. je / manger le dessert
10. nous / faire la lessive
11. nous / se coucher
12. nous / chercher les autres

Point d'arrivée

■■■■■■■■■■■■■■■■■■■■■■■■■■■■■■■■■■

M. **Ma journée.** Explain what you usually do from the time you get up to the time you go to bed.

N. **La famille idéale.** Describe a typical day in the life of an ideal family. Include the daily routine, how the family deals with chores, and what each family member does for fun. You may choose to deal with this topic seriously (that is, your idea of what a family should be like) or ironically (that is, a humorous look at a family not to be imitated).

O. **Au café.** You and some friends meet downtown in a café. Greet each other, order something to drink and/or eat, and then use the *Pariscope* listing on p. 225 to decide on a movie to see.

P. **Les vacances.** Tell your classmates about one of your favorite vacations. If possible, bring in photos and describe your activities and those of the other members of your family.

Q. **Un jour de fête.** You and your friends are making plans for a one-day holiday from school. Plan a busy schedule of activities, including sports, movies, and the like. Be detailed in your plans—determine time, place, etc.

Vichy—population: 32 251.
Situé dans le Massif central,
Vichy est une grande station
thermale—c'est-à-dire que
beaucoup de Français y vont
pour soigner leurs troubles
digestifs.

Unité quatre

On s'occupe de sa santé

Objectives

In this unit, you will learn:

- to talk about your own and other people's health and physical condition;
- to refer to habitual actions in the past;
- to use pronominal verbs to refer to the past;
- to indicate what you can and cannot do.

265

Chapitre dix

Ça va?
Ça ne va pas?

Voici l'Hôtel de Cure à Vichy.
Quand on va à Vichy pour faire
une cure, on boit de l'eau
minérale et on prend des bains.

Point de départ:

Le **corps** humain   *le corps:* body

▪ ▪

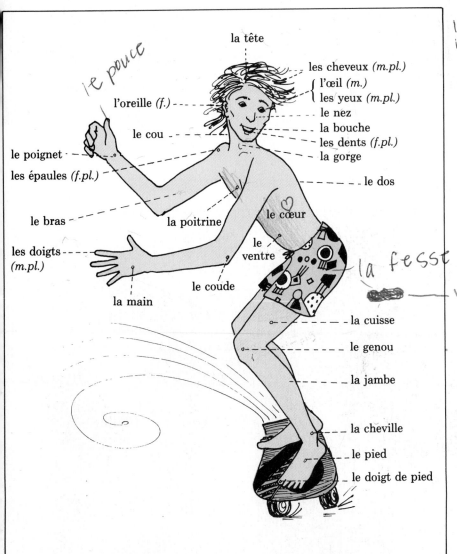

le pouce

la tête

les cheveux *(m.pl.)*
l'œil *(m.)*
les yeux *(m.pl.)*
le nez
la bouche
les dents *(f.pl.)*
la gorge

l'oreille *(f.)*

le cou

le poignet

les épaules *(f.pl.)*

le dos

le bras

la poitrine

le cœur

les doigts *(m.pl.)*

le ventre

le coude

la main

la cuisse

le genou

la jambe

la cheville

le pied

le doigt de pied

les orteils - toes
la hanche - hips
le sourcil - eye brow
le menton - chin
l'ongle - Fingr nails

la fesse

LA MERDE

267

À vous! ▪▪▪▪▪▪▪▪▪▪▪▪▪▪▪▪▪▪▪▪▪▪▪▪▪▪▪▪▪▪▪▪▪

A. **Un ami extra-terrestre.** Describe the body of your extraterrestrial friend by comparing its body with yours. Base your description on the drawing.

MODÈLE: la tête
         Moi, j'ai une tête. Mon ami a une tête aussi.

1. le cou
2. les yeux
3. les oreilles
4. les dents
5. les bras

6. les doigts
7. les coudes
8. les jambes
9. les genoux
10. les pieds

B. **Le corps des célébrités.** Identify the body part that has made each of the following celebrities famous.

MODÈLE: Barbra Streisand
          le nez

1. Paul Newman
2. Prince Charles
3. E.T.
4. Billy Joel

5. The Tin Man
6. Big Bad Wolf
7. Big Bird

STRUCTURE

The imperfect

Comment est-ce que **tu t'amusais** quand **tu étais** petite?
Je jouais avec mes amis.
Nous avions un petit lapin et **nous le promenions** dans le quartier.

What *did you do for fun* when *you were* little?
I played with my friends.
We had a little rabbit and *we used to walk* him around the neighborhood.

You have already learned to express actions in the past using the **passé composé.** Now you will learn a second past tense, the imperfect, which will allow you to describe what you *used to do.*

To form the **imperfect,** begin with the **nous** form of the present tense, drop the **-ons** ending, and add the imperfect endings: **-ais, -ais, -ait, -ions, -iez, -aient:**[1]

	parler	**finir**	**faire**	**prendre**
	nous parlǿnʃ	nous finissǿnʃ	nous faisǿnʃ	nous prenǿnʃ
je	parl**ais**	finiss**ais**	fais**ais**	pren**ais**
tu	parl**ais**	finiss**ais**	fais**ais**	pren**ais**
il, elle, on	parl**ait**	finiss**ait**	fais**ait**	pren**ait**
nous	parl**ions**	finiss**ions**	fais**ions**	pren**ions**
vous	parl**iez**	finiss**iez**	fais**iez**	pren**iez**
ils, elles	parl**aient**	finiss**aient**	fais**aient**	pren**aient**

The imperfect tense has three equivalents in English:

Elle habitait en France.
$\begin{cases} \text{She } \textit{lived} \text{ in France.} \\ \text{She } \textit{used to live} \text{ in France.} \\ \text{She } \textit{was living} \text{ in France.} \end{cases}$

Application ■■■■■■■■■■■■■■■■■■■■■■■■■■■■■

C. Replace the words in italics and make the necessary changes.

1. *Elle* aimait danser. (nous / tu / vous / ils / je)
2. *Je* ne faisais pas attention en classe. (nous / tu / elles / vous / il)
3. *Ils* se promenaient en ville. (elle / nous / tu / je / vous / on)
4. Est-ce que *tu* avais assez d'argent? (vous / elle / ils / on)

NOTE GRAMMATICALE

The imperfect of **être**

The rule for the formation of the imperfect applies to all French verbs except **être,** which has the irregular stem **ét-** (the endings remain the same):

être

j'**étais**	nous **étions**
tu **étais**	vous **étiez**
il, elle, on **était**	ils, elles **étaient**

---

[1]Remember to add a cedilla to the second **c** of **commencer** and to put an **e** after the **g** of **manger** and **nager** in the imperfect tense: **je commençais, elle mangeait.** Also note that if the stem of a verb ends in **i,** the **nous** and **vous** forms of the imperfect contain **ii: nous étudiions, vous étudiiez.**

D. **Le jour où on a assassiné le président Kennedy.** Your parents and grandparents are talking about where they and other family members were the day that President Kennedy was shot. Use the cues in parentheses and the appropriate imperfect form of **être** to create their answers to your older cousin's questions.

MODÈLE: Georges, où étiez-vous? (au bureau)
          Moi, j'étais au bureau.

1. Pépé, où étiez-vous, toi et Mémé? (à New York)
2. Où était l'oncle Philippe? (à Los Angeles)
3. Maman, où étaient tes parents? (en vacances au bord de la mer)
4. Tante Janine, où étais-tu? (à l'université)
5. Et moi, où est-ce que j'étais? (à l'école maternelle)

E. **Les vacances d'été.** Clotilde's father is remembering vacation time when he was young. Use the suggested elements and the imperfect to recreate his statements.

MODÈLE: ma famille / passer les vacances d'été
          Ma famille passait les vacances d'été au bord de la mer.

1. nous / quitter Paris le matin du 1ᵉʳ août
2. mon père / ne pas aimer l'autoroute
3. nous / prendre toujours des routes secondaires
4. tout le monde / être fatigué à la fin du voyage
5. je / se lever de bonne heure en vacances
6. ma sœur / rester au lit jusqu'à 10h ou 11h
7. mes deux frères / faire de la planche à voile
8. je / ne pas réussir à me mettre debout *(stand up)*
9. je / nager / et jouer dans le sable
10. ma sœur et moi, nous / sortir le soir
11. mes frères / se promener avec ma mère
12. mon père / préférer rester à la maison

RELAIS

Le pouvoir de la suggestion

to play a trick on   Deux amies de Martin décident de **jouer un petit tour** à leur copain.

FRANÇOISE: Salut, Martin. Ça va?
MARTIN: Oh, oui. Ça va bien.

CHANTAL:	C'est vrai? **Mais dis donc. Tu n'as pas bonne mine aujourd'hui.**	Say! You don't look very good today.
MARTIN:	Ah, non? Mais **je me sens assez bien.**	I feel all right.
CHANTAL:	Écoute. Tes yeux sont tout rouges. **Tu n'as pas mal à la tête?**	Don't you have a headache?
MARTIN:	Non, mais j'ai un peu mal à la gorge.	
FRANÇOISE:	Et ton **visage** est très pâle.	face
MARTIN:	En effet. Je commence à **avoir mal au cœur.**	to feel sick to my stomach
CHANTAL:	Mon pauvre Martin. Tu devrais rentrer.	
MARTIN:	Vous avez peut-être raison. Je ne me sens pas bien du tout. Je vais rentrer me coucher. Au revoir, les amies. Et merci!	

À vous! ■■■■■■■■■■■■■■■■■■■■■■■■■■■■■■■■

F. **J'ai mal partout.** *(I hurt everywhere.)* Use the elements provided to indicate where you hurt.

MODÈLE: le bras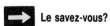
J'ai mal au bras.

1. la tête
2. le dos
3. la jambe
4. la gorge
5. les pieds
6. le ventre
7. les dents
8. les yeux
9. le genou
10. le cou
11. les oreilles
12. le cœur

 Le savez-vous?

Children have their own language to describe things that are important to them. Which of the following expressions do French children use when talking about minor hurts and injuries?
a) **faire dodo**
b) **avoir un bobo**
c) **vouloir un bisou**
d) **none of the above**

réponse →

G. **Dis donc! Tu n'as pas bonne mine aujourd'hui!** Talk to a classmate about his/her state of health. Follow the general pattern of the models while varying the health expressions that you use.

MODÈLES: —*Ça va?*
—*Non, ça ne va pas. Je ne me sens pas très bien.*
—*Qu'est-ce qui ne va pas?*
—*J'ai mal (à la tête, au ventre, au cœur, etc.).*

—*Dis donc! Tu n'as pas bonne mine aujourd'hui!*
—*C'est vrai. J'ai un peu mal (au dos, aux dents, etc.).*
—*Mon (ma) pauvre. Tu devrais rentrer.*
—*Tu as peut-être raison. Je vais rentrer tout de suite.*

STRUCTURE

The imperfect: Habitual actions

Tous les étés **nous allions** au bord de la mer.	Every summer *we used to go* to the seashore.
Quelquefois **je restais** au lit jusqu'à midi, mais mon père **se levait** toujours avant 7h.	Sometimes *I stayed* in bed until noon, but my father always *got up* before 7 o'clock.

The imperfect tense is used to describe what happened over and over again in the past. Certain adverbs and expressions often accompany the imperfect tense. They reinforce the idea of habitual actions, of things that *used to be done* repeatedly. Among these adverbs and expressions are:

autrefois	*in the past*	**une fois par jour**	*once a day*
d'habitude	*normally*	**une fois par**	*once a week, etc.*
fréquemment	*frequently*	**semaine,** etc.	
quelquefois	*sometimes*	**le lundi,**	*Mondays,*
souvent	*often*	**le mardi, . . .**	*Tuesdays, . . .*
toujours	*always*	**le matin, l'après-**	*mornings, afternoons,*
tous les jours	*every day*	**midi, le soir**	*evenings*

Application ■■■■■■■■■■■■■■■■■■■■■■■■■■■■■

H. **Pendant que nos parents étaient en Italie. . .** Last year Sylvia's parents spent two months in Italy. Use the suggested elements and the imperfect to tell what Sylvia and her brother did while their parents were away.

MODÈLE: en général / mon frère et moi / s'occuper de tout *(everything)*
         En général, mon frère et moi, nous nous occupions de tout.

 b

1. tous les matins / nous / se réveiller de bonne heure
2. quelquefois / il / rester au lit pendant une heure ou deux
3. d'habitude / je / se lever tout de suite
4. je / prendre une douche / toujours
5. le matin / je / ranger *(to put in order)* la maison
6. il / faire les courses
7. nous / déjeuner ensemble / fréquemment
8. l'après-midi / nous / se séparer
9. il / retrouver ses amis / au stade

10. je / aller en ville
11. le vendredi soir / mon frère et ses amis / dîner en ville
12. le samedi soir / je / sortir avec mes copines

I. **Quand tu avais sept ans. . .** Use the cues to ask a classmate what he/she used to do when he/she was seven years old. Write the answers on a piece of paper so that you can report back to the class.

MODÈLE: aimer aller à l'école
—*Est-ce que tu aimais aller à l'école?*
—*Oui, j'aimais aller à l'école.* ou:
Non, je préférais jouer avec mes amis.

1. habiter ici
2. avoir des frères et des sœurs
3. se disputer avec ses frères et ses sœurs
4. aller à l'école
5. aimer aller à l'école
6. être paresseux(se)
7. jouer souvent avec ses copains (copines)
8. se lever de bonne heure
9. se coucher tard
10. manger beaucoup

DÉBROUILLONS-NOUS !

J. **Ça va? Ça ne va pas?** Your class is divided into two types of people—those who are never sick and those who always think they are sick. If you meet a person from the group in which everyone is always in good health, try to persuade him/her that something is really wrong (that is, that he/she doesn't look very good, obviously doesn't feel very well, must have all sorts of aches and pains). If you meet a member of the second group, try to persuade him/her that nothing is wrong (that is, that he/she looks great, feels well, doesn't really have any aches or pains).

Deuxième étape

Point de départ:

Gym ou yoga?

■ ■

lead
is suited for

paths (ways)
health

Faire de la gym? Faire du yoga? Les deux **conduisent** à l'équilibre, à l'harmonie, au bien-être. Et à la beauté. La gym **convient aux** actives, aux sportives, aux extériorisées, le yoga aux calmes, aux intenses, aux intériorisées. La revue *Vital* présente deux sœurs, Corine et Lucille Renié, qui ont trouvé deux **voies** différentes pour s'occuper de leur corps et de leur **santé**. Corine nage, joue au golf, fait des marathons. Lucille fait du yoga.

Corine Renié: dynamique,
énergique, marathonienne

Lucille Renié: sereine,
équilibrée, calme

GYM

Pourquoi?

Pour se donner un maximum de
chances d'avoir un corps qui
fonctionne bien.

Quand, combien?

Quinze à vingt minutes de gym par
jour, plus deux heures d'entraîne-
ment par semaine, plus un sport
pratiqué tranquillement et
régulièrement, plus des vacances.

Comment?

Chez soi, avec un professeur,
en salle, dans un club, en
groupe, à deux, toutes les
solutions sont bonnes.

YOGA

Pourquoi?

Pour prendre le contrôle maximal de
son corps, en apprenant à maîtriser
sa respiration.

Quand, combien?

Le matin au réveil pour mobiliser
l'énergie, dans la journée pour la
canaliser, le soir pour retrouver
le calme.

Comment?

Un professeur est absolument
nécessaire pour apprendre les
positions et pour apprendre à
respirer. Commencez par une leçon
par semaine.

À vous! ■■■■■■■■■■■■■■■■■■■■■■■■■■■■■■■

A. **Corine ou Lucille?** Based on the information in the **Point de départ**,
   identify each picture as either Corine Renié or her sister Lucille.

1.

3.

2.

4.

B. **Gym ou yoga?** Answer the following questions about **gym** and **yoga**. Support your opinions with information from the **Point de départ**.

1. Which activity helps you to improve your body condition?
2. Which activity takes the most amount of time?
3. Which activity would you most likely prefer? Why?

Note Culturelle

Over the last ten years, the one item in the average French household budget that has increased the most is money spent on health—in particular, on the prevention of medical problems through greater attention to physical fitness. More and more the French, like Americans, are devoting time, energy, and money to their bodies.

Traditionally, the French have always been preoccupied with illness. There are numerous health spas, like those in Vichy, that specialize in various medical problems related to circulation, digestion, liver and kidneys, joints, the heart, and the nervous system. But often when you spend a week or two at a spa **(faire une cure)**, the treatment is relatively passive, calling for rest, thermal baths, mineral water, and a special diet.

In contrast, perhaps following the American model, the French are turning their attention more and more to physical activities. This American influence is evident in the French vocabulary of physical fitness. Sports center and health club ads are full of terms that you can easily recognize: **le fitness, le jogging, le stretching, le bodybuilding, l'aérobic, le jazzercise.** Other popular activities and facilities include **les bains remous** (whirlpool baths), **le sauna, le bronzage U.V.A.** (tanning sessions), and **le hammam** (Turkish bath).

REPRISE

C. **Il va avoir. . .** Your friends tend to overdo whatever activity they are involved in. Indicate where each of the following people is going to be sore or have a pain due to his/her extremes.

MODÈLE: Michel parle sans arrêt *(nonstop).*
          Il va avoir mal à la gorge.

1. Éric mange beaucoup de bonbons.
2. Anne-Marie regarde la télévision pendant des heures et des heures.

3. Sylvie ne porte jamais de chaussures *(shoes)*.
4. Alain et son frère écoutent leur walk-man seize heures par jour.
5. Je me brosse les dents très rarement.
6. Jean-Pierre veut soulever *(lift)* trois grosses valises.
7. Mes amis et moi, nous faisons du jogging dans la rue.
8. Jacqueline joue de la guitare pendant des heures sans arrêt.

D. **Des souvenirs.** Jean-Marc and Cécile remember the days when they were students at the Lycée Racine. They talk about what they used to do on days they had to go to school. If you are a boy, play the role of Jean-Marc. If you are a girl, play the role of Cécile. Conjugate all verbs in the imperfect.

MODÈLE: Jean-Marc et Cécile / se réveiller / 7h

GARÇON: *Ma sœur et moi, nous nous réveillions d'habitude vers 7h.*
FILLE: *Mon frère et moi, nous nous réveillions d'habitude vers 7h.*

1. Cécile / se lever / 7h15
2. Jean-Marc / se lever / 7h30
3. Cécile / se laver
4. Jean-Marc / se raser
5. Jean-Marc et Cécile / se brosser les dents
6. Jean-Marc et Cécile / manger le petit déjeuner
7. Jean-Marc et Cécile / aller à l'école

STRUCTURE

The imperfect: Additional uses

Pendant que **nous parlions, elle regardait** le journal.
Elle avait les yeux bleus.

Je la **trouvais** jolie.

While we *were talking, she was looking at* the newspaper.
She had blue eyes. (Her eyes *were* blue.)
I *found* her (*thought* she was) pretty.

In addition to indicating habitual past actions, the imperfect tense is used to tell about several other situations in the past:

1. To indicate actions that *were going on*	Pendant que **nous parlions, elle regardait** la télévision.	While *we were talking, she was watching* television.
2. To describe physical attributes	**Il avait** les cheveux blonds.	*He had* blond hair.
3. To express attitudes and beliefs	**Je** les **trouvais** très intelligents.	*I found* them very intelligent.
4. To indicate age	**Elle avait** cinquante ans.	*She was* 50 years old.
5. To describe states of health	**Je ne me sentais pas** très bien.	*I didn't feel* very well.
6. To set the background or context for a story	**Il était** neuf heures du soir. **J'étais** en visite à Berlin. **C'était** la fin de l'hiver et **il faisait** toujours très **froid. Nous étions** trois dans un petit restaurant.[2]	*It was* 9:00 at night, *I was* visiting Berlin. *It was* the end of winter and *it was still* very cold. *There were* three of us in a small restaurant.

Application ■■■■■■■■■■■■■■■■■■■■■■■■■■■■■

E. **La soirée de Cécile.** Alain got to Cécile's party rather late. Based on the drawings, and using the imperfect, describe what the other guests were doing when he arrived.

MODÈLE: Cécile
Cécile chantait.

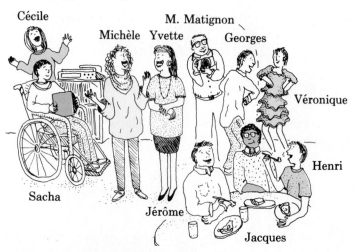

Cécile
Michèle   Yvette   M. Matignon   Georges
Véronique
Sacha
Jérôme   Henri
Jacques

[2]The story itself will be told mainly in the **passé composé.** In Unit 5 you will learn more about the distinctions between the imperfect and the **passé composé.**

1. Jérôme, Jacques et Henri
2. Michèle et Yvette
3. Georges et Véronique
4. Sacha
5. M. Matignon
6. tout le monde

F. **Hier soir à 8h.** You are getting ready to tell a story about what happened to you. Set the scene by explaining where you were and what you were doing when the story's action began. For the first situation, you are given questions to help you. For the other situations, give similar descriptions on your own.

1. Hier soir à 8h—Où étiez-vous? Que faisiez-vous? Quel temps faisait-il? Vous vous sentiez bien? Est-ce que vous étiez seul(e) *(alone)* ou avec d'autres personnes? Que faisaient-elles?
2. Ce matin à 7h30
3. Samedi dernier à 10h
4. Le jour où la fusée Challenger a explosé
5. Choisissez un moment important de votre vie

Tu es toujours en forme, toi!

en forme: in shape

Samedi après-midi. Deux amies ont du temps libre. Quoi faire?

MARTINE:	Alors, on fait du jogging? On joue au tennis?
SOPHIE:	Tu sais bien que je ne suis pas sportive.
MARTINE:	Mais regarde-toi! Tu manges très peu. Tu maigris. Tu es toujours fatiguée. Ça va mal, mon amie.
SOPHIE:	**Tu as de la chance,** toi! Tu es toujours en forme.
MARTINE:	C'est que je **m'entraîne.** Je fais de la gym.
SOPHIE:	De la gym? De la **musculation?**
MARTINE:	Non, non. De l'aérobic. Et je fais de la danse—du rock et de la danse classique.

You're lucky

work out

weight lifting

À vous! ■■■■■■■■■■■■■■■■■■■■■■■■■■■■■■■■■

G. **Elles s'entraînent.** Look at the pictures of young women trying to stay in shape. Then match the names to the appropriate activities.

Dominique   Virginie   Renée   Cécile   Isabelle

Marie-Thérèse   Sylvie   Claire

1. Qui fait de l'aérobic?
2. Qui joue au tennis?
3. Qui prend des cours de danse classique?
4. Qui fait du jogging?
5. Qui fait du yoga?
6. Qui aime nager?
7. Qui fait de la musculation?
8. Qui s'entraîne au Rock n'Roll Dance Center?

H. **Échange.** Ask a classmate the following questions. He/she will respond according to his/her personal situation.

1. Tu es sportif(-ve)? Tu aimes mieux faire du sport ou regarder le sport à la télé?

2. Tu fais de l'aérobic? Du yoga?
3. Tu prends (as pris) des cours de danse? Qu'est-ce que tu aimes le mieux—la danse classique, le rock, ou le jazz?
4. Tu es musclé(e)? Les autres, pensent-ils que tu es fort(e) ou plutôt faible *(weak)*? Tu fais de la musculation? Tu voudrais faire de la musculation?
5. Tes parents, sont-ils en forme? Qu'est-ce qu'ils font comme sports?
6. Est-ce que tu as envie de grossir un peu? De maigrir un peu? Pourquoi? Qu'est-ce que tu as l'intention de faire?

DÉBROUILLONS-NOUS!

I. **Tu es en forme, toi?** In French, discuss with several classmates what they do to keep in good condition or what they would like to do in order to get in better shape.

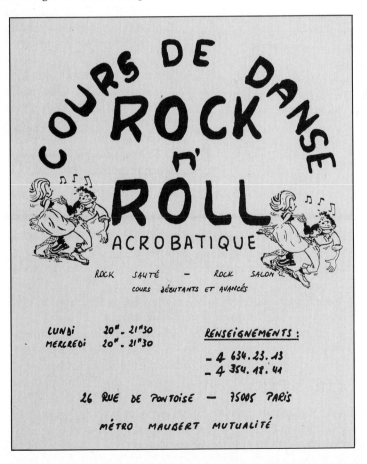

Troisième étape

Point de départ:

Deux accidents

■■

Le Mesnil-sur-l'Estrée
PIETON RENVERSÉ

La jeune Nadia Élyounsi,
9 ans, demeurant place Rabelais, a été renversée par une
voiture, hier vers 12h15,
place Kennedy.

Blessée à la tête et souffrant d'une fracture à la
jambe, Nadia Élyounsi a été
transportée au Centre hospitalier d'Évreux par les sapeurs-pompiers.

Avignon
DEUX BLESSÉS

Un accident s'est produit
hier vers 10h45 sur le pont
Daladier. Deux jeunes gens
qui circulaient à cyclomoteur
ont été heurtés par une voiture.
Le pilote, Alexis Gauthier, 14
ans, demeurant aux Angles, et
son passager, Thierry Fillière,
14 ans, habitant Jonquerettes,
ont été blessés dans le choc.
Ils ont été transportés au
centre hospitalier de la Durance
par les sapeurs-pompiers
d'Avignon.

À vous! ■■■■■■■■■■■■■■■■■■■■■■■■■■■■■■■■■

A. **L'étude des mots.** Answer the following questions in order to figure out
the meanings of some of the words you may not know in the **Point de
départ.**

1. Find a word that indicates a person who is walking on foot (**à pied**).
2. Find a synonym for the verb **habiter.**
3. Find two words that refer to being struck, banged into, or knocked
down.
4. Find a word that means to be injured or wounded.
5. Find the expression used to indicate the fire department.

B. **Les accidents de la rue.** Short news items are designed to answer the
questions: who? when? where? and what? Answer these four questions for
the two reports in the **Point de départ.**

C. **Le début d'une histoire.** Here are the first few lines of a story that someone is planning to tell you. Redo each sentence, putting all the verbs in the
imperfect.

*C'est une nuit de décembre. Il fait froid. Il neige. Nous sommes deux dans la
voiture—ma sœur Lucienne et moi. Mais la voiture ne marche pas. Nous
n'avons plus d'essence (gas). Au bord de la route il y a une vieille femme. Elle
a les cheveux blancs et son cou est très long. Elle promène un chien et elle
chante très fort. Ma sœur et moi la trouvons un peu bizarre.*

Now invent the beginning of a second story, this one based on the following drawing. Rather than telling the whole story, simply establish the
scene by using the imperfect to describe the setting, the situation, and the
characters. Use the previous paragraph as a model.

STRUCTURE

The *passé composé* of pronominal verbs

Je me suis trompé.	*I made a mistake. (I was mistaken.)*
Hélène ne s'est pas disputée avec son frère.	*Hélène did not have an argument with her brother.*
Ils se sont rencontrés au théâtre et ils s'entendaient très bien.	*They ran into each other at the theater and they got along very well.*

In the **passé composé,** *all* pronominal verbs are conjugated with the auxiliary verb **être.** The reflexive or reciprocal pronoun is placed directly in front of the auxiliary verb:

se tromper

je **me suis trompé (e)**	nous **nous sommes trompés (-ées)**
tu **t'es trompé (e)**	vous **vous êtes trompé (e) (s) (es)**
il **s'est trompé**	ils **se sont trompés**
elle **s'est trompée**	elles **se sont trompées**
on **s'est trompé**	

The past participle usually agrees in gender and number with the reflexive or reciprocal pronoun (which stands for the subject).

To form the negative, place **ne . . . pas** around the auxiliary verb:

Elle \/ s'est \/ levée.

Application ■■■■■■■■■■■■■■■■■■■■■■■■■■■■■■■■■■■■■■■

D. Replace the words in italics and make the necessary changes.

1. *Je* me suis bien amusé. (Marie / nous / les garçons / vous / tu / on)
2. *Elle* ne s'est pas trompée. (tu / les autres / je / vous / Henri / nous)
3. *Ils* se sont rencontrés hier? (vous / nous / les autres / Jeanne et tes parents)

E. **Pourquoi pas?** Indicate that if the following people are not doing something, it is because they have already done it at the time indicated in parentheses.

MODÈLE: Ton frère ne se rase pas aujourd'hui. Pourquoi pas? (hier)
Parce qu'il s'est rasé hier.

1. Elle ne s'entraîne pas aujourd'hui. Pourquoi pas? (cet après-midi)
2. Nicole ne se lave pas la tête ce matin. Pourquoi pas? (hier matin)
3. Nous ne nous retrouvons pas aujourd'hui. Pourquoi pas? (hier)
4. Elles ne se téléphonent pas cet après-midi. Pourquoi pas? (ce matin)
5. Je ne me couche pas de bonne heure ce soir. Pourquoi pas? (hier soir)
6. Tu ne te reposes pas cet après-midi. Pourquoi pas? (ce soir)
7. Vous ne vous promenez pas ce soir. Pourquoi pas? (cet après-midi)
8. Robert ne s'occupe pas des animaux aujourd'hui. Pourquoi pas? (hier)

F. **Hier soir et ce matin.** Find out about a classmate's activities last night and this morning.

MODÈLES: rentrer de l'école (à quelle heure)
—*À quelle heure est-ce que tu es rentré(e) de l'école hier soir?*
—*Je suis rentré(e) à 3h30.*

faire les devoirs avant ou après le dîner
—*Est-ce que tu as fait tes devoirs avant ou après le dîner?*
—*Je les ai faits avant le dîner.*

1. s'occuper des animaux
2. faire de la gym ou du yoga
3. regarder la télé
4. se coucher (à quelle heure)
5. dormir bien
6. se réveiller (à quelle heure)
7. se lever tout de suite ou rester au lit
8. se maquiller (se raser)
9. déjeuner avec la famille
10. se dépêcher pour arriver à l'école

Ça alors! Tu t'es cassé la jambe!

Étienne téléphone à son copain Philippe.

t'es cassé: broke

ÉTIENNE: Allô. Philippe? **Qu'est-ce que tu as?** Tu n'étais pas à l'école aujourd'hui?

PHILIPPE: Non, c'est que j'ai eu un petit accident.

ÉTIENNE: Un accident? **Tu t'es fait mal?**

PHILIPPE: Oui, je me suis cassé la jambe.

ÉTIENNE: Tu t'es cassé la jambe! Ça, alors! Qu'est-ce qui s'est passé?

What's the matter (with you)?

Did you hurt yourself?

stupid

all of a sudden

sprained her ankle / serious

PHILIPPE: Ben, c'était vraiment **bête.** Je faisais de la moto avec Catherine. On se parlait. On s'amusait. On ne faisait pas attention. **Tout d'un coup** un gros chien a traversé la rue devant nous. Et nous sommes tombés.

ÉTIENNE: Et Catherine? Elle s'est fait mal aussi?

PHILIPPE: Elle **s'est foulé la cheville.** Mais ce n'est pas **grave.**

À vous! ■■

G. **Un accident.** In French, you often use the verbs **se casser, se fouler, se faire mal à, se blesser à,** and **se couper** *(to cut)* with parts of the body to describe the results of an accident. Use the expressions suggested below to indicate what happened to you.

MODÈLE: Je me suis cassé...   le bras
              Je me suis cassé le bras.

1. Je me suis cassé...
   a. la jambe   b. le pied   c. le nez   d. la main   e. une den

2. Je me suis foulé...
   a. la cheville b. le pied   c. le poignet

3. Je me suis fait mal (à)...
   a. le genou   b. le dos   c. l'épaule   d. la poitrine

4. Je me suis blessé (à)...
   a. la tête   b. la jambe c. le nez   d. le dos

5. Je me suis coupé...
   a. le doigt   b. le bras   c. la main   d. le pied

H. **Qu'est-ce que tu as?** Imitate the model conversation, each time varying the results of the accident.

MODÈLE: —*Dis donc! Qu'est-ce que tu as aujourd'hui?*
              —*J'ai eu un petit accident.*
              —*Ah, bon. Qu'est-ce qui s'est passé?*
              —*Je me suis (fait mal au dos, cassé le pied, coupé la main, etc.).*

DÉBROUILLONS-NOUS !

I. **J'ai eu un accident.** Think of a time when you accidentally got hurt. Imagine that it occurred just recently. When a classmate calls up, tell him/her about your injury and explain, as well as you can, the circumstances of the accident. (When did it happen? Where? What were you doing? With whom? What happened to you?)

Lexique

Pour se débrouiller

Pour parler de son état physique

avoir un accident   se faire mal à
avoir mal à   se fouler
se blesser à   se sentir bien (mal)
se casser   tomber malade

Pour parler de l'état physique de quelqu'un d'autre

Tu (n')as (pas) bonne   Qu'est-ce que tu as?
   mine aujourd'hui!   Qu'est-ce qui ne va pas?
Tu te sens bien?   Tu t'es fait mal?
Ça va?   Tu as eu un accident?
Tu es en forme?

Thèmes et contextes

Les activités (f.pl.) physiques

s'entraîner
faire de l'aérobic   de la musculation
   de la gym   du yoga
jouer à
prendre des cours de danse

Le corps

la bouche	les doigts de pied	l'oreille *(f.)*
le bras	le dos	le pied
les cheveux *(m.pl.)*	les épaules *(f.pl.)*	le poignet
la cheville	l'estomac *(m.)*	la poitrine
le cœur	le genou	la tête
le cou	la gorge	le ventre
le coude	la jambe	le visage
les dents *(f.pl.)*	la main	les yeux *(m.pl.)*, l'œil *(m.)*
les doigts *(m.pl.)*	le nez	

Vocabulaire général

Verbes

jouer un tour à
se disputer
se promener

Adverbes

autrefois
tout d'un coup
une fois par jour (par semaine, par an)

Autres expressions

Attention!
autrement
Ça, alors!
Dis donc!
tout le monde
tu devrais

Adjectifs

bête
énergique
faible
fort(e)
grave

Noms

la santé

Chapitre onze

Va à la pharmacie!

Situé à 462 kilomètres au sud-est de Paris, Saint-Étienne, (204 955 habitants) est un grand centre métallurgique et textile. À Saint-Étienne, comme dans beaucoup de villes de France, il y a des pharmacies homéopathiques—c'est-à-dire, des pharmacies où on vend des médicaments « naturels » (extraits de plantes) et où on ne vend pas de médicaments à base chimique.

Première étape

Point de départ:

La grippe

Chaque hiver les microbes traversent les **frontières.** Ils arrivent d'Espagne, d'**Extrême-Orient.** C'est la saison de la grippe! M. Lachaud est malade. Il va à la pharmacie où le pharmacien lui remplit une **fiche.**

each / borders
the Far East
form

PHARMACIE GOUBELY
74, rue Félibien
44000 Nantes

NOM du malade: *Lachaud*

Prénoms: *André*

Adresse: N° *12*   Rue *Bossuet*

Localité: *Nantes*

Code postal: *44010*

Date: *13-02-1989*

Nom du pharmacien: *Gy-Treadac*

Symptômes:

- ✓ toux
- ✓ troubles digestifs
- ✓ maux de tête
- ✓ courbatures

- ✓ éternuements
- ✓ fièvre
- ✓ inflammation de la gorge
- ✓ rhinite

Il tousse.

Il éternue.

Il a mal à la gorge.

Il a mal à l'estomac.   *Il a de la fièvre.*   *Il a mal à la tête.*

stuffy nose / aches   *Il a le **nez pris (bouché)**.*   *Il a des **courbatures**.*

À vous! ■■■■■■■■■■■■■■■■■■■■■■■■■■■■■■■

A. **Qu'est-ce qu'ils ont?** Describe the symptoms of the people in the drawings.

MODÈLE: *François a le nez qui coule* (a runny nose).

1. Mme Lansac   2. Simon   3. Brigitte   4. M. Tossut

5. Mme Meillot   6. Isabelle   7. Jean-Marc   8. M. Gaudin

B. **Ma sœur et moi.** Corine Renié describes how she and her sister Lucille spent the day yesterday. Use the **passé composé** to recreate her sentences, making sure to distinguish between pronominal and nonpronominal verbs.

MODÈLE: Lucille et moi / se réveiller de bonne heure
Lucille et moi, nous nous sommes réveillées de bonne heure hier matin.

1. Lucille / se lever tout de suite
2. je / rester au lit pendant une demi-heure
3. elle / prendre une douche / se laver la tête
4. elle / faire du yoga
5. je / prendre une douche / ne pas se laver la tête
6. nous / déjeuner ensemble
7. je / s'habiller

8. je / se dépêcher pour arriver au travail à l'heure
9. elle / s'occuper de son fils
10. elle / faire des courses en ville
11. elle / s'acheter un nouveau maillot de corps *(body suit)*
12. je / faire du jogging avec des amies
13. nous / se retrouver au bois de Boulogne
14. je / se fouler la cheville
15. elles / s'occuper de moi
16. Lucille / aller chercher son mari à la gare
17. ils / s'embrasser / rentrer à la maison
18. nous / dîner ensemble
19. je / se coucher de bonne heure
20. Lucille et son mari / ne pas se coucher avant minuit

STRUCTURE

The irregular verb *savoir*

Savez-vous où habite Isabelle? *Do you know* where Isabelle lives?
Non, **je ne sais pas.** No, *I don't know.*
Henri sait son adresse, mais *Henri knows* her address, but
il n'est pas là aujourd'hui. he's not here today.

savoir	
je **sais**	nous **savons**
tu **sais**	vous **savez**
il, elle, on **sait**	ils, elles **savent**
Past participle: **su** (avoir)	Imperfect stem: **sav-**

The verb **savoir** can be used to express the following ideas:

1. **Savoir** + infinitive = *to know how to (do something):*
   Il sait jouer du piano.   *He knows how to play the piano.*

2. **Savoir que** + clause (subject and verb) = *to know that...*
   Nous savons qu'ils habitent à Versailles.   *We know that they live in Versailles.*

3. **Savoir** + language = *to know (how to speak) a language:*
   Ils savent l'espagnol.   *They know Spanish.*

4. **Savoir** + factual information = *to know (something):*
   Vous savez la réponse à   *Do you know the answer to*
     la première question?   *the first question?*

Note that **savoir** *is also used as a filler in conversation:*

  Oh, **vous savez (tu sais),**   Oh, *you know,* it isn't
  ce n'est pas très grave.   very serious.

Application ■■■■■■■■■■■■■■■■■■■■■■■■■■■■■■■

C. Replace the word in italics and make the necessary changes.

1. *Nous* savons bien jouer au tennis. (je / vous / elles / il / tu)
2. *Vous* savez leur numéro de téléphone? (tu / elle / ils / il / nous)
3. *On* ne sait pas pourquoi il est en retard. (nous / je / elle / elles / tu)
4. *Elle* ne savait pas que le musée était fermé. (il / nous / on / je / ils)

D. **Qui sait?** Ask several classmates whether they know the following pieces of information. Be prepared to report your findings to the class.

MODÈLE: où le professeur habite
       —Peter, tu sais où le professeur habite?
       —Oui, je sais où elle habite.
       —Mary et Jack, vous savez où le professeur habite?
       —Non, nous ne savons pas où elle habite.
       —Peter sait où le professeur habite, mais Mary et Jack ne savent pas où elle habite.

1. où le directeur de l'école habite
2. pourquoi ___ n'est pas là aujourd'hui
3. le titre du nouveau disque de ___
4. la date de l'anniversaire de ___

E. **Tu sais jouer au golf?** Ask a classmate if he/she and the other members of his/her family know how to do the following activities.

MODÈLE: jouer au golf
       —Hélène, tu sais jouer au golf?
       —Non, je ne sais pas jouer au golf.
       —Et ta sœur?
       —Non, elle ne sait pas jouer au golf non plus.
       —Et tes parents, ils savent jouer au golf, n'est-ce pas?
       —Oui, ils savent jouer au golf.

1. jouer au tennis
2. faire de l'équitation
3. nager
4. faire de la planche à voile
5. faire du patinage
6. jouer au bridge

RELAIS

Qu'est-ce qui ne va pas?

Deux amies se rencontrent dans la rue.

What's the matter?	LUCIENNE:	Mais dis donc, Annick? **Qu'est-ce qu'il y a?** Tu as le nez tout rouge.
	ANNICK:	Je ne sais pas. J'ai le nez qui coule. Et j'ai mal à la gorge.
a cold	LUCIENNE:	**Tu as un rhume?**
perhaps	ANNICK:	Non, non. Je ne suis pas enrhumée. J'ai **peut-être** une allergie.
	LUCIENNE:	Tu tousses?
	ANNICK:	Non, mais j'éternue sans arrêt. C'est pour ça que je pense être allergique à quelque chose.
	LUCIENNE:	Tu as de la fièvre?
	ANNICK:	Mais non. Ce n'est pas grave.
all the same	LUCIENNE:	**Tout de même,** tu devrais aller à la pharmacie.

À vous! ■■■■■■■■■■■■■■■■■■■■■■■■■■■■■■■■

F.   **Qu'est-ce que vous avez?** Here are some expressions used to talk about minor physical ailments. Choose the symptoms that would be most likely in each situation.

Symptômes: J'ai mal à la tête (à la gorge, aux yeux, au dos, à l'estomac, au cœur). Je tousse. J'éternue. J'ai le nez qui coule. J'ai le nez pris (bouché). Je n'ai pas d'appétit. J'ai le vertige *(I'm dizzy)*. J'ai pris un coup de soleil *(I'm sunburned)*. J'ai du mal à dormir *(I can't sleep)*.

1. Vous avez un rhume.
2. Vous avez trop mangé.
3. Vous avez la grippe *(flu)*.
4. Vous êtes en vacances au bord de la mer.
5. Vous avez un examen très important et vous êtes nerveux(-se).

G. **Tu devrais. . .** *(You should. . . .)* Imagine that you have the following ill-
   nesses and describe your symptoms to a classmate. He/she will
   recommend what you should do.

   MODÈLE: être un peu enrhumé(e)
            —*Je suis un peu enrhumé(e). J'ai le nez pris. Et j'ai un peu*
              mal à la gorge.
            —*Tu devrais prendre quelque chose (aller à la pharmacie,*
              rester à la maison, aller chez le médecin, etc.).

   1. être un peu enrhumé(e)
   2. avoir un gros rhume *(bad cold).*
   3. avoir la grippe asiatique
   4. être allergique à quelque chose
   5. avoir une grippe intestinale

DÉBROUILLONS-NOUS!

H. **Je ne me sens pas très bien.** Think back to the last time you were sick
   and imagine that you now have the same symptoms. Tell a classmate that
   you are not feeling well. Answer his/her questions about your symptoms.
   After having heard the symptoms, he/she will give you some advice: **Tu
   devrais aller à la pharmacie (rester à la maison, aller chez le
   médecin,** etc.).

—*Je suis un peu enrhumée.*
—*Tu devrais boire du jus*
d'orange!

Deuxième étape

Point de départ:

Les médicaments

■ ■

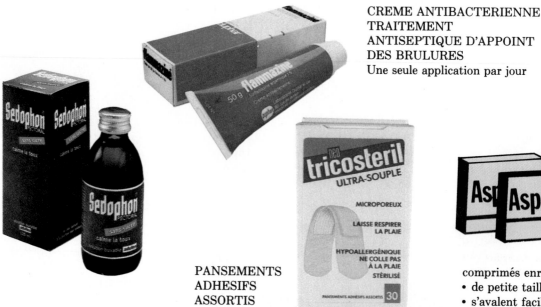

CREME ANTIBACTERIENNE
TRAITEMENT
ANTISEPTIQUE D'APPOINT
DES BRULURES
Une seule application par jour

PANSEMENTS
ADHESIFS
ASSORTIS

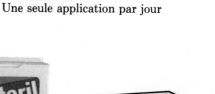

comprimés enrobés
• de petite taille
• s'avalent facilement

À vous! ■

A. **Qu'est-ce que vous recommandez?** You are traveling in France with your family. Whenever someone is not feeling well or needs some medicine, he/she asks you for advice. Based on the information in the **Point de départ,** make recommendations for each of the following cases. When appropriate, indicate what form(s) the medicine comes in.

1. Your sister spent too much time in the sun and has a bad case of sunburn.
2. Your grandfather has a very bad cough.
3. Your little brother cut his finger.
4. Your grandmother has a bad toothache.

B. **Qu'est-ce qu'ils ont?** Things are not going very well at Françoise's house—her father, mother, and brother are all sick. Play the role of each one and describe your symptoms. Your classmate will diagnose you.

1. father / coughing, sneezing and sore throat
2. mother / stomach ache, fever and headache
3. brother / stuffed up nose and fever

C. **Vos activités.** Using the verbs **vouloir** and **savoir,** explain your attitude toward each of the following activities. In each case, give a reason to justify your comment.

MODÈLE: faire la cuisine
Je ne veux pas faire la cuisine parce que je ne sais pas faire la cuisine. ou: *Je sais faire la cuisine; je prépare le petit déjeuner pour ma famille le dimanche matin.*

1. faire de la danse classique
2. jouer au football américain
3. parler espagnol
4. nager dans l'océan
5. faire la cuisine
6. faire de la planche à voile
7. jouer au poker
8. conduire la voiture de mon père

STRUCTURE

The irregular verb ***pouvoir***

Est-ce que **tu peux** m'aider?	*Can you* help me?
Non, **je ne peux pas.**	No, *I can't.*
Tu ne m'as pas aidé mardi non plus.	You didn't help me Tuesday either.
Non, **je ne pouvais pas.** Je n'avais pas la voiture.	No, *I couldn't.* I didn't have the car.

pouvoir	
je **peux**	nous **pouvons**
tu **peux**	vous **pouvez**
il, elle, on **peut**	ils, elles **peuvent**
Past participle: **pu** (avoir)	Imperfect stem: **pouv-**

The verb **pouvoir** is usually followed by an infinitive. It is the equivalent both of *can (to be able to)* and *may (to have permission to)*, depending on the context:

J'ai du temps libre ce soir;   I have some free time tonight;
   je peux faire la cuisine.   *I can (I am able)* to do
                                   the cooking.

Ma mère dit que **je peux**   My mother says that *I may (I*
   aller au cinéma ce soir.   *have permission to)* go to the
                                   movies tonight.

Application ■■■■■■■■■■■■■■■■■■■■■■■■■■■■

D. Replace the words in italics and make the necessary changes.

    1. *Nous* pouvons jouer demain? (je / elles / tu / il / vous)
    2. *Je* ne peux pas rester. (nous / elle / tu / vous / ils)
    3. *Elle* voulait les accompagner, mais elle ne pouvait pas. (je / ils / nous / on / vous)

E.   **Qui va m'aider?** You need someone to help you, but each time that you suggest a name, you find out that that person isn't available. Use the verb **pouvoir** and the suggested expressions to make short conversations.

MODÈLE: tu / avoir trop de devoirs
               —*Est-ce que tu peux m'aider?*
               —*Non, je ne peux pas.*
               —*Tu ne peux pas? Pourquoi pas?*
               —*J'ai trop de devoirs.*

    1. tu / aller au ciné-club ce soir
    2. tes parents / sortir ce soir
    3. ta sœur / avoir mal au dos
    4. ton cousin / vouloir se coucher de bonne heure
    5. vous / ne pas avoir le temps

F. **On ne peut pas parce qu'on ne sait pas.** Using the verbs **pouvoir** and **savoir** and the cues in parentheses, explain why it is impossible to do what your friends suggest. First, they want to speak to a friend who has moved.

MODÈLES: Parlons à Christina. (son nouveau numéro de téléphone)
Nous ne pouvons pas parler à Christina. Nous ne savons pas son nouveau numéro de téléphone.

Cherche son numéro dans l'annuaire *(telephone directory)*. (où elle habite)
Je ne peux pas chercher son numéro. Je ne sais pas où elle habite.

1. Eh bien, demande à son père. Il habite ici. (son prénom)
2. Mais c'est facile. Demandons à sa cousine, Marisela. (son nom de famille)
3. Alors, tu dois téléphoner à ses grands-parents à Madrid. J'ai leur numéro. Le voici. (l'espagnol)

You and your friends give up the idea of talking to Christina. Now they want to get tickets for a play that everybody says is terrific.

4. Réservons des billets. (les dates)
5. Pas de problème. Tu téléphones pour demander. (le nom du théâtre)
6. Regardons dans le journal. (le titre de la pièce)
7. Michèle doit le savoir. Demande-lui de nous réserver des places. (le prix des billets)

G. **Des excuses.** You have a classmate whom you prefer to avoid. Every time he/she suggests doing something, you make up an excuse to explain why you can't.

MODÈLE: Allons au théâtre.
Je ne peux pas aller au théâtre. Je n'ai pas d'argent. ou:
Je ne peux pas sortir ce soir. J'ai mal à la tête.

1. Faisons du jogging.
2. Allons au cinéma ce soir.
3. Voici des crêpes que j'ai préparées; tu vas les goûter.
4. Regardons quelque chose à la télé.
5. Allons en ville faire du lèche-vitrine.
6. Allons nous acheter des bonbons.

RELAIS

À la pharmacie

Annick va à la pharmacie.

LA PHARMACIENNE:	Bonjour, Mademoiselle. Vous désirez?
ANNICK:	J'ai besoin de quelque chose, mais je ne sais pas **quoi.** J'ai le nez qui coule, et j'ai un peu mal à la gorge. Mais je ne tousse pas, et je n'ai pas de fièvre.
LA PHARMACIENNE:	Ah, vous avez les yeux tout rouges. Vous avez peut-être une allergie? Vous êtes comme ça **depuis longtemps?**
ANNICK:	Depuis huit jours.
LA PHARMACIENNE:	Ben, voilà. Vous avez **le rhume des foins.** Je vais vous donner des anti-histamines. Si la gorge vous fait mal, vous pouvez prendre ces **pastilles.** Attention! Ne vous promenez pas à la campagne! Restez en ville!
ANNICK:	Entendu, Madame. Merci. Au revoir.

(marginal glosses:)
what
for a long time
hay fever
lozenges

Note Culturelle

The French often consult their local pharmacist when they are not feeling well. If the pharmacist considers the illness to be serious, he or she will advise the customer to see a doctor. In case of a cold, flu, or minor accident, the pharmacist will recommend over-the-counter medicines and will do some first aid. Every city and town in France has at least one pharmacy that remains open all night. All other pharmacies have signs on their doors indicating which pharmacy has long hours.

When you buy medicine in France, the pharmacist will often ask if you would like it in the form of a pill (**un cachet** or **un comprimé**), or a capsule (**une gélule**).

Ce qu'on peut demander à la pharmacie

J'ai besoin de quelque chose pour la gorge.
                                              le nez.
                                              les yeux.
                                              l'estomac.

J'ai besoin de quelque chose contre la toux.

> le rhume des foins.
>
> la migraine.
>
> la grippe.
>
> le mal de l'air (de mer).

J'ai besoin d'un tube d'aspirines.

> de gouttes *(drops)* pour le nez (pour les yeux).
>
> de pastilles *(lozenges)* pour la gorge.
>
> d'anti-histamines.

À vous! ■■■■■■■■■■■■■■■■■■■■■■■■■■■■■■■■■■■■

H. **J'ai besoin de. . .** You are traveling in France with a group of people who do not speak French. Serve as their interpreter at the pharmacy and make an appropriate request.

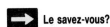 **Le savez-vous?**

In Paris there are several places called Le Drug Store. Which of the following items would you expect to find there?
a) **toys**
b) **records**
c) **medicine**
d) **all of the above**

réponse

MODÈLE: your friend / sore throat
Mon ami a besoin de quelque chose pour la gorge. Il a mal à la gorge. ou:
Mon ami a mal à la gorge. Il a besoin de pastilles pour la gorge.

1. your friend / headache
2. your sister / upset stomach
3. your brother / cough
4. your father / cold symptoms
5. your mother / flu symptoms
6. your friend / allergy symptoms

I. **À la pharmacie.** Explain to the pharmacist that you have the symptoms that usually accompany the following medical problems. He/she will then recommend the medicines given in parentheses.

1. un rhume (gouttes pour le nez, sirop contre la toux)
2. une grippe (aspirine, pastilles pour la gorge)
3. le rhume des foins (anti-histamines, gouttes pour les yeux)

DÉBROUILLONS-NOUS!

J. **À la pharmacie.** What should you say to a pharmacist in the following situations? Play out the mini-scenes with a classmate, who will take the role of the pharmacist.

1. You slept very poorly last night because your head was all stuffed up.
2. You got sunburned at the beach yesterday and can hardly move today.
3. You think you're getting sick; your throat is sore and you have a bad cough.
4. You walked all over Paris yesterday and now your feet are very sore.

You go into a pharmacy in France and ask to buy some aspirin. You don't completely understand what the pharmacist says to you, but it is obvious from her gestures and her tone of voice that she is not going to sell you any. What is the problem?

a. In France, pharmacies are not allowed to sell medicines made in foreign countries.
b. You are in a homeopathic pharmacy that sells only medicines made from natural sources (such as plant extracts).
c. In France, you have to be at least 18 years old to buy medicine in a pharmacy.
d. The pharmacist probably does not understand your French.

 d

Lexique

Pour se débrouiller _____

Pour décrire ses symptômes (m.pl.)

    avoir des allergies *(f.pl.)*, être allergique à
    avoir le mal de l'air
    avoir le mal de mer
    avoir une grippe
        avoir des courbatures *(f.pl.)*
        avoir de la fièvre
        avoir mal à
    avoir un rhume, être enrhumé(e)
        avoir le nez qui coule
        avoir le nez pris (bouché)
        éternuer
        tousser

avoir le rhume des foins
avoir le vertige
digérer mal
prendre un coup de soleil

Pour interroger quelqu'un sur son état physique

Qu'est-ce qu'il y a?

Pour se procurer des médicaments

J'ai besoin de . . .
J'ai besoin de quelque chose pour (partie du corps) . . .
J'ai besoin de quelque chose contre (maladie) . . .

Pour faire des excuses

ne pas pouvoir

Thèmes et contextes

Les médicaments (m.pl)

les anti-histamines *(f.pl.)*
l'aspirine *(f.)*
un cachet
un comprimé
une gélule
des gouttes *(f.pl.)* pour le nez
                    pour les yeux
un pansement
des pastilles *(f.pl.)* pour la gorge

Vocabulaire général

Verbes

aller chez le médecin
pouvoir
savoir
se dépêcher

Adjectif

chaque
malade

Autres expressions

entendu
peut-être
tout de même

Chapitre douze

Santé passe richesse

Clermont-Ferrand est une ville de 147 361 habitants, située dans le Massif central. Ses habitants peuvent s'approvisionner en fruits et en légumes à ses nombreux marchés traditionnels.

Point de départ:

Les cinq groupes d'aliments

■ ■

LES CINQ GROUPES D'ALIMENTS

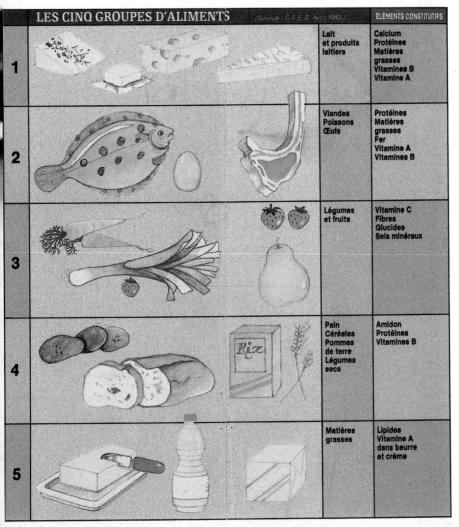

		LES CINQ GROUPES D'ALIMENTS *(Source : C.F.E.S. Avril 1983.)*		ÉLÉMENTS CONSTITUTIFS
1			Lait et produits laitiers	Calcium Protéines Matières grasses Vitamines B Vitamine A
2			Viandes Poissons Œufs	Protéines Matières grasses Fer Vitamine A Vitamines B
3			Légumes et fruits	Vitamine C Fibres Glucides Sels minéraux
4			Pain Céréales Pommes de terre Légumes secs	Amidon Protéines Vitamines B
5			Matières grasses	Lipides Vitamine A dans beurre et crème

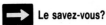 **Le savez-vous?**

The French are eating less of all of the following items except one. Choose the item whose consumption is increasing:
a) bread
b) coffee
c) frozen foods
d) butter

réponse

305

les aliments (m.pl): foods

maintain
bones
regulate

improve

Fonctions des cinq groupes d'aliments

Groupes 1 et 2	Construire, **entretenir** et renouveler les tissus du corps; former les **os** et les dents; **régler** le tonus musculaire et le rythme cardiaque
Groupe 3	Faciliter le transit intestinal; **améliorer** la vue nocturne; aider le travail musculaire
Groupes 4 et 5	Donnez de l'énergie à l'organisme (des calories)

À vous! ■■■■■■■■■■■■■■■■■■■■■■■■■■■■■■■■■■■

A. **Mangez les aliments du groupe. . .** Diet has a strong influence on your physical condition. Based on the **Point de départ,** recommend what the following people should eat.

MODÈLE: Paulette Lemaire a du mal à conduire sa voiture la nuit; elle ne voit *(sees)* pas très bien la route.
Mangez les aliments du groupe 3, des fruits et des légumes.

 c

1. Roger Tiano se prépare pour une compétition sportive.
2. Virginie Estrade est toujours très fatiguée.
3. Yves Canville est constipé.
4. Arlette Lajus manque de *(lacks)* force; elle se sent très faible.
5. Pascale Chanel est toujours enrhumée.
6. Jean-Jacques Chabot s'est cassé le bras trois fois.
7. Yveline Bloch a le cœur qui bat de façon très irrégulière.
8. Ils veulent tous rester jeunes aussi longtemps que possible.

B. **Vous mangez bien?** Discuss the food that you had to eat *yesterday* in terms of the five basic food groups. Your classmate will then tell you whether you ate well or not.

MODÈLE: *Dans le premier groupe j'ai mangé du fromage pour le petit déjeuner et j'ai pris du lait avec le dîner. Dans le deuxième groupe. . . Etc.*

REPRISE

C. **Des plaintes.** *(Complaints.)* You are playing the role of a pharmacist. Using **prendre, aller,** or the verb in parentheses, recommend what your customers should do.

MODÈLE: J'ai mal à la tête. (cachets d'aspirine)
Prenez deux cachets d'aspirine.

1. J'ai le nez pris. (anti-histamines)
2. J'ai une grippe. (cachets d'aspirine)
3. Je tousse. (sirop)
4. J'ai mal à la gorge. (pastilles)
5. Je suis toujours fatigué. (se reposer)
6. J'ai de la fièvre. (cachets d'aspirine)
7. J'ai mal au ventre. (thé)
8. J'ai mal partout *(everywhere)*. (chez le médecin)

D. **André ne peut pas. . .** Each time that your classmate says what he/she is hoping to do this afternoon, you explain why it's not possible. Use the verb **pouvoir** and base your explanations on the drawings.

MODÈLE:
jouer au football avec André
—*Cet après-midi je vais jouer au football avec André.*
—*Il ne peut pas; il s'est fait mal au genou.*

1. jouer au tennis avec Micheline

2. faire du jogging avec Thierry

3. jouer au golf avec Lucien et sa sœur

4. faire une promenade avec Anne-Marie

5. aller nager avec toi

STRUCTURE

The irregular verb **connaître**

Tu connais le frère de Marie?	*Do you know* Mary's brother?
Non, mais **je connais** sa sœur.	No, but *I know* her sister.
Vous vous connaissez[1] bien?	*Do you know each other* well?
Pas vraiment. On s'est rencontrés une ou deux fois à Amiens. **Tu connais** Amiens?	Not really. We met each other once or twice at Amiens. *Are you familiar with* Amiens?
Oui, c'est une très jolie ville.	Yes, it's a lovely city.

In French, there are two equivalents of the English verb *to know*. As you have already learned, **savoir** is used when talking about facts or information and when indicating that one knows how to do something. The verb **connaître** is used when referring to people or places. It has the following forms:

connaître	
je **connais**	nous **connaissons**
tu **connais**	vous **connaissez**
il, elle, on **connaît**	ils, elles **connaissent**
Past participle: **connu** (avoir)	Imperfect stem: **connaiss-**

[1]Note that connaître is used as a pronominal verb in this case.

Application

E. Replace the words in italics and make the necessary changes.

1. *Je* connais très bien New York. (elle / tu / ils / vous / nous)
2. *Elle* ne connaît pas Marianne. (je / il / elles / nous / on)
3. *Nous* nous connaissons bien, non? (vous / elles / on)
4. *Il* connaissait ce quartier? (vous / elles / tu / ils)

F. **Non, mais. . .** You ask a classmate if other people know certain places or people. Your classmate answers by saying that the person in question knows another person or place, not the one you asked about.

MODÈLE: Est-ce que ton père connaît Berlin? (Munich)
Non, mais il connaît très bien Munich.

1. Est-ce que tu connais Madrid? (Barcelone)
2. Est-ce que tes parents connaissent Stockholm? (Oslo)
3. Est-ce que vous connaissez Lyon? (Bordeaux)
4. Est-ce que tu connais Jean Marchand? (sa femme)
5. Est-ce que ta mère connaît Yvette Monnerie? (son mari)
6. Est-ce que ton père connaît Jacques et Thérèse? (leurs parents)

G. **Vous vous connaissez?** Your teacher will give each student in the class a
   name tag with a new identity. As you and your partner go around the class,
   ask each new person if he/she knows your partner. If they have not yet
   met, introduce them to each other.

   MODÈLE: —*Jacques! Mireille! Vous vous connaissez!*
               —*Non, nous ne nous connaissons pas.*
               —*Eh bien. Mireille Antoine, Jacques Dacbert.*
               —*Bonjour, Mireille.*
               —*Bonjour, Jacques.*

Les cousins

Laurent regarde, avec ses parents, une nouvelle photo de ses cousins.

M. MONFORT:	Qui est-ce? Je ne la **reconnais** pas.	recognize
LAURENT:	C'est Mathilde.	
M. MONFORT:	Mathilde? Elle a **tellement** grossi!	so much
MME MONFORT:	Oui, elle ne fait jamais de sport.	
M. MONFORT:	**Par contre,** voilà Richard qui a beaucoup maigri.	on the other hand
LAURENT:	Il **suit un régime.**	is on a diet
MME MONFORT:	Regarde ta cousine Annette. Elle a vraiment grandi.	
LAURENT:	Oui, elle **fait un mètre soixante-dix** maintenant. Elle mange bien et elle fait du sport.	is 1m65 tall (about 5′5″)
MME MONFORT:	Ah, voilà ton oncle Michel et ta tante Élise. Ils n'ont pas changé.	
LAURENT:	Non, ils **gardent leur ligne.**	keep their figures

Note Culturelle

The French express height and weight in terms of **mètres** and **kilos**. **Un mètre** is the equivalent of 3.281 feet. Conversely, one foot equals 0.305 meters, and one inch equals 2.539 centimeters. **Un kilo** is the equivalent of 2.205 pounds, and one pound equals 453.59 grams. Thus, to describe a person who is 5′10″ and weighs 160 pounds, a French person would say, **"Il (elle) fait un mètre soixante-dix-huit et pèse** *(weighs)* **soixante-douze kilos."**

Americans often think of French people as being quite small. It is true that, on the average, French men and women are shorter and weigh less than American men and women, with the average French male measuring 1.72 meters and 75 kilos and the average French female measuring 1.60 meters and 60 kilos. Nevertheless, do not be surprised to find people of all sizes, big and small, in France.

À vous! ■■■■■■■■■■■■■■■■■■■■■■■■■■■■■■■■■■

H. **Pourquoi?** Height and weight can change for various reasons. Indicate why the people in the following drawings have their current size. Use the suggested verbs and expressions in your explanation.

Verbes: grandir, grossir, rester petit, garder sa ligne, maigrir
Expressions: manger trop, ne pas manger assez, faire de l'exercice, être malade

MODÈLE:
Françoise maigrit parce qu'elle est malade.

1. Nicolas

2. Suzanne

3. Mme Rinaldi

4. Jean

I. **Vous et votre famille.** Describe the members of your family. Give a general description (**grand, petit, maigre, gros, fort,** etc.) and then explain any changes that have occurred over the years. If possible, give their height and weight in terms of **mètres** and **kilos.**

MODÈLE: *Mon frère Michel est très grand et très fort. Il mange bien et il fait du sport. Il fait un mètre quatre-vingt-dix et pèse quatre-vingt-huit kilos.*

DÉBROUILLONS-NOUS !

J. **Est-ce qu'on est en bonne santé ici?** Survey some of your classmates about the eating habits and physical condition of their family members. Then, without naming names, report to the class your general conclusions about the physical condition of people in your town.

Deuxième étape

Point de départ:

Les lycéens dorment mal

■■■■■■■■■■■■■■■■■■■■■■■■■■■■■■■

sleep / chases away
cells

say / tired

Le **sommeil** est très important pour la santé. Il **chasse** les fatigues musculaires de la journée et joue surtout le rôle précieux de «réparateur» des **cellules** nerveuses. Pourtant, une enquête réalisée par des médecins suggère que les jeunes de 15 à 19 ans dorment mal. Plus de 50 pour cent **disent** qu'ils sont **fatigués** au réveil. Voici les conclusions de l'enquête résumées dans la revue *Phosphore*.

LES LYCÉENS DORMENT MAL

Apparemment, les lycéens se couchent trop tard et ils **manquent de** sommeil. Trois lycéens sur quatre, **en moyenne,** ne dorment « que » sept à neuf heures par nuit, en semaine. La grande majorité se couche « après le film », vers 22 heures ou 23 heures. La télévision serait donc bien « **fautive** », en partie **du moins,** dans leur manque de sommeil. D'ailleurs, près d'un quart **avoue somnoler** pendant la journée. Et près d'un quart **fait la sieste** . . . quand c'est possible.

Le week-end arrive évidemment à point pour « **se rattraper** » puisque le plupart des lycéens avouent dormir deux heures de plus, environ, par nuit. **Idem** pour les vacances, pendant lesquelles **la grasse matinée** compense les couchers tardifs . . .
Un jeune sur quatre a du mal à trouver le sommeil. C'est un signe d'anxiété, mais sans doute aussi de mauvaise hygiène de vie. Les filles font plus de **cauchemars,** et les garçons **ronflent davantage.**

---

lack	to catch up
on the average	
	same thing
	sleeping late
at fault	
at least	
admit	
dozing	
to take a nap	nightmares
	snore / more

À vous! ■■■■■■■■■■■■■■■■■■■■■■■■■■■■■■

A. **Vrai ou faux?** Based on the **Point de départ,** tell whether the following statements are true or false.

1. Le lycéen moyen dort sept à neuf heures par nuit pendant la semaine.
2. Le lycéen moyen dort neuf à onze heures par nuit pendant le week-end.
3. Les lycéens se couchent généralement vers 10h du soir.
4. 50 pour cent des lycéens font la sieste pendant la journée.

5. Pendant les vacances les jeunes de 15 à 19 ans aiment faire la grasse matinée.
6. 25 pour cent des lycéens ont de la difficulté à s'endormir.
7. Les filles ne ronflent pas.
8. Les garçons ne font pas de cauchemars.

B. **Et vous?** Answer the following questions about your sleeping habits.

1. À quelle heure est-ce que vous vous couchez d'habitude?
2. Est-ce que vous regardez la télé avant de vous coucher?
3. Combien d'heures par nuit est-ce que vous dormez d'habitude?
4. Est-ce que vous faites la sieste?
5. Quand vous vous réveillez, êtes-vous fatigué(e) généralement?
6. Quand est-ce que vous faites la grasse matinée?
7. Est-ce que vous vous couchez plus tard le week-end qu'en semaine?
8. Est-ce que vous avez souvent du mal à trouver le sommeil?
9. Faites-vous des cauchemars?
10. Est-ce que vous ronflez?

Céleste aime faire la grasse matinée. Et toi?

C. **Est-ce qu'ils ont beaucoup changé?** For each pair of photos, tell whether or not the person changed over the years and suggest an explanation for the change or lack of change. *Suggested expressions:* **grandir, maigrir, grossir, vieillir, ne pas changer, garder sa ligne; manger beaucoup (très peu, trop, moins), se nourrir bien (mal); être malade; faire de l'exercice.**

MODÈLE: Mme Brieuc
Mme Brieuc n'a pas changé, elle n'a pas vieilli. Elle se nourrit bien et elle fait de l'exercice.

1. Roger Gaillard

2. Chantal Ferréol

3. M. Audouard

4. Mme Durand

5. M. Coulon

D. **Ils connaissent bien les États-Unis.** Sylvie Laval and her family have made several trips to the United States. Using the cues and the verb **connaître** tell which sections of the country the members of Sylvie's family are particularly familiar with. Also explain why they know these sections so well.

MODÈLE: nous / l'Est / faire plusieurs voyages à New York et à Boston
Nous connaissons bien l'Est. Nous avons fait plusieurs voyages à New York et à Boston.

1. mon oncle Didier / le Middle-Ouest / visiter plusieurs fois Chicago
2. mes parents / l'Ouest / passer trois semaines à San Francisco
3. ma sœur Danielle / le Texas / faire deux voyages à Dallas
4. je / le Sud / visiter Atlanta et Miami
5. nous / la capitale / passer quinze jours à Washington

STRUCTURE

The expressions *depuis quand, depuis combien de temps, and depuis*

Depuis quand est-ce que tu fais du jogging?

How long (since when, since what point in time) have you been going jogging?

Je fais du jogging **depuis** l'âge de 25 ans.

I've been jogging since I was twenty-five years old.

Depuis combien de temps est-ce tu fais du yoga?
Je fais du yoga **depuis** deux ans.

How long (for how much time) have you been doing yoga?
I've been doing yoga for two years.

Depuis quand and **depuis combien de temps** are used to ask questions about something that started in the past and *is continuing in the present.*

Question	Answer
depuis quand?	depuis *(since)* + a specific point in time
depuis combien de temps?	depuis *(for)* + a length of time

Note that any form of **depuis** is usually accompanied by the *present tense.* However, in the negative, you may use the **passé composé** to explain that you have *not* done something *since* a specific time or *for* a certain amount of time:

Je n'ai pas parlé à Jacques **depuis** le début de mars.

I haven't spoken to Jacques *since* the beginning of March.

Je n'ai pas fait de jogging depuis trois jours.

I haven't been jogging for three days.

Application ■■■■■■■■■■■■■■■■■■■■■■■■■■■■■

E. **Mme Beaune chez le médecin.** Your friend Christine's mother, who has been ill for several days, goes to see the doctor. Before she is examined, the nurse asks her some questions. Use the cues in parentheses to give Mme Beaune's answers.

MODÈLE: Depuis quand habitez-vous à Paris? (1982)
J'habite à Paris depuis 1982.

1. Ah, bon. Vous habitez donc à Paris depuis trois ans? (non / _____ ans)
2. Depuis combien de temps travaillez-vous chez Peugeot? (dix ans)
3. Depuis quand consultez-vous le docteur Roussin? (1985)
4. Depuis combien de temps est-ce que vous n'êtes pas allées chez le médecin? (six mois)
5. Depuis combien de temps êtes-vous enrhumée? (trois ou quatre jours)
6. Et vous avez de la fièvre? Oui? Depuis quand? (hier)
7. Qu'est-ce que vous prenez? Des anti-histamines? Depuis combien de temps? (deux jours)
8. Vous dormez bien? Non? Depuis combien de temps est-ce que vous avez du mal à vous endormir? (deux jours)
9. Vous avez de l'appétit? Non? Depuis quand est-ce que vous n'avez pas mangé? (avant-hier)

F. **Un(e) camarade malade.** When your classmate complains about his/her health, you try to find out some details. Use the cues in parentheses to ask your classmate questions.

MODÈLE: Oh, là là. Ça ne va pas du tout. (depuis combien de temps / se sentir mal)
Depuis combien de temps est-ce que tu te sens mal?

1. Depuis plusieurs jours. Oh, la tête! (depuis quand / avoir mal à la tête)
2. Depuis lundi. Et la gorge! (depuis quand / avoir mal à la gorge)
3. Depuis deux jours. C'est peut-être que je suis fatigué. (depuis combien de temps / dormir mal)

4. Depuis trois semaines. Mais j'ai commencé à me coucher de bonne heure. (Depuis quand / se coucher avant minuit)
5. Depuis hier soir. Oh! J'ai envie de vomir. (depuis combien de temps / avoir mal au cœur)
6. Depuis quelques heures. J'ai faim, mais je ne peux pas manger. (depuis quand / ne pas manger)
7. Depuis hier. Je vais peut-être aller chez le médecin. (Bonne idée!)

G. **Traduisons!** Give the French equivalents of the following sentences.

1. I have been feeling poorly for several weeks. I've had a temperature since last Monday.
2. My friend has had a cold for a month. She has been coughing for days.
3. My parents have had sore throats since the beginning (**le début**) of the week.
4. How long has your stomach been hurting?
5. Since when have you been sleeping badly?
6. I haven't slept well for a month.

RELAIS

Tu as bien dormi?

day off from school

Le mercredi, c'est un **jour de congé** pour les lycéens. Claudine va en ville, où elle rencontre sa copine Nicole.

CLAUDINE:	Salut, Nicole! Ça va?
NICOLE:	Oui, oui, oui, ça va.
CLAUDINE:	Vraiment? Tu as l'air fatiguée, toi.

exhausted

NICOLE:	En effet, je suis **crevée**. J'ai très mal dormi hier soir.
CLAUDINE:	Ah, bon. Tu es anxieuse?

older

NICOLE:	Non, non. C'est que ma sœur **aînée** et son mari sont en visite chez nous. Ils ont un bébé. Et la petite s'est réveillée trois fois pendant la nuit!
CLAUDINE:	Depuis quand est-ce qu'ils sont là?
NICOLE:	Depuis dimanche. Et ils vont rester jusqu'à samedi. Mais toi, tu as bien dormi, non?

CLAUDINE: Oh, oui. Je n'ai pas regardé le film hier soir. Je me suis couchée de bonne heure et j'ai fait la grasse matinée jusqu'à 10h ce matin.

NICOLE: Je suis jalouse!

À vous! ■■■■■■■■■■■■■■■■■■■■■■■■■■■■■■■■■

H. **Tu as bien dormi hier soir?** Question a classmate about his/her sleeping habits and experiences.

Posez des questions pour apprendre . . .

1. s'il/si elle a bien dormi hier soir.
2. à quelle heure il/elle s'est couché(e).
3. combien d'heures il/elle a dormi.
4. combien d'heures il/elle dort d'habitude—en semaine et pendant le week-end.
5. quand il/elle fait la grasse matinée et jusqu'à quelle heure.
6. s'il/si elle a souvent du mal à s'endormir.
7. s'il/si elle rêve *(dreams)* souvent.
8. s'il/si elle fait des cauchemars.
9. s'il/si elle ronfle.

DÉBROUILLONS-NOUS!

I. **Encore une enquête.** Working with several other students, survey your classmates about their sleeping habits and those of their families. Find out information that will either confirm or dispute the following ideas:

1. High school students don't get enough sleep (that is, they go to bed too late and get up very early).
2. High school students catch up on lost sleep on weekends and during vacations.
3. Young people fall asleep more easily than older people.
4. Females have nightmares more often than males.
5. Males snore more often than females do.

Lexique

Pour se débrouiller

Pour parler de sa taille

faire un mètre __
garder sa ligne
grandir
grossir
maigrir
peser __ kilos

Pour parler du temps

depuis
depuis combien de temps?
depuis quand?

Thèmes et contextes

Les aliments (m.pl.)

les céréales *(f.pl.)*
les matières grasses *(f.pl.)*
les poissons *(m.pl)*
les protéines *(f.pl)*
les produits laitiers *(m.pl.)*
les vitamines *(f.pl.)*

Le sommeil

dormir (bien, mal)
faire un cauchemar
faire la grasse matinée
faire la sieste
rêver
ronfler
somnoler

Vocabulaire général

Noms

un jour de congé
le jus de pomme

Verbes

améliorer
avouer
connaître
manquer de
reconnaître

Adjectifs

aîné(e)
crevé(e)
fatigué(e)
jaloux(-se)

Adverbe

tellement

Autres expressions

du moins
en moyenne
Et alors!
par contre

Mise au point

Lecture: *Une consultation gratuite*

This text is longer than the previous readings in this book. Don't try to translate every word. Instead, work on capturing the general tone of this scene from a famous French comedy of the early twentieth century.

Le docteur Knock est nouvellement arrivé à la commune (petit village) de Saint-Maurice. Son prédécesseur était vieux et n'avait pas beaucoup de travail. Le docteur Knock est beaucoup plus ambitieux. Il commence par annoncer des consultations gratuites.[1]

KNOCK:	C'est vous qui êtes la première, madame? *(Il fait entrer la dame en noir et referme la porte.)* Vous êtes bien du canton?[2]
LA DAME EN NOIR:	Je suis de la commune.
KNOCK:	De Saint-Maurice même?
LA DAME:	J'habite la grande ferme[3] qui est sur la route de Luchère.
KNOCK:	Elle vous appartient?[4]
LA DAME:	Oui, à mon mari et à moi.
KNOCK:	Si vous l'exploitez vous-même, vous devez[5] avoir beaucoup de travail?
LA DAME:	Pensez, Monsieur! Dix-huit vaches,[6] deux bœufs, deux taureaux,[7] six chèvres,[8] une bonne douzaine de cochons,[9] sans compter la basse-cour.[10]
KNOCK:	Je vous plains.[11] Il ne doit guère vous rester de temps pour vous soigner.[12]
LA DAME:	Oh! non.
KNOCK:	Et pourtant vous souffrez.
LA DAME:	Ce n'est pas le mot. J'ai plutôt de la fatigue.
KNOCK:	Oui, vous appelez ça de la fatigue. *(Il s'approche d'elle.)* Tirez la langue.[13] Vous ne devez pas avoir beaucoup d'appétit.
LA DAME:	Non.
KNOCK:	Vous êtes constipée.
LA DAME:	Oui, assez.
KNOCK:	*(Il l'ausculte.[14])* Baissez la tête. Respirez.[15] Toussez. Vous n'êtes jamais tombée d'une échelle,[16] étant petite?
LA DAME:	Je ne me souviens pas.[17]
KNOCK:	*(Il lui palpe[18] le dos, lui presse brusquement les reins.[19]):* Vous n'avez jamais mal ici le soir en vous couchant?

LA DAME: Oui, des fois.

KNOCK: Essayez de vous rappeler. Ça devait être une grande échelle.

LA DAME: Ça se peut bien.[20]

KNOCK: C'était une échelle d'environ trois mètres cinquante, posée contre un mur. Vous êtes tombée à la renverse. C'est la fesse[21] gauche, heureusement. Vous vous rendez compte de votre état?[22]

LA DAME: Non.

KNOCK: Tant mieux.[23] Vous avez envie de guérir,[24] ou vous n'avez pas envie?

LA DAME: J'ai envie.

KNOCK: Ce sera très long et très coûteux. On ne guérit pas en cinq minutes un mal qui traîne[25] depuis quarante ans.

LA DAME: Depuis quarante ans?

KNOCK: Oui, depuis que vous êtes tombée de votre échelle.

LA DAME: Et combien que ça me coûterait?

KNOCK: Qu'est-ce que valent les veaux actuellement?[26]

LA DAME: Ça dépend. . . quatre ou cinq cents francs.

KNOCK: Et les cochons gras?[27]

LA DAME: Plus de mille francs.

KNOCK: Ça vous coûtera à peu près deux cochons et deux veaux. . . Mais ce que je puis vous proposer, c'est de vous mettre en observation. Ça ne vous coûtera presque rien. Au bout de quelques jours vous vous rendrez compte[28] par vous-même de votre état, et vous vous déciderez. . . Bien. Vous allez rentrer chez vous. Vous êtes venue en voiture?[29]

LA DAME: Non, à pied.

KNOCK: Il faut trouver une voiture. Vous vous coucherez en arrivant. Une chambre où vous serez[30] seule, autant que[31] possible. Faites fermer les volets et les rideaux.[32] Aucune[33] alimentation solide pendant une semaine. Un verre d'eau de Vichy toutes les deux heures et, à la rigueur,[34] une moitié de biscuit. À la fin de la semaine, si vos forces et votre gaieté sont revenues,[35] c'est que le mal est moins sérieux qu'on ne pouvait croire. Si, au contraire, vous éprouvez une faiblesse[36] générale, nous commencerons le traitement. C'est convenu?[37]

LA DAME: *(soupirant[38]):* Comme vous voudrez.[39]

                                                    Jules Romains, *Knock*

Vocabulaire: 1. free 2. district 3. farm 4. belongs 5. must 6. cows 7. bulls 8. goats 9. pigs 10. not counting the poultry yard 11. I feel sorry for you. 12. There must be hardly any time left for taking care of yourself. 13. Stick out your tongue. 14. listens to her heart and lungs 15. Breathe. 16. ladder 17. I don't remember. 18. feels 19. kidneys 20. That's possible. 21. buttock 22. Are you aware of your condition? 23. So much the better. 24. Do you really want to be cured? 25. has been dragging on 26. How much are calves worth these days? 27. fat 28. will realize 29. Did you come by car? 30. will be 31. as much as 32. shutters and blinds 33. no 34. if worst comes to worst 35. have come back 36. feel a weakness 37. Agreed? 38. sighing 39. As you wish.

Compréhension ■■■■■■■■■■■■■■■■■■■■■■■■■■■■■

A. Discuss the following questions with your classmates.

1. What is Knock's objective in this consultation? What is his strategy for attaining his goal?
2. How does the woman react to the doctor? In your opinion, which of her symptoms are real and which are imagined?
3. What do you think of Knock's "prescription" for the woman? What do you imagine the result will be?

B. **On se retrouve.** It's been several years since Lucy has seen the French family with whom she spent a year. When she and her French "sister" have a reunion, they discuss what is going on in the sister's life. Playing the role of Lucy, ask questions with either **depuis quand** or **depuis combien de temps** and then repeat the answer using **depuis**. Assume that their conversation takes place in the current year.

MODÈLES: Nous habitons maintenant à Nogent.
Depuis combien de temps est-ce que vous habitez à Nogent?
Nous nous sommes installés à Nogent en 1989.
Ah, vous habitez à Nogent depuis trois ans.

                J'ai une voiture—une Renault 9.
Depuis quand est-ce que tu as une voiture?
Je l'ai achetée il y a deux ans.
Ah, tu l'as depuis 1990.

1. Je suis à l'université. / J'ai commencé mes études en 1988.
2. Je fais de l'aérobic. / J'ai commencé il y a quatre ans.
3. Je parle espagnol. / J'ai commencé à étudier l'espagnol en 1985.
4. Nous avons un chien. / Nous l'avons acheté l'année dernière.
5. Mon père travaille pour Peugeot. / Il a commencé en 1986.
6. J'ai un petit ami. / J'ai fait sa connaissance en septembre.

In this **Révision,** you will review:

- le corps, la santé et les maladies;
- the imperfect tense;
- the passé composé of pronominal verbs;
- the irregular verb **pouvoir;**
- the irregular verbs **savoir** and **connaître;**
- the expressions **depuis quand, depuis combien de temps,** and **depuis**

Le corps, la santé et les maladies

C. **Comment vont les copains?** You are in French class and three of your classmates are absent. Your teacher wants to know why. Based on the information given below, one of you states the problem. Then other students imagine the details (as suggested).

1. Don had an accident. (kind of accident? injuries? home or hospital? how long?)
2. Susan has a bad flu. (symptoms? treatment?)
3. Roger has a cold. (symptoms? treatment? how long?)

The imperfect
The stem of the imperfect tense of all verbs except **être** is found by dropping the **-ons** from the **nous** form of the present tense. The stem of **être** in the imperfect is **ét-.**

regarder   **être**

je regard**ais**	nous regard**ions**	j'**étais**	nous ét**ions**
tu regard**ais**	vous regard**iez**	tu **étais**	vous ét**iez**
il,elle,on regard**ait**	ils,elles regard**aient**	il,elle,on **était**	ils,elles ét**aient**

> Quand **j'étais** petit, **je m'amusais** bien.
> **Il y avait** beaucoup d'enfants dans mon village.
> **Nous jouions** toujours ensemble.

The imperfect is the French equivalent of *was . . . -ing* or *used to. . . .*

D. **L'enfance du père de Juliette.** Juliette's father remembers what things were like when he was a boy. Tell about his life, changing the verbs from the present to the imperfect.

MODÈLE: Nous habitons à Nantes.
          Nous habitions à Nantes.

1. Mon père travaille dans la réfrigération.
2. Ma mère s'occupe de la maison.
3. Nous sommes trois enfants.
4. Ma sœur a dix-huit ans.
5. Elle fait des études universitaires.
6. Mon frère et moi, nous allons au lycée.
7. Nous passons l'été à Noirmoutier.
8. Mes parents louent une maison tout près de la mer.
9. Ma sœur aime nager.
10. Moi, je joue au volleyball sur la plage.
11. Mon père et mon frère pêchent *(fish for)* des crabes.
12. Nous nous amusons bien l'été à Noirmoutier et l'hiver à Nantes.

E. **La dernière fois que j'étais enrhumé(e)...** Answer the following questions about the last time you had a cold.

1. C'était quel mois? Quelle année?
2. Comment est-ce que vous vous sentiez? Très mal? Mal? Assez mal?
3. Est-ce que vous aviez le nez pris ou le nez qui coulait?
4. Est-ce que vous aviez mal à la gorge? À la tête? Au cœur?
5. Est-ce que vous aviez de la fièvre?
6. Est-ce que vous vouliez rester à la maison? Est-ce que vous pouviez rester à la maison?

Now think of the last time you had the flu. Describe your physical condition, following a pattern similar to the one used in the preceding questions.

The *passé composé* of pronominal verbs

s'amuser

je **me suis amusé (amusée)**	nous **nous sommes amusés (amusées)**
tu **t'es amusé (amusée)**	vous **vous êtes amusé (amusée)**
	(amusés) (amusées)
il **s'est amusé**	ils **se sont amusés**
elle **s'est amusée**	elles **se sont amusées**

Negative: Je **ne** me suis **pas** amusé.
Question: **Est-ce que** vous vous êtes amusées?

F. **Samedi dernier.** Using the suggested activities, tell what you did or did not do last Saturday.

   MODÈLE: *Je me suis réveillé(e) de bonne heure. Je ne me suis pas levé(e) tout de suite, etc.*

Suggested Activities: se réveiller de bonne heure / se lever tout de suite / prendre le petit déjeuner / s'habiller avant 9h / se brosser les dents / se laver la tête / aller en ville / se promener avec ses parents / se coucher avant minuit / s'amuser bien

---

The irregular verb *pouvoir*

je **peux**	nous **pouvons**
tu **peux**	vous **pouvez**
il, elle, on **peut**	ils, elles **peuvent**

Past participle: **pu** (avoir)   Imperfect stem: **pouv-**

The verb **pouvoir** may indicate either the *ability* to do something (**Elle peut gagner**) or the *permission* to do something (**Nous pouvons sortir**).

G. **À la colonie de vacances.** *(At summer camp.)* There are lots of things to do at summer camp, but you have to ask permission of the counselors. Use the appropriate form of **pouvoir** to ask permission to do each of the following activities.

   MODÈLE: je / planche à voile
   Est-ce que je peux faire de la planche à voile?

1. je / voile
2. les garçons / volleyball
3. les filles / jogging
4. nous / alpinisme
5. je / ski nautique
6. Chantal / équitation

The irregular verbs *savoir* and *connaître*

savoir

je **sais**	nous **savons**
tu **sais**	vous **savez**
il, elle, on **sait**	ils, elles **savent**

Past participle: Imperfect stem:
   su (avoir)   **sav-**

connaître

je **connais**	nous **connaissons**
tu **connais**	vous **connaissez**
il, elle, on **connaît**	ils, elles **connaissent**

Past participle: Imperfect stem:
  connu (avoir)   **connaiss-**

The verb **savoir** is used to indicate that you know a fact (**Je sais son adresse**), a language (**Il sait l'allemand**), or how to do something (**Nous savons jouer aux échecs**).

The verb **connaître** is used to indicate that you know, or are familiar with, a person (**Je connais très bien son frère**) or a place (**Elle connaît assez bien Paris**).

H. **Sondage.** Each member of your group will answer each of the following questions. Your teacher will then compile the results of the survey.

MODÈLES: Qui connaît le mari (la femme) du professeur?
Moi, je le (la) connais, mais les autres ne le (la) connaissent pas.

Qui sait parler chinois?
Nous ne savons pas parler chinois dans notre groupe. ou:
Nous savons tous (all) parler chinois dans notre groupe.

1. Qui sait faire une bonne mousse au chocolat?
2. Qui connaît le directeur (la directrice) du lycée?
3. Qui sait la population de la France?
4. Qui connaît le Sud (le Nord, l'Ouest, l'Est, le centre) des États-Unis?
5. Qui connaît la ville de Washington?
6. Qui sait le nom des sénateurs de notre état?
7. Qui sait réparer une voiture?
8. Qui connaît des gens qui parlent français?

I. **Traduisons.** Give the French equivalents of the following sentences.

1. Do you know French?
2. I don't know this city very well.
3. They don't know my aunt.

4. They don't know my name.
5. He knows where you live.
6. He knows your neighborhood very well.

The expressions *depuis quand, depuis combien de temps,* and *depuis*

Depuis quand est-ce que vous êtes à Montréal?
Nous sommes à Montréal **depuis** samedi.

Depuis combien de temps est-ce que vous êtes à Montréal?
Nous sommes à Montréal **depuis** quatre jours.

Use the present tense and **depuis** to answer questions using either **depuis quand** or **depuis combien de temps.** If an answer is negative, you may substitute the **passé composé,** if you wish.

Je ne suis pas allé à Montréal depuis deux ans.

J. **Précisons!** Keep the conversation going by asking a question with **depuis quand** or **depuis combien de temps.** Your classmate will answer on the basis of the information in parentheses.

MODÈLE: Ma sœur fait de la danse classique. (5 ans / 1984)
—*Ah, oui. Depuis combien de temps est-ce qu'elle fait de la danse classique?*
—*Depuis cinq ans.*
ou:
—*Ah, oui. Depuis quand est-ce qu'elle fait de la danse classique?*
—*Depuis 1984.*

1. Moi, j'ai un walk-man. (2 mois / septembre)
2. Nous habitons ici depuis assez longtemps. (15 ans / 1974)
3. Ma sœur Jacqueline regarde la télé. (3 heures / 1h30)
4. Mon père est enrhumé. (4 jours / lundi)
5. Mes cousins jouent du piano ensemble. (3 ans / 1986)
6. Ma mère est de retour *(back home).* (8 jours / la semaine dernière)

Point d'arrivée

■■■■■■■■■■■■■■■■■■■■■■■■■■■■■■■

K. **Un(e) ami(e) vous aide.** Feeling sick, you call a friend, describe your symptoms, and ask him or her to go to the pharmacy. Your friend goes to the pharmacy and describes your symptoms to the pharmacist, who makes a recommendation. Your friend returns and explains the medicine and the pharmacist's recommendation.

L. **La ronde des excuses.** You invite each member of your group to participate in an activity of your choice (go to the movies, have dinner, take a walk, etc.). They all, with one exception, give you an excuse. You then explain to the one friend who does accept why the others aren't coming.

M. **Je ne suis pas en forme.** All the members of your group compete to see who is in the worst physical condition. Group members gather their information in a series of one-to-one discussions—that is, two students meet to talk about their health. When they have finished their conversation, each chats with another student, and so on.

N. **Faisons du théâtre!** Prepare a skit based on the reading selection from *Knock.* Build your presentation around a doctor or pharmacist who has one or more amusing consultations in his/her office or drugstore.

Carcassonne est une ville de 41 153 habitants, située au sud de la France. La ville est surtout connue pour les remparts qui entourent la vieille cité.

On visite la France

Objectives

In this unit, you will learn:

- to understand short descriptions of various places in France;
- to describe places and events in the past;
- to talk about the recent past.

Chapitre treize

Aperçu de la France

De Dijon à Beaune à Chalon-sur-Saône, la Bourgogne est un des plus beaux paysages de la France.

Première étape

Point de départ:

La carte de la France

■■■■■■■■■■■■■■■■■■■■■■■■■■■■■■■■■

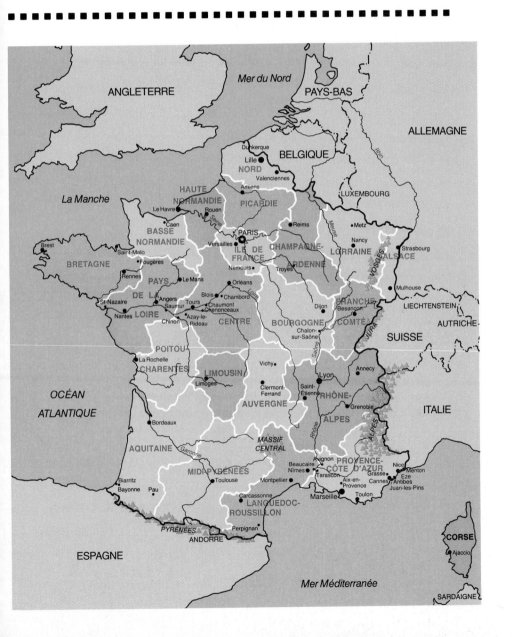

NOTE GRAMMATICALE

Geographical names

In French, articles are usually used with the names of countries, provinces, rivers, and mountains—for example, **J'adore la France.** Generally, if the name of a country or province ends in **-e,** it is feminine **(la Belgique, la Suisse).** If it ends in a letter other than **-e,** it is masculine **(le Luxembourg, le Portugal).**

To say *in* or *to* a place, use the preposition **en** with feminine geographical names and **au** with masculine geographical names:

la France	**en** France	*in/to* France
la Belgique	**en** Belgique	*in/to* Belgium
la Suisse	**en** Suisse	*in/to* Switzerland
l'Allemagne	**en** Allemagne	*in/to* Germany
l'Espagne	**en** Espagne	*in/to* Spain
l'Italie	**en** Italie	*in/to* Italy
le Luxembourg	**au** Luxembourg	*in/to* Luxemburg
le Portugal	**au** Portugal	*in/to* Portugal
le Canada	**au** Canada	*in/to* Canada
le Brésil	**au** Brésil	*in/to* Brazil

Exercice de familiarisation ■■■■■■■■■■■■■■■■

A. **Où se trouve. . .?** Look at the map of France on p. 333 and indicate where each place or geographical feature is located. Use the following compass points (they're all masculine): **le nord, le nord-est, le nord-ouest, le sud, le sud-est, le sud-ouest, l'est, l'ouest.**

MODÈLE: Strasbourg
               Strasbourg se trouve dans le nord-est de la France.

Les fleuves *(Major rivers)*
1. le Rhin
2. la Garonne
3. la Loire
4. la Seine
5. le Rhône

Les voisins de la France
6. l'Espagne
7. la Belgique
8. l'Italie
9. l'Allemagne
10. le Luxembourg
11. la Suisse

Les montagnes

12. les Vosges
13. les Pyrénées
14. le Jura
15. les Alpes

Les villes

16. Rennes
17. Bordeaux
18. Lyon
19. Marseille
20. Lille

21. Grenoble
22. Besançon
23. Toulouse
24. Nice
25. Dijon

STRUCTURE

The imperfect and the *passé composé:* Past actions

Autrefois, **j'allais** en France tous les ans.

In the past, *I used to go* to France every year.

Mais l'année dernière **je suis allé** au Japon et en Chine.

But last year *I went* to Japan and China.

In previous units you learned two past tenses, the **passé composé** and the **imparfait.** Each is used in different situations.

The first distinction between the **passé composé** and the **imparfait** occurs with *actions in the past:*

1. If a past action is habitual, repeated an unspecified number of times, or performed in an indefinite time period, the verb will be in the imperfect.
2. If the action occurs only once, is repeated a specific number of times, or is performed in a definite time period with its beginning and end indicated, the verb will be in the **passé composé.**

Imperfect	Passé composé
Quand **j'étais** jeune, **j'allais** chez mon grand-père tous les week-ends. *(habitual occurrence)*	La semaine dernière, **je suis allé** chez mon grand-père. *(single occurrence)*
Nous allions au cinéma ensemble. *(unspecified number of repetitions)*	Samedi et dimanche **nous sommes allés** au cinéma ensemble. *(specified number of repetitions)*
Mon grand-père parlait souvent de son enfance. *(indefinite time period)*	**Mon grand-père a parlé** de son enfance. *(definite time period)*

Application ■■■■■■■■■■■■■■■■■■■■■■■■■■■■■■■■

B. Replace the words in italics and make the necessary changes.

1. Qu'est-ce que *vous* avez fait hier? (tu / elle / ils / tu / elles)
2. *Je* faisais du ski tous les jours. (elle / nous / ils / je / elles)
3. Est-ce qu'*elle* est allée au Luxembourg? (vous / elles / tu / il)
4. *Nous* travaillions en France. (elle / je / tu / ils / vous / il)

C. **Tu l'as fait?** *(Did you do it?)* Each time your mother asks if you've done something you were supposed to do, you answer, "Not yet" (**"Non, pas encore"**). Then you say what you *were doing* instead. Use the imperfect to give your excuses.

MODÈLE: Tu as fait la vaisselle? (être au téléphone)
          Non, pas encore. Je n'ai pas fait la vaisselle parce que j'étais au téléphone.

1. Tu as fait tes devoirs? (ne pas vouloir les faire)
2. Tu as parlé à ton père? (être chez des amis)
3. Tu as mangé? (ne pas avoir le temps)
4. Tu as pris une douche? (être au téléphone)
5. Tu as fait les courses? (faire les valises)
6. Tu as accompagné ta sœur au centre commercial? (ne pas vouloir y aller)
7. Tu as acheté du pain? (mettre la table)
8. Tu as rangé ta chambre? (faire mes devoirs)

D. **La Révolution de 1789.** Put the sentences into the past using either the imperfect or the **passé composé** according to the context.

1. La Révolution commence au mois de mai 1789.
2. Le roi *(king)* ne veut pas écouter les membres de la bourgeoisie.
3. La bourgeoisie n'est pas contente parce qu'elle paie trop d'impôts *(taxes)*.
4. Le 14 juillet 1789 les Parisiens prennent la Bastille (une prison).
5. En 1792, les révolutionnaires déclarent la France une république.
6. Le roi Louis XVI n'a plus d'autorité.
7. Le gouvernement révolutionnaire guillotine le roi et sa femme, Marie-Antoinette, en 1793.
8. Napoléon Bonaparte est général dans l'armée française quand la Révolution commence.
9. Il fait la guerre *(war)* en Égypte quand il apprend que le gouvernement français a besoin d'un «leader».
10. En 1799 il rentre en France, il prend le pouvoir *(power)*, et enfin, en 1804, il se déclare empereur.
11. Malheureusement *(unfortunately)*, Napoléon ne donne pas aux Français la paix *(peace)* qu'ils cherchent.

Lecture: *La géographie de la France*

La France occupe une situation géographique unique en Europe. Souvent appelé «l'hexagone» **à cause de** sa forme, situé en **plein** centre de l'Europe **occidentale,** ce pays **offre** une grande variété de climats et de **paysages**.

because of / very
Western / offers / landscapes

La France a toujours été **ouverte** aux autres pays d'Europe, et surtout à **ceux** qui ont une **frontière** commune avec elle. Au sud, séparée par les Pyrénées, se trouve l'Espagne. Au sud-est, **au-delà** des Alpes, l'Italie a de bonnes relations avec la France. À l'est, la frontière naturelle du Jura sépare les Français des Suisses. Au nord-est, au-delà du Rhin, l'Allemagne est une voisine **puissante** qui est **tantôt** rivale, **tantôt** amie. Au nord, le Luxembourg et la Belgique sont des pays **francophones** qui **partagent** leur passé culturel avec la France. Et enfin, n'oublions pas que l'Angleterre se trouve **à deux pas** de la France et joue ainsi un rôle important dans la vie économique et politique du continent.

open / those
border
beyond

powerful
at one time... at another time
French-speaking / share
next door

La France est un pays bien **arrosé, c'est-à-dire** qu'il y a beaucoup de **fleuves** et de **rivières.** Chaque région a son grand fleuve qui **rend** les **champs** fertiles. La Loire et ses châteaux **attirent** des milliers de touristes tous les ans. La Garonne **fournit** de l'eau aux célèbres **vignobles** du **Bordelais.** Le Rhône, qui descend de la Suisse vers la Méditerranée, est la source principale de l'hydro-électricité en France. Le Rhin fait de Strasbourg un port **fluvial** important pour le commerce. Et enfin, la Seine évoque avant tout les promenades des **amoureux le long de** ses **quais** et fait aussi de Paris un port fluvial important.

irrigated / that is to say / rivers
tributaries / make / fields
attract
provides / vineyards /
  Bordeaux region
river (adj.)

lovers / along / banks

Exercices de compréhension ■■■■■■■■■■■■■■■

E. **Les voisins de la France.** Look at the map on p. 333 and identify the countries that have a common border with France.

MODÈLE: au nord
              le Luxembourg et la Belgique

1. à l'est
2. au sud
3. au nord-est
4. au nord
5. au sud-est

F. **Vrai/faux.** Decide if the following statements about the geography of France are true or false. If a statement is false, correct it.

1. La France est située en plein centre de l'Europe occidentale.
2. La France est souvent appelée «l'hexagone» parce que c'est un pays superstitieux.
3. Il n'y a pas beaucoup de fleuves et de rivières en France.
4. Les châteaux de la Loire attirent des milliers de touristes tous les ans.
5. La Seine est la source principale de l'hydro-électricité en France.

G. **Le sens des mots.** When you read a text, there are always key words that help you to understand the main ideas. Identify some of the key words used in the **Lecture** to discuss the following topics.

1. la géographie de la France
2. les frontières
3. les fleuves

H. **Description de la France.** Look at the map of France on p. 333 and create your own description of the country. Talk about its shape, its rivers, its mountains, its cities, its neighbors, and anything else that you think is interesting.

DÉBROUILLONS-NOUS !

I. **Les États-Unis.** Describe the United States in terms of its size, rivers, mountains, neighbors, and the like. Use the description of France in the **Lecture** as a model.

Deuxième étape

Point de départ:

Les provinces

■ ■

Autrefois, la France était divisée en provinces, c'est-à-dire en régions qui avaient, **chacune,** leurs coutumes, leur folklore, leur identité bien définie. Aujourd'hui encore, les Français ont tendance à s'identifier à leur province et ils continuent les traditions qui les distinguent **les uns des autres.** On ne peut donc pas parler d'*une* **seule** France. La France, comme les États-Unis, se caractérise par une diversité géographique, linguistique et culturelle.

each one

one from the other
single

Exercice de familiarisation ■ ■ ■ ■ ■ ■ ■ ■ ■ ■ ■ ■ ■ ■

A. **Dans quelle province se trouve. . .?** Consult the map on p. 333 to find in which province each of the following cities is located. Remember to use the preposition **en** with the name of a province. To express the idea of *in* with the province **Centre,** use **dans le (dans le centre).**

MODÈLE: Strasbourg
        —*Dans quelle province se trouve Strasbourg?*
        —*Strasbourg se trouve en Alsace.*

1. Marseille
2. Orléans
3. Rennes
4. Besançon
5. Bordeaux
6. Rouen
7. Amiens
8. Paris
9. Dijon
10. Clermont-Ferrand
11. Troyes
12. Nancy

B. **Où se trouve. . .?** Look at the map on p. 333 and indicate where the following places and geographical features are located.

MODÈLE: Bordeaux
        Bordeaux se trouve au sud-est de la France, sur la Garonne.

1. Nantes	7. le Luxembourg
2. Lyon	8. le Rhône
3. Marseille	9. l'Espagne
4. les Pyrénées	10. Strasbourg
5. les Alpes	11. Le Havre
6. la Suisse	12. l'Allemagne

C. **Nos vacances.** Use the cues to talk about what you did during your vacations. Use the imperfect or the **passé composé** according to the context.

MODÈLE: autrefois / nous / passer nos vacances en Bretagne
Autrefois nous passions nos vacances en Bretagne.

1. nous / s'amuser beaucoup
2. moi, je / aller à la plage / tous les jours
3. mes frères / jouer dans les champs
4. mais une année / mon père / décider d'aller / à Cannes
5. mon père / réserver des chambres d'hôtel
6. le 5 juillet / nous / arriver à l'hôtel
7. nous / passer quinze jours à Cannes
8. je / faire des promenades / tous les jours
9. mes frères / aller souvent à la plage
10. un jour / mes parents / aller au Festival de Cannes
11. le matin / je / se lever / très tard
12. nous / s'amuser beaucoup / pendant ces quinze jours

STRUCTURE

The imperfect and the *passé composé:* Descriptions

*Hier, j'**ai fait** un tour en ville. J'**ai rencontré** Jacques et nous **sommes allés** au Café de la Gare. Nous **avons passé** trois heures à parler ensemble. Nous **étions** contents d'être ensemble. Je **portais** une robe (dress) légère et des sandales et Jacques **portait** une très belle chemise (shirt). Nous **étions** tous les deux très chic.*

Note that the preceding paragraph contains verbs in both the **passé composé** and the imperfect. The first four verbs are in the **passé composé** because they indicate actions that occurred at a very specific time in the past *(yesterday)*. The remaining verbs are in the imperfect because they describe conditions in the past.

The imperfect is generally used in four types of descriptions:

1. Physical   **Il avait** les cheveux blonds. **Je portais** un T-shirt.
2. Feelings   **Nous étions** contents. **Elle était** triste.
3. Attitudes and beliefs   **Je pensais** qu'**il avait raison.**
4. State of health   **J'avais mal à la tête.**

The weather may be described using either the imperfect or the **passé composé.** If the description covers an indefinite period of time, use the imperfect:

Quand j'allais chez mon grand-père, **il faisait toujours très beau.**

If the description covers a definite period of time, use the **passé composé:**

Hier il a fait très beau.

Application ■■■■■■■■■■■■■■■■■■■■■■■■■■■■■■■■

D. **Des témoins.** *(Witnesses.)* You and your classmates were witnesses to a crime. You're now asked to describe what you saw. Change the sentences into the imperfect tense.

MODÈLE: Il y a deux hommes et une femme.
Il y avait deux hommes et une femme.

1. Un homme est très grand; il a les cheveux noirs; il a une barbe; il porte une chemise verte; il est mince; il parle fort; il a l'air content; il a un pistolet.
2. Le deuxième homme est assez grand; il est gros; il a une moustache; il porte un T-shirt; il ne parle pas; il a les cheveux roux; il a un sac à dos; il marche très vite.
3. La femme est grande; elle est mince; elle a les cheveux blonds; elle a le visage ovale; elle porte un blue-jean et un T-shirt; elle porte des sandales; elle a un sac blanc; elle est le chauffeur de la voiture.
4. La voiture est une Citroën; elle est grise; elle est assez neuve.
5. Nous sommes très nerveux; nous avons peur.
6. Les employés de la banque sont très courageux; ils sont calmes.

NOTE GRAMMATICALE

The imperfect and the **passé composé:** Interrupted actions

Il travaillait en France quand **son fils est né.**	*He was working* in France when *his son was born.*
Il était au bureau quand **sa femme a téléphoné.**	*He was* in the office when *his wife called.*
Il parlait avec ses collègues quand **il a eu** la nouvelle.	*He was talking* with his colleagues when *he got* the news.

Each model sentence contains a verb in the imperfect and another in the **passé composé.** The imperfect describes what *was going on* when something else *happened.* The **passé composé** is used to interrupt an action already in progress. Note that in French the imperfect often corresponds to the progressive *was doing* or *were doing* in English.

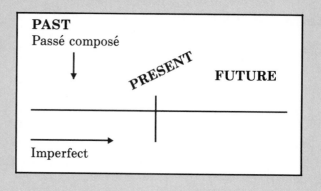

E. **Des interruptions.** The following people didn't get anything done because something always happened to interrupt them. Describe the events by putting each sentence in the past. Remember that the action in progress must be in the imperfect and the interrupting action must be in the **passé composé.**

MODÈLE: Je fais mes devoirs quand le téléphone sonne.
           Je faisais mes devoirs quand le téléphone a sonné.

1. Ma mère prend le petit déjeuner quand elle tombe malade.
2. Nous nous promenons en voiture quand nous avons un accident.
3. Je débarrasse la table quand Jean arrive.
4. Pauline et Marc jouent au volleyball quand il commence à pleuvoir.

5. Serge prépare le dîner quand Paul se fait mal.
6. Nous regardons la télévision quand ils arrivent.
7. Je fais les courses quand je rencontre des amis.
8. Mes parents sont au théâtre quand ils apprennent la nouvelle.

F. **Une fête.** The following drawing describes a party as seen by an outsider who doesn't know anyone. Use the imperfect to describe the guests.

MODÈLE: *Le garçon avait les cheveux bruns, il était mince et il portait un T-shirt.*

G. **Qu'est-ce qu'ils faisaient quand. . .?** Use the imperfect and the **passé composé** to describe what the people in the drawings were doing when something else happened.

MODÈLE: *Guillaume écoutait la musique quand le téléphone a sonné.*

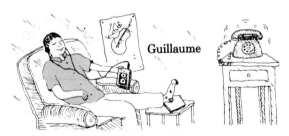

1. écouter / sonner

2. jouer / tomber

3. manger / arriver

4. jouer / pleuvoir

5. danser / sonner

6. jouer / arriver

7. parler / dire

Lecture: *Les départements*

Au moment de la Révolution française (1789), le gouvernement révolutionnaire a créé des unités administratives qui s'appellent des «départements» et qui constituent **encore** aujourd'hui la configuration politique de la France. En France métropolitaine, il y a 95 départements, chacun avec un **chef-lieu** où **siège** l'administration départementale. Par exemple, le chef-lieu du département de la Gironde est la ville de Bordeaux. Chaque département a son numéro, et les Français **n'ont aucune peine à reconnaître** l'origine d'une voiture par le numéro **inscrit** sur sa **plaque d'immatriculation.** Ils savent tout de suite qu'une voiture est de Paris si elle porte le numéro 75, que le 33 est le numéro de la région de Bordeaux, que le 13 est celui de Marseille.

    À part les départements de la France métropolitaine, il y a aussi deux départements en **Corse** et trois départements **d'outre-mer** (la Guadeloupe, la Martinique, la Guyane française) et, enfin, le département de la Réunion. Ce sont des territoires qui ont été colonisés par la France il y a très longtemps et qui font encore aujourd'hui partie de la France.

    Malgré ces divisions départementales, les Français continuent à s'identifier à leur province ou à leur région. **Avant tout,** on est breton, normand, alsacien, corse, martiniquais. Le reste n'est que de la politique!

still

county seat / resides

have no problem recognizing
inscribed / license plate

besides
Corsica / overseas

despite
above all

Exercices de compréhension ■■■■■■■■■■■■■■■■■■

H. **Vrai/faux.** Decide if the following statements about the departments of France are true or false. If a statement is false, correct it.

1. En tout, il y a 110 départements français.
2. En France métropolitaine il y a 95 départements.
3. La France d'outre-mer comprend la Martinique, la Guadeloupe et la Guyane française.
4. Les Français s'identifient à leur département.
5. Chaque département a un numéro qui est inscrit sur la plaque d'immatriculation d'une voiture.
6. Le numéro qui indique la ville de Paris est le 65.
7. Chaque département a un chef-lieu qui est la ville administrative du département.
8. L'organisation en départements est surtout une organisation politique.

I. **J'habite dans le département. . . , mais je suis. . .** Look at the map of departments and provinces on p. 346. Based on the department in which you live, use an adjective from the following list to identify yourself as an inhabitant of the corresponding province.

la Lorraine / lorrain(e)   l'Alsace / alsacien(ne)
la Franche-Comté / franc-comtois(e) la Bourgogne / bourguignon(ne)
l'Auvergne / auvergnat(e)   la Provence / provençal(e)
la Bretagne / breton(ne)   la Normandie / normand(e)

MODÈLE: J'habite dans le département des Hautes-Alpes.
          Je suis provençal(e).

1. J'habite dans le département du Calvados.
2. J'habite dans le département de la Meuse.
3. J'habite dans le département des Alpes-Maritimes.
4. J'habite dans le département du Haut-Rhin.
5. J'habite dans le département du Morbihan.
6. J'habite dans le département de la Haute-Saône.
7. J'habite dans le département de la Côte-d'Or.
8. J'habite dans le département de la Haute-Savoie.

DÉBROUILLONS-NOUS !

J. **Qu'est-ce que tu as fait hier?** Use the cues to explain what you did yesterday and to give your reasons. Be careful to choose correctly between the imperfect and the **passé composé.**

MODÈLE: rencontrer des amis / avoir envie de s'amuser
          J'ai rencontré des amis parce que j'avais envie de m'amuser.

1. rester à la maison / avoir mal à la tête
2. regarder la télé / être paresseux(-se)
3. faire le ménage / se sentir en forme
4. parler au téléphone / vouloir organiser une soirée
5. étudier / avoir un examen
6. laver les fenêtres / faire beau
7. jouer aux cartes / vouloir s'amuser
8. beaucoup manger / avoir faim toute la journée

K. **L'état où j'habite.** A foreign exchange student has just arrived in your school and it's your responsibility to tell him/her something about the state in which you live. Name some of the major cities and important geographical features and talk about some of the places you've visited.

Troisième étape

Point de départ:

Le réveil de la province

▪▪▪▪▪▪▪▪▪▪▪▪▪▪▪▪▪▪▪▪▪▪▪▪▪▪▪▪▪▪▪▪▪▪▪▪

Le réveil de la province

**PARIS OU PROVINCE?
UNE MAJORITÉ DE FRANÇAIS PROCLAME**

Où a-t-on envie de vivre? Les douze villes qui arrivent en tête de notre palmarès ont des points communs: ce sont des villes d'importance moyenne où l'on peut trouver des activités sportives et des événements culturels, des villes où les enfants poussent au soleil et où les copains sont à la portée de la main... bref, des villes comme Aix-en-Provence.

Mais cette prédilection pour la ville de province n'est pas le reflet d'un retour à la terre, mais l'expression d'un besoin fondamental: celui de la qualité de la vie. Voilà pourquoi nos amies et amis de province ne veulent pas «monter à Paris» et ont répondu ainsi à la question essentielle de notre sondage.

Si vous deviez déménager pour aller vivre ailleurs, préféreriez-vous habiter à Paris ou dans une grande ville de province?

UNE VILLE DE PROVINCE	**74** %
À PARIS	**8** %
SANS OPINION	**18** %

LES 12 VILLES QUE VOUS PRÉFÉREZ...

Les Françaises et les Français se sont prononcés sur la ville de province dans laquelle, aux mêmes conditions de travail et de revenus, ils voudraient habiter.

	FEMMES %	HOMMES %	ENSEMBLE %
1 AIX-EN-PROVENCE	22	21	24
2 MONTPELLIER	20	22	19
3 NICE	19	17	21
4 BIARRITZ	16	16	16
5 TOULOUSE	16	17	16
6 BORDEAUX	14	17	12
7 GRENOBLE	12	13	11
8 LA ROCHELLE	12	12	12
9 ANNECY	11	9	12
10 CARCASSONNE	11	11	11
11 TOULON	10	11	9
12 NANTES	8	7	8

☐ ENSEMBLE ☐ HOMMES ☐ FEMMES

Exercices de familiarisation ■■■■■■■■■■■■■■■■■■

A. **Compréhension du texte.** Answer the questions according to what you learned from the article and the survey.

1. What do the preferred cities in France have in common?
2. What basic need makes the French want to live in cities in the provinces rather than in Paris?

3. What would you imagine they're trying to escape that is peculiar to big cities?
4. Do the people in the provinces want to live in Paris? If yes, why? If no, where do they prefer to live?
5. What does the title of the article seem to indicate? Is this preference for the provinces something that has always existed or is this a relatively recent phenomenon?

B. **Le sondage des villes préférées.** Look at the survey about the twelve preferred French cities and answer the questions.

1. Check your map of France. Where is each city located?
2. What do the locations of the cities indicate about French preferences? (For example, do they prefer cooler climates to warmer climates, do they prefer the mountains to the ocean, and so forth?)
3. According to the cities' locations, which region of France do the French seem to prefer? Why do you think that's the case?
4. Why do you think the French didn't show any preference for some of the largest cities of the provinces, such as Lyon and Marseille?

C. **L'histoire d'un crime.** Read the following account of the bank holdup the witnesses described in an earlier exercise. As you read, change the present tense into either the imperfect or the **passé composé** according to the context.

Il y *a* deux hommes et une femme dans la banque. Ils *arrivent* vers 14h. Moi, je *suis* au guichet. Un des hommes *est* très grand; il *a* les cheveux noirs; il *a* une barbe; il *est* très mince. Il *parle* très fort et il *a* l'air impatient. Il *a* un pistolet.

L'autre homme n'*est* pas grand. Il *est* gros et il *a* une moustache. Il *porte* un T-shirt avec «Malibu» inscrit sur le dos. Il *demande* aux clients de lui donner leur porte-feuilles. Il *prend* aussi nos montres.

La femme *est* grande. Elle *a* les cheveux blonds. Elle *porte* un blue-jean et un T-shirt rouge. Elle *a* un sac à dos. Elle *met* nos affaires dans un sac à dos vert. Ensuite elle *sort* de la banque. Elle *est* le chauffeur de la voiture.

La voiture *est* une Citroën. Elle *est* grise et elle *est* assez neuve.

Il y *a* beaucoup de clients dans la banque. Nous *sommes* très nerveux. Nous *avons* peur.

Les employés de la banque *sont* très courageux. Ils *sont* calmes. Une employée *sonne* l'alarme et les hommes *quittent* la banque très vite. Heureusement, la police *arrive* quelques minutes plus tard. Mais les voleurs *(robbers)* ne *sont* plus là.

STRUCTURE

*The imperfect and the **passé composé:** summary*

The following table outlines the various uses of the **passé composé** and the imperfect. As you study it, keep in mind the following basic principles:

1. Both the **passé composé** and the imperfect are past tenses.
2. Most French verbs can be put into either tense, depending on the context in which they appear.
3. As a general rule, the **passé composé** moves a story's action forward in time:
   Je me suis levée, j'ai pris une tasse de café et j'ai quitté la maison.
4. As a general rule, the imperfect tends to be more descriptive and static:
   Il faisait beau, les enfants jouaient dans le parc pendant que je faisais tranquillement du tricot sur un banc.

Imperfect	Passé composé
Description **Elle était** très fatiguée.	
Habitual action **Ils parlaient** français tous les jours.	*Single occurrence* Ce matin **je me suis préparé** un bon petit déjeuner.
Indefinite period of time Quand **j'étais** jeune, **j'avais** un chien. **Il faisait** très beau.	*Definite period of time* En 1986, **j'ai passé** deux mois au Portugal. Hier, **il a fait** très beau.
Action repeated an unspecified number of times **Nous allions** souvent au parc.	*Action repeated a specified number of times* **Nous sommes allés** au parc dimanche dernier.

Application ■■■■■■■■■■■■■■■■■■■■■■■■■■■■

D. **Une mauvaise journée.** Based on the drawings and the cues, tell the story of Catherine's day. Use the imperfect or the **passé composé** according to the context.

> MODÈLE: se réveiller
> *Catherine s'est réveillée à 7h.*

Se réveiller à 7h
rester au lit

Se lever   *ne pas aller bien ensemble*
être fatiguée
s'habiller

quitter la maison
pleuvoir
se dépêcher pour aller au lycée

attendre
monter dans

ne pas y avoir de place

entrer dans
être en retard
attendre

recevoir une mauvaise note
être malheureuse

retourner chez elle
se coucher

E. **Hier. . .** Now tell the story of your day yesterday. Use appropriate verbs from the following list or any other verbs you've learned. Use the imperfect or the **passé composé** according to the context.

se réveiller	être content(e)	être en retard
se lever	être malheureux(-se)	être fatigué(e)
avoir faim	se disputer	avoir beaucoup de travail
préparer	sortir	
arriver	rencontrer	manger
aller	avoir soif	faire du sport
faire beau, etc.	être en avance	se coucher
s'habiller	être à l'heure	parler avec

Lecture: *Le peuple français*

LE PEUPLE FRANÇAIS

Au cours des âges, la France, sous forme de conquête, d'invasion ou d'infiltration, a dû assimiler des groupes ethniques très divers : aussi ne saurait-on parler de race française, mais de peuple français.

★ Pour les ethnologues, [la France] se présente comme une synthèse de l'Europe.

E. PITTARD.

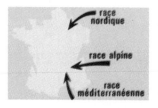

Les races primitives

Aux temps préhistoriques se sont installées tour à tour les trois races primitives de l'Europe :
- à la fin du paléolithique, des représentants de la **race méditerranéenne,** dolichocéphales, nomades et chasseurs;
- puis des représentants de la **race nordique,** grands et blonds;
- à l'âge néolithique, vers — 4000, des brachycéphales, agriculteurs, de **race alpine.**

Ceux-ci, peu à peu mélangés aux autres, formeront le substrat de la population sous le nom de **Celtes.**

Le creuset

L'histoire de la France est marquée par un certain nombre d'invasions le plus souvent brutales qui, sans modifier profondément cette structure de base, en accentueront encore la richesse et la complexité. Ce sont tour à tour :
- les **Romains** au Ier s. av. J.-C.;
- les **Germains** dès le Ve s.;
- les **Normands,** peuple d'origine scandinave, au Xe s.

Soulignons aussi l'existence, dans certaines régions excentriques, de populations d'un caractère ethnique nettement particulier : Bretons, Alsaciens, Flamands, Basques, Catalans.

Enfin, à toutes les époques, la France a attiré de nombreux étrangers qui souvent s'y sont installés définitivement : Espagnols et Italiens aux XVIe et XVIIe siècles, Polonais au XVIIIe, Russes au XIXe. Depuis un siècle, elle connaît aussi une immigration de réfugiés et de travailleurs étrangers. L'évolution récente est caractérisée par l'importance de l'immigration de travailleurs italiens, espagnols et surtout portugais et nord-africains (voir pp. 315 et 317).

La population française est un tout complexe et vivant, riche de ses contrastes et de ses tensions intérieures.

16

Exercices de compréhension ■■■■■■■■■■■■■■

F. **Ce que j'ai appris sur les origines des Français.** Answer the questions according to what you learned from the **Lecture.**

1. Why is it important to talk about the French "peoples" rather than the French "race"?
2. Why would ethnographers (anthropologists who describe specific cultures) be interested in studying France?
3. Which three races established themselves during the prehistoric period in what is now known as France?
4. What is the name given to the mixture of these three races?
5. Which three peoples invaded France starting in the first century B.C.?
6. What other peoples have come into France since the sixteenth century?

DÉBROUILLONS-NOUS !

G. **Un voyage intéressant.** Tell a classmate about the last trip you took. Where did you go, what did you see and do, what was the weather like, etc.? Remember to use the **passé composé** and the imperfect correctly.

Lexique

Pour se débrouiller

*Pour faire une description dans le passé, employez
l'imparfait des verbes suivants:*

être
avoir
faire
sembler
avoir l'air
se sentir

Pour faire avancer une histoire, employez
le **passé composé.**

Thèmes et contextes

Les pays

l'Allemagne *(f.)*	la France
la Belgique	l'Italie *(f.)*
le Brésil	le Japon
le Canada	le Luxembourg
la Chine	le Portugal
l'Espagne *(f.)*	

Vocabulaire général

Noms

un chauffeur	une nouvelle
une chemise	l'ouest *(m.)*
un département	la paix
l'est *(m.)*	un pistolet
une flèche	le pouvoir
un fleuve	une rivière
une frontière	une robe
la géographie	un roi
la guerre	le sud
une horloge	un témoin
les impôts *(m.pl.)*	un(e) voisin(e)
le nord	un(e) voleur(-se)

Verbe

partager
sonner

Adjectifs

alsacien(ne)
auvergnat(e)
bourguignon(ne)
breton(ne)
franc-comtois(e)
lorrain(e)
normand(e)
provençal(e)

Adverbe

malheureusement

Autre expression

pas encore

Chapitre quatorze

Une province ensoleillée – la Provence

Avec ses 121 327 habitants, Aix-en-Provence continue à être une des villes les plus importants du midi. C'est une ville universitaire qui a une longue tradition intellectuelle et artistique.

Première étape

Point de départ:

Excursions en Provence

■■■■■■■■■■■■■■■■■■■■■■■■■■■■■■■■■■■■■

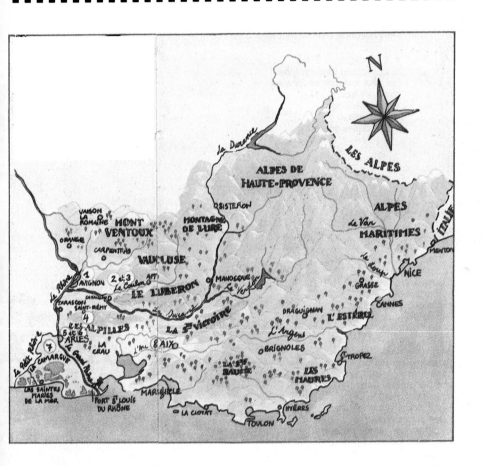

La Provence, c'est ce grand morceau de terre qui s'étend entre le Rhône, les Alpes et la mer. Son nom vient du mot latin **provincia** (province) qui désignait autrefois le premier territoire conquis en Gaule par les Romains.

Regarde notre carte. D'un seul coup d'œil, tu vois déjà les grandes vallées fertiles où coulent le Rhône et son affluent la Durance, le triangle salé de la Camargue, les toutes petites chaînes de montagnes qui ont poussé un peu partout, avec leurs villages perchés, les villes, plus ou moins grandes, et, tout en bas, les plages découpées par les rochers.

Nîmes: Arènes
*L' arènes amphithéâtre romain le mieux conservé
du monde.*

Arles: Arènes
*Arles est une ville fondée par les Grecs et conquise
ensuite par les Romains sous Jules César.*

Pont du Gard
*Prestigieux aqueduc romain du 1er siècle avant
J.-Christ.*

La Camargue
*Située dans le delta du Rhône, la Camargue est
connue pour ses rizières, son élevage de taureaux
et de chevaux.*

Exercices de familiarisation ■■■■■■■■■■■■■■

A. **Visitons la Provence.** Look at the map of Provence on p. 359 and name
    some of the towns you'll go through to get from one place to another. Fol-
    low the model.

    MODÈLE: Marseille—Hyères
               Pour aller à Hyères, je vais passer par la Ciotat et Toulon.

    1. St. Tropez—Nice   4. Arles—Avignon
    2. Port St. Louis—Tarascon   5. Toulon—Cannes
    3. Brignoles—Grasse

B. **Des excursions en autocar.** Look at the schedule of excursions that
    originate in Avignon on p. 361. Answer the questions according to what
    you see on the schedule. Also use some of the information provided in the
    Point de départ.

CARS LIEUTAUD

Nº du Tour	EXCURSIONS Avec conférencier: + 20 F Sauf tours 6 et 7 du 1/7 au 30/9.	Heures	Jours	PRIX
1	LA PROVENCE ROMAINE	13h30 18h30	LUNDI	70 F
2	MARCHE DE PROVENCE	9h 19h	MARDI	85 F
3	LA CAMARGUE SAUVAGE	9h 19h	MERCREDI	95 F
4	LE COEUR DE LA PROVENCE	9h 19h	JEUDI	85 F
5	LA PROVENCE INSOLITE	9h 19h	SAMEDI	95 F
6*	PONT DU GARD	14h 18h30	VENDREDI	66 F
7*	STES MARIES DE LA MER	8h30 19h	DIMANCHE	95 F

MODÈLE: Je voudrais voir la Provence romaine. À quelle heure part l'autocar?
L'autocar part à 13h30 et à 18h30.

1. Je voudrais faire une excursion en Camargue. Quel jour est-ce qu'on part? À quelle heure? Combien coûte cette excursion?
2. Je voudrais voir le Pont du Gard. Quel jour est-ce qu'on part? A quelle heure est-ce que je peux partir? Quel est le prix de cette excursion? Pourquoi est-ce que le Pont du Gard est intéressant?
3. Moi, je voudrais voir toute la Provence romaine. Est-ce que je peux partir mercredi? À quelle heure part l'autocar? Quel est le prix de cette excursion? Quelles arènes est-ce que je vais probablement visiter?
4. Je voudrais visiter Les Saintes Maries-de-la-Mer. Quel jour est-ce qu'on part? À quelle heure part l'autocar? Combien coûte cette excursion?

REPRISE

C. **Nos vacances en Provence.** Put the following sentences into the past. Be careful to use the imperfect and the **passé composé** correctly.

1. Nous passons nos vacances en Provence. (Begin with **L'année dernière, . . .**)
2. Notre voyage commence à Marseille, où nous visitons la Canebière, l'avenue la plus célèbre de la ville. Il fait beau et les Marseillais se promènent sur le grand boulevard.
3. Après Marseille nous faisons un séjour en Camargue. Les chevaux et leurs gardians sont très impressionnants, mais il fait très chaud.
4. Ensuite nous arrivons à Arles. À l'Église St-Trophime nous admirons les sculptures et les scènes de la Bible. Un guide nous raconte aussi l'histoire de la ville. Arles est d'abord une ville grecque et ensuite romaine.
5. Finalement, nous nous arrêtons à Salon-de-Provence, où nous visitons le musée militaire. Le guide est très gentil et il a l'air très enthousiaste.
6. C'est un voyage très intéressant et nous apprenons beaucoup.

HÔTEL D'ARLATAN
★ ★ ★

Ancien hôtel particulier
des Comtes d'Arlatan de Beaumont
R. et C. Desjardin, propriétaires-directeurs
26, rue du Sauvage
(près de la Place du Forum)

13631 ARLES

Tél. 90.93.56.66 (lignes groupées)
Télex ARLATAN 441-203 F

STRUCTURE

The irregular verb *voir*

Tu vas voir Mireille à l'école?	*Are you going to see* Mireille at school?
Non, pas aujourd'hui. **Je l'ai vue** hier.	No, not today. *I saw* her yesterday.
Bon. Mais si **tu la vois,** dis-lui que je la cherche.	OK. But if *you see* her, tell her that I'm looking for her.
D'accord. Dis, tu vas chez Paul ce soir?	OK. Say, are you going to Paul's house tonight?
Je ne sais pas. **On verra.**	I don't know. *We'll see.*

The irregular verb **voir** is conjugated in the following way:

voir	
je **vois**	nous **voyons**
tu **vois**	vous **voyez**
il, elle, on **voit**	ils, elles **voient**
Past participle: **vu** (avoir)	Imperfect stem: **voy-**

Remember that **voir** means *to see,* while **regarder** means *to look at, to watch.* Also note that **On verra** is a good way to avoid giving a definite answer if someone asks you to do something. **Voyons. . .** is useful when you're trying to give yourself time to think about what to say next:

Vous désirez, Madame?	What would you like, Madam?
Voyons. . . Je vais prendre un Perrier et un sandwich.	*Let's see. . . .* I'll have a Perrier and a sandwich.

Application ■■■■■■■■■■■■■■■■■■■■■■■■■■■■

D. Replace the word in italics and make the necessary changes.

1. Qu'est-ce que *tu* vois? (vous / il / elles / elle / tu)
2. *J'*ai vu Monique au cinéma. (nous / elle / ils / on / vous / tu)
3. Autrefois, *je* les voyais souvent. (elle / nous / ils / on / tu)
4. *On* le voit demain? (nous / tu / elle / ils / vous / je)

E. **Paris.** Use the drawings to explain what different people saw, see, and
will see during their stay in Paris. Use **voir** in the appropriate tense.

MODÈLE:
hier/nous
Hier, nous avons vu l'obélisque de Louksor.

hier

1. je

2. elles

3. il

Maintenant nous sommes sur la Tour Eiffel

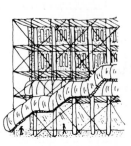

4. nous

5. vous

6. on

Demain

7. nous   8. je   9. ils

F. **Questionnaire.** Use French to find out the following information from a classmate. Write down his/her answers and then tell the whole class what you discovered. Ask . . .

1. if he/she has seen a film recently. Which film?
2. if he/she often sees his/her grandparents. When?
3. if he/she often sees his/her friends. When?
4. if he/she took a trip recently. What did he/she see?

Lecture: *"Aimer la Provence"*

Provence de toujours! Il ne faut pas oublier que la Provence **tire** son nom du mot **"Provincia"**, la province colonisée, à partir du deuxième siècle avant notre **ère**, par les Romains, **tandis que** les Grecs s'étaient eux-mêmes fixés à Marseille dès 600 avant Jésus-Christ. Tant de villes ou villages sont encore des musées **vivants!** Il n'est pas nécessaire d'ouvrir un livre d'histoire pour comprendre l'importance et la **durée** de la présence romaine, ou l'**enracinement** de la **foi** religieuse. Partout les pierres **en témoignent:** à Glanum, à Orange comme à l'abbaye de Montmajour ou dans le **cloître** Saint-Trophime à Arles. *(takes / era / while / living / duration / taking root / faith / are witnesses to it / cloister)*

La culture régionale **s'exprime** aussi par le *provençal* qui est un dialecte de la langue d'oc (ou occitan). Ayant reculé devant la langue d'oïl parlée au nord de la France, **à mesure que** le domaine royal progressait, elle a connu une renaissance au dix-neuvième siècle **grâce à** l'**œuvre** de Frédéric Mistral. Mais aujourd'hui, malgré l'effort de certains, le provençal reste plus une langue de culture qu'un moyen d'expression vivant pour le peuple provençal tout entier. *(expresses itself / as / thanks to the work (of literature))*

Il est également bien plaisant de retrouver dans la vie **quotidienne** les multiples traditions locales, même si elles ont souvent perdu leur authenticité. Dans la tradition culinaire subsistent les spécialités de la région comme la **bouillabaisse,** le veau à la provençale, la soupe de poissons et l'**aïoli.** Les jeux *(daily / fish soup with clear broth / garlic mayonnaise)*

game in which players throw heavy balls toward a small wooden ball; the team that comes closest to the wooden ball wins the game

discovery

flash

traditionnels sont bien vivants aussi. On joue à la **pétanque** partout en Provence.

Et pourquoi, de retour chez soi, ne pas continuer la **découverte** de cette région qui, tout en se modernisant, cherche à conserver son équilibre et sa culture? Regardez pour cela les peintures de Cézanne, de Van Gogh ou de Picasso qui ont fixé certains paysages provençaux. Bien sûr, le voyage peut continuer aussi par la lecture des œuvres d'Alphonse Daudet, de Marcel Pagnol, d'Henri Bosco, de Jean Giono, de René Char, de Marie Mauron et de Frédéric Mistral, auteur d'une belle définition de la Provence: «Un **éclair** de beauté sur la mer de l'histoire».

Exercice de compréhension ■■■■■■■■■■■■■■■■

G. Answer the questions according to what you learned in the **Lecture**.

1. Where does the word **Provence** come from?
2. When did the Greeks arrive in what is now France?
3. Which city was built by the Greeks?
4. When did the Romans arrive?
5. What dialect is particular to the region?
6. Is this dialect widely spoken or is it primarily a part of the cultural tradition?
7. In what language did Frédéric Mistral write?
8. What are some local traditions that have survived to our time?
9. Which painters were particularly fond of the Provençal landscape?
10. Who are some of the authors whose works reflect the culture of Provence?
11. What does Mistral's definition of Provence mean in English?

DÉBROUILLONS-NOUS !

H. **Notre itinéraire en Provence.** You and your group are planning a trip to Provence. Look at the map on p. 359 and decide where you want to go, what you want to see (according to what you've learned about the region), and how long you're going to stay in each place. Begin your conversation with **Allons d'abord à...** Each group member will make suggestions, and the others may agree (**d'accord; oui, pourquoi pas?; tu as raison,** etc.) or disagree (**moi, je préfère...; non, je ne veux pas aller...,** etc.).

Deuxième étape

Point de départ:

À bord d'un bateau-restaurant

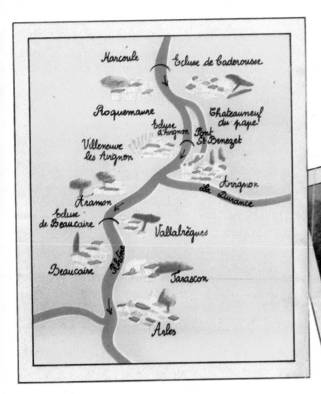

Bienvenue à bord!

Le pont d'Avignon

collapsed
Middle Ages / that one

Devant toi, ce pont à moitié **écroulé** est le fameux pont d'Avignon. Il date du XIIe siècle. Au **Moyen Âge,** il n'y avait que 3 autres ponts comme **celui-là** sur le Rhône, entre Lyon et la mer, c'est-à-dire sur plus de 300 km.

shepherd boy / according to
heard / voice / angel / build

On l'appelle le pont Saint-Bénézet, du nom du petit **berger** qui, **d'après** la légende, **entendit** un jour la **voix** d'un **ange** lui ordonner d'aller **bâtir** un grand pont sur le Rhône (en 1177).

it took

Il fallut onze ans pour construire ses 22 arches.

Beaucaire

came / fair

Beaucaire, c'est une petite ville près de Tarascon, au nord d'Arles. Du monde entier, les marchands **venaient** à la **foire** de Beaucaire pour faire des affaires. Les habitants décoraient les maisons, les rues. Chaque rue était réservée à un commerce particulier: la rue du Beaujolais pour les vins, la rue des Marseillais

oils / Wool / Lace

pour les **huiles** et les savons, la rue de la **Laine,** la rue des **Dentelles,** la rue des Armes. Il y avait une rue pour tout. Comme Beaucaire est construit au bord du Rhône, il y avait aussi beaucoup de bateaux. Sur les quais et dans les

arrived

bateaux, on trouvait les marchandises **venues** d'autres pays comme le café, le sucre, le cacao.

Tarascon

Tu sais qu'au XVᵉ siècle, Tarascon et toute la Provence ne faisaient pas encore
partie du royaume de France. Le Rhône était alors une vraie frontière, gardée
par cet impressionnant château fort. Protégé par ses immenses **fossés**, le   moats
château **surveillait** ainsi Beaucaire, de l'autre côté du fleuve.   overlooked

Arles

En 46 avant Jésus-Christ, Jules César qui **venait de conquérir** le sud de la   had just conquered
Gaule décida d'y fonder une nouvelle cité romaine pour y installer ses vieux
soldats. Il choisit un village sur une colline, au bord du Rhône: Arélate. En
gaulois: «la ville **au milieu des marais**».   in the middle of the marshes

Exercice de familiarisation ■■■■■■■■■■■■■■

A. **Une excursion à bord d'un bateau-restaurant.** You and your class are going on the boat excursion described in the **Point de départ.** Because you and your teacher made all the arrangements, you know the most about it. Use your knowledge to answer your classmates' questions.

1. Où commence notre excursion?
2. Est-ce qu'on peut manger quelque chose sur ce bateau?
3. Dans quelles villes est-ce que nous allons nous arrêter?
4. Qu'est-ce qu'on peut voir à Tarascon?
5. Quelle est la légende du pont d'Avignon?
6. Qu'est-ce qu'il y a à Beaucaire? Qu'est-ce que nous pouvons y faire?
7. Quelle est l'histoire de la ville d'Arles? Que veut dire le mot **Arles** en gaulois?
8. Comment s'appelle le bateau que nous allons prendre?

B. **Ce que nous voyons.** Use the pronouns **je** and **nous** with the present tense and the **passé composé** to describe what you see and have seen in the following situations.

MODÈLE: de la fenêtre de notre salle de classe
           Nous voyons des arbres, un bâtiment et un parking. Hier, j'ai vu un homme qui promenait son chien. Etc.

1. de la fenêtre de notre salle de classe
2. de la porte principale de notre école
3. de la fenêtre de ma chambre
4. dans le centre commercial
5. au cinéma
6. à notre école
7. en ville
8. chez ma grand-mère

STRUCTURE

The object pronouns **me, te, nous,** *and* **vous**

Tu **me** comprends?	Do you understand *me?*
Non, je ne **te** comprends pas.	No, I don't understand *you.*
Ils **vous** parlent de leur voyage?	Are they talking *to you* about their trip?
Oui, ils **nous** parlent de leur voyage.	Yes, they're talking *to us* about their trip.

Me, te, nous, and **vous** are the first- and second-person object pronouns. They replace *both* direct- and indirect-object nouns *(me, to me; you, to you; us, to us)*. All the rules for direct-object pronouns that you learned earlier apply to **me, te, nous,** and **vous.** Remember that in the present tense, object pronouns come *before* the verb.

Helpful hint: In spoken French, certain patterns help you determine the appropriate subject and object pronouns to use. This is particularly true in question-answer situations. Two of the most common patterns are shown in the following tables. If you become accustomed to these patterns, your responses will be more natural and automatic when someone addresses you directly.

	Question	Answer
1.	**vous / me (m')** **Vous me** voyez?	**je / vous** Oui, **je vous** vois.
2.	**tu / me (m')** **Tu me** cherches?	**je / te (t')** Oui, **je te** cherche.

Application ■■■■■■■■■■■■■■■■■■■■■■■■■■■■■■

C. **Entre amis.** Use the cues in parentheses to answer your friends' questions. First, it's your friend Marcel who is speaking to you.

MODÈLE: Tu me téléphones? (oui / dans une heure)
Oui, je te téléphone dans une heure.

1. Tu me cherches depuis longtemps? (oui / une demi-heure)
2. Tu m'aimes bien? (oui)
3. Tu m'écoutes? (oui / toujours)
4. Tu me comprends? (non)
5. Tu m'invites? (oui / pour demain soir)
6. Tu m'accompagnes? (non)

Now it's your friends Claire and Henri who are speaking to you.

MODÈLE: Tu nous cherches depuis longtemps? (oui / des heures)
Oui, je vous cherche depuis des heures.

7. Tu nous invites? (oui / pour samedi soir)
8. Tu nous comprends? (non)

9. Tu nous téléphones? (oui / demain)
10. Tu nous accompagnes? (oui / jusqu'à la boulangerie)
11. Tu nous aimes bien? (oui)
12. Tu nous parles? (non)

NOTE GRAMMATICALE

*Object pronouns used with the **passé composé***

Elle **t'**a raconté une histoire?	Did she tell *you* a story?
Oui, elle **m'**a raconté une histoire très drôle.	Yes, she told *me* a very funny story.
Ils **vous** ont accompagnés?	Did they go with *you*?
Non, ils ne **nous** ont pas accompagnés.	No, they didn't go with *us*.

When using the pronouns **me, te, nous,** and **vous** with the **passé composé,** it's important to remember the following:

1. The pronoun goes before the helping verb.
2. If the pronoun replaces a direct object, the past participle of the verb must agree in gender and number with the pronoun.

Object pronouns used with the immediate future

Tu vas **me** téléphoner?	Are you going to call *me*?
Oui, je vais **te** téléphoner.	Yes, I'm going to call *you*.
Ils vont **nous** accompagner?	Are they going to go with *us*?
Non, il ne vont pas **vous** accompagner.	No, they're not going to go with *you*.

When **me, te, nous,** and **vous** are used with the immediate future, they are placed before the main verb.

D. **Encore des questions!** Your friends continue to ask you questions. Answer them using the cues in parentheses and an appropriate pronoun with the **passé composé.**

MODÈLE: Tu m'as vu(e)? (oui / au centre commercial)
Oui, je t'ai vu au centre commercial.

1. Tu m'as cherché(e)? (non)
2. Tu m'as téléphoné(e)? (non)
3. Tu m'as donné(e) la clé? (oui / hier)
4. Tu m'as préparé(e) un bon dîner? (oui)
5. Tu m'as acheté(e) quelque chose? (oui / une belle chemise)
6. Tu m'as compris(e)? (oui)
7. Tu m'as vu(e)? (oui / à la station de métro)

MODÈLE: Tu nous as cherchés? (oui / pendant un quart d'heure)
Oui, je vous ai cherchés pendant un quart d'heure.

8. Tu nous as acheté quelque chose? (oui / un livre sur la Provence)
9. Tu nous as vus? (oui / devant la bibliothèque)
10. Tu nous as compris? (non)
11. Tu nous as laissé les valises? (oui / dans la chambre)
12. Tu nous as fait un sandwich? (oui / un sandwich au jambon)
13. Tu nous as apporté du pain? (oui / un pain de campagne)
14. Tu nous as parlé? (non)

E. **Qu'est-ce que vous allez faire?** Use the cues to say what you're going to do.

MODÈLE: je / te / accompagner
Je vais t'accompagner.

1. ils / vous / téléphoner
2. nous / te / acheter un cadeau
3. elle / vous / apporter des bonbons
4. je / vous / amener au parc
5. elles / te / parler
6. nous / vous / aider
7. il / te / écouter

NOTE GRAMMATICALE

Object pronouns used with the imperative

Donne-**moi** ton adresse!   Give *me* your address!
Ne **nous** parlez pas!   Don't talk *to us!*

When **me, te, nous,** and **vous** are used in commands, they are placed after the verb in the affirmative (connected with a hyphen) and before the verb in the negative. Note that in an affirmative command **me** becomes **moi.**

F. **On change d'avis.** *(We change our minds.)* When one of your friends announces that he/she is going to do something for you, you first accept and then you change your mind. Use both an affirmative command and a negative command in your answer.

MODÈLE: Je vais te téléphoner.
              Oui, téléphone-moi. Non, ne me téléphone pas.

1. Je vais t'acheter un cadeau.
2. Je vais t'embrasser.
3. Je vais t'accompagner à la gare.
4. Je vais te prêter la voiture.
5. Je vais te donner un gâteau d'anniversaire.

MODÈLE: Je vais vous acheter un pull-over.
              Oui, achète-nous un pull-over. Non, ne nous achète pas de
              pull-over.

6. Je vais vous apporter du chocolat.
7. Je vais vous téléphoner.
8. Je vais vous aider.
9. Je vais vous donner les clés.
10. Je vais vous chercher.

G. **Échange.** Ask your classmate the following questions. He/she will answer you.

1. Est-ce que tu m'écoutes?
2. Qu'est-ce qui te fait peur?
3. Qu'est-ce que tes amis te donnent pour ton anniversaire?
4. Qu'est-ce que tu me donnes pour mon anniversaire?
5. Qu'est-ce que ta famille t'achète au début de l'année scolaire?
6. Qui est-ce qui t'aide avec tes devoirs?
7. Qu'est-ce que le professeur te dit quand tu arrives en retard?
8. Qu'est-ce que le médecin te demande quand tu as une grippe?

Lecture: *La Côte d'Azur*

Elle est comprise entre Toulon et Menton.   it is located

C'est une région de tourisme. La **lumière** est très pure, la mer y est belle   light
et chaude, le ciel y est bleu, le climat doux, même l'hiver.

Les montagnes **se dressent** juste **en bordure** de mer: le massif des   rise / to the edge
Maures, le massif de l'Estérel, puis, entre Nice et Menton, les Alpes. Ces
montagnes protègent la Côte d'Azur des vents froids **venus** du Nord.   arriving

On y cultive surtout les fleurs: le mimosa, les **œillets,** les roses, etc. . . .   carnations
qui sont expédiées dans le monde entier.

À Grasse, il y a plus de 30 distilleries où, avec les fleurs, on fabrique des
parfums.

Exercice de compréhension ■■■■■■■■■■■■■■■■■

H. **Vrai/faux.** Decide if the following statements about the Riviera are true or false. If a statement is false, correct it.

1. La Côte d'Azur est située entre Marseille et Cannes.
2. Il y a beaucoup de touristes qui visitent cette région chaque année.
3. Le climat de la Côte d'Azur est idéal pour les gens qui aiment le froid.
4. La Côte d'Azur a un climat presque tropical.
5. Il ne fait jamais très froid parce que la région est protégée par des montagnes.
6. En général, les vents très froids arrivent de la Méditerranée.
7. L'industrie principale de la région est le parfum.
8. Ce sont des parfums faits de produits chimiques.
9. Les fleurs sont expédiées partout dans le monde.

DÉBROUILLONS-NOUS !

I. **Mes diapositives.** *(My slides.)* You've just returned from a trip to Provence and have lots of slides to show your friends. Imagine the scene on each slide and tell your classmates what they're seeing. Use the city names and sites in this chapter as references for your descriptions.

MODÈLE: *Ici, vous voyez Jacques et moi devant le château fort de Tarascon. Le château est très ancien. Etc.*

Lexique

Pour se débrouiller

Pour hésiter et gagner du temps quand vous parlez

voyons
euh

eh bien
alors

Pour éviter de prendre une décision

On verra.
On va voir. (Je vais voir.)
Je ne sais pas.

Je ne suis pas sûr(e) encore.
Peut-être.

Vocabulaire général

Noms

un autocar
un bateau
un bateau-restaurant
un château
un château fort
une excursion
le parfum

Pronoms

me (m', moi)
te (t')
nous
vous

Verbe

voir

Chapitre quinze

Le pays des châteaux – le val de Loire

Situé à 253 km à l'ouest de Paris, Chaumont est une jolie ville qui vaut bien une visite.

Première étape

Point de départ:
Les châteaux de la Loire

■ ■

La vallée de la Loire est une région pittoresque bien connue pour ses
magnifiques châteaux. Chaque année, des milliers de touristes viennent y ad-
mirer l'architecture de ces châteaux construits au XVe et au XVIe siècles. Le
château de Blois représente le style typique de cette époque.

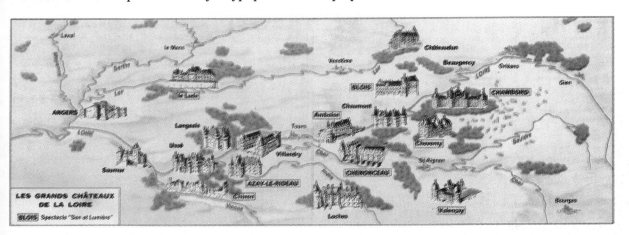

Le château de Blois offre un prestigieux résumé de l'architecture française du
XIIIe au XVIIe siècle. Forteresse médiévale des **comtes** de Blois, il **devint** à
partir de 1498 une residence royale, aimable **manoir** de brique et de pierre
construit par le roi Louis XII **dès son avènement.** François 1er, son
successeur, **éléva** à son tour une **aile** Renaissance, célèbre par son monumental escalier et sa façade de **loggias à l'italienne.** Gaston d'Orléans, frère du
roi Louis XIII, **fit édifier** de 1635 à 1638 un **chef-d'œuvre** d'un classicisme
sobre et majestueux.

counts / became
manor
as soon as he became king
raised / wing
italian façade
had built / masterpiece

Exercices de familiarisation ■■■■■■■■■■■■■■■■■

A. **Où se trouve. . .?** Situate each castle on the map on p. 379 and give a short explanation of its location.

MODÈLE: Chinon
Le château de Chinon se trouve sur la Vienne, très près d'Azay-le-Rideau.

1. le Lude
2. Angers
3. Villandry
4. Chambord

5. Blois
6. Valençay
7. Chenonceau

8. Amboise
9. Cheverny
10. Beaugency

B. **Le château de Blois.** Answer the questions according to the drawing and floor plan of the château on p. 379.

1. In what century was the first part of the castle built?
2. In what years was the chapel built?
3. Which four architectural periods are represented in this castle?
4. According to the floor plan, which part of the castle was destroyed during the seventeenth century? What replaced this part?
5. How many guards' rooms are there?
6. In what way were these guards' rooms strategically placed for protection?
7. What do you think took place in the **Salle du Conseil**?
8. Where, on the floor plan, is the chapel indicated? How do you know?

C. **Des petites conversations.** Use the cues to create sentences that follow a logical sequence. Use the pronouns **me, te, nous,** and **nous** whenever appropriate.

MODÈLE: je / connaître / rencontrer à la soirée chez les Lascaux / montrer une photo de votre maison en Corse
Je vous connais, n'est-ce pas? Je vous ai rencontré à la soirée chez les Lascaux? Vous m'avez montré une photo de votre maison en Corse.

1. je / connaître / voir chez les Gillot / parler de vos vacances en Égypte
2. je / voir pour la première fois au mois de novembre / inviter à sortir trois semaines après / demander de m'épouser
3. elle / téléphoner ce soir / voir demain matin / quitter à midi
4. je / reconnaître / voir dans mon école / être dans ma classe de chimie
5. nous / chercher depuis trois jours / vouloir inviter à une surprise-partie / espérer voir samedi soir

D. **Tu connais la Provence?** Friends of yours are curious about Provence. Answer their questions according to what you learned in the previous chapter.

MODÈLE: Tu connais la Provence?
Oui, je connais très bien la Provence.

1. Dans quelle partie de la France se trouve la Provence?
2. Quel temps fait-il en Provence?
3. Est-ce qu'il y a une région de Provence qui attire un grand nombre de touristes?
4. Où est la Camargue?
5. Qu'est-ce qu'il y a à Arles et à Nîmes?
6. Est-ce qu'il y a des artistes qui ont passé du temps en Provence?
7. Qu'est-ce qu'il faut manger quand on visite la Provence?
8. Comment s'appelle le pont qui, d'après une légende, a été construit par un petit berger?
9. Où se trouve Tarascon?
10. Dans quelle région de la Provence est-ce qu'on cultive surtout des fleurs? Qu'est-ce qu'on fait avec ces fleurs?

STRUCTURE

The irregular verb **venir**

Vous venez chez moi ce week-end?	*Are you coming* to my house this weekend?
Je ne peux pas. Je reste à la maison avec mon petit frère. Pourquoi **tu** ne **viens** pas chez moi?	I can't. I'm staying home with my little brother. Why don't *you come* to my house?

The irregular verb **venir** means *to come*. Its forms are as follows:

venir	
je **viens**	nous **venons**
tu **viens**	vous **venez**
il, elle, on **vient**	ils, elles **viennent**
Past participle: **venu** (être)	Imperfect stem: **ven-**

Application ■■■■■■■■■■■■■■■■■■■■■■■■■■■■■

E. **D'où venez-vous?** Use the cues in parentheses to answer the questions. Use **venir** in each answer.

MODÈLE: Elle est française? (Paris)
          Oui, elle vient de Paris.

1. Ils sont canadiens? (Montréal)
2. Vous êtes suisses? (Zurich)
3. Elle est belge? (Bruxelles)
4. Tu es sénégalais? (Dakar)
5. Elles sont marocaines? (Rabat)
6. Vous êtes français? (Tours)

—*Elle est belge?*
—*Ou, elle vient de Bruxelles.*

NOTE GRAMMATICALE

Verbs conjugated like venir

À quelle heure est-ce que **vous revenez?**	At what time *are you coming back?*
Je reviens vers 10h.	*I'm coming back* at about 10 o'clock.

Several verbs in French are conjugated like **venir**. In the **passé composé,** they're usually conjugated with the helping verb **être.** Among the most frequently used of these verbs are:

revenir	to return, to come back
devenir	to become
se souvenir de (+ noun)	to remember

F. Replace the word in italics and make the necessary changes.

1. *Il* revient demain. (je / nous / elles / on / tu / il / vous)
2. *Je* me souviens de Tarascon. (elle / nous / tu / ils / on / je)
3. *Elle* est devenue architecte? (tu / vous / ils / elle)
4. *Tu* reviens à la maison? (elle / ils / vous / tu)
5. *Vous* vous souvenez de mon frère? (ils / elle / tu / vous)

G. **Une réunion de famille.** Whenever your family has a reunion, your relatives always want to know what you, your brothers, sisters, and parents are doing. Use the cues to ask and answer personal questions. A classmate will play the role of a nosy relative and you will make up appropriate responses.

MODÈLE: tu / revenir à la maison avant minuit
—*Est-ce que tu reviens à la maison avant minuit?*
—*Oui, je reviens toujours avant minuit.*

1. vous / se souvenir de votre cousin
2. qu'est-ce que / tu / vouloir devenir un jour
3. il / venir chez nous à Noël
4. quand / elles / revenir de France
5. elle / se souvenir de cet accident
6. vous / devenir moins paresseux
7. ils / devenir plus indépendants

Lecture: *Trois châteaux—Chinon, Chenonceaux, Cheverny*

Chinon

surrounded

walls / life
at the time of
built / spur

court
because it was not maintained

Au centre d'une région vinicole réputée, Chinon est **entourée** du fertile pays de Véron et de la belle forêt de Chinon; pour le touriste, elle est restée une ville du Moyen Âge, dominée par les **murs** ruinés de son château, qui reprend **vie** chaque année **lors du** marché médiéval.

Bâti sur un **éperon** du plateau de Chinon qui avance vers la Vienne, cette vaste forteresse (400 m sur 70 m) date pour l'essentiel de l'époque d'Henri II Plantagenêt (12e siècle). Abandonné par la **cour** après le 15e siècle, le château tomba peu à peu en ruines **faute d'entretien,** et ne présente plus au visiteur qu'un squelette pourtant impressionnant.

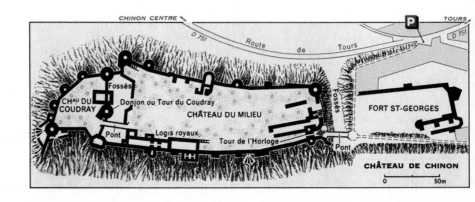

Le fort St-Georges. À l'Est, aujourd'hui démantelé, il protégeait le côté vulnérable du château, accessible par le plateau.

Le château du Milieu. On pénètre dans le château du Milieu par la haute tour de l'horloge.

Le fort du Coudray. Le fort du Coudray occupe la pointe de l'éperon. Le donjon a été construit au début du 13ᵉ siècle.

Chenonceaux

Le merveilleux château de Chenonceaux **enjambe** le Cher dans un **cadre** naturel où **se dosent** harmonieusement les eaux, la verdure, les jardins et les **frondaisons**. Ses **bâtiments** ajoutent au pittoresque de leur situation l'élégance de leur architecture et de leur décoration; ils **abritent** en outre un magnifique **mobilier** qui réjouira les amateurs d'art les plus délicats.

spans / setting
complement
foliage / buildings
house
furniture

Le château **actuel** a été construit de 1513 à 1521. Son style reflète **à la fois** l'architecture du château fort médiéval et le style plus **raffiné** de la Renaissance.

present day / at the same time
refined

Le Musée de Cires. Dans le bâtiment des Dômes, 15 scenes évoquent la vie du château et les personnalités qui l'ont **fréquenté**.

visited

Le Jardin de Diane de Poitiers et le Jardin de Catherine de Médicis. Ces jardins offrent des vues très pittoresques sur le château.

Cheverny

raises at the edge
slate roofs / all at once
as much as . . . as

splendid
gilding / multicolored paneling

Cheverny **dresse à l'orée** de la Sologne sa façade classique de pierre blanche aux **toits d'ardoises.** Bâti **d'un seul jet,** de 1604 à 1634, par le comte Henri Hurault de Cheverny, le château présente une rare unité de style, **tant** dans son architecture **que** dans sa décoration. L'ordonnance symétrique et l'harmonieuse majesté de la façade sont caractéristiques de son époque, tandis que la visite intérieure révèle un **éblouissant** décor où rivalisent sculptures, **dorures,** marbres, **lambris polychromes** et riche mobilier.

Exercices de compréhension ■■■■■■■■■■■■■■■

H. C'est quel château? Your friends are helping you prepare for a French quiz about the castles of Chinon, Chenonceaux, and Cheverny. When your friends describe key characteristics, you name the castle.

MODÈLE: A large part of this castle has fallen into ruin.
                 Chinon

1. The style of this castle is classical in that it is very symmetrical.
2. This castle is built over a river.
3. This castle used to be a medieval fortress.
4. This castle combines both the medieval and the Renaissance styles.
5. This castle was built in the twelfth century.
6. In these two castles you can see beautiful furniture dating from when the castles were built.
7. This castle is made up of two fortresses on each end with a tower in the middle.
8. This castle was clearly *not* built for protection.

I. **Devinons!** *(Let's guess!)* Identify the style of each of the following castles: *medieval fortress,* *Renaissance style,* or *Classical style.*

1.   2.   3.

4.   5.

DÉBROUILLONS-NOUS!

J. **Échange.** Use French to find out the following information from a classmate. Ask . . .

1. at what time he/she comes back home when going out in the evening.
2. how often his/her grandparents come to his/her house.
3. what he/she is going to become one day (profession).
4. if he/she remembers the castles you studied in this chapter.
5. if he/she came to school ahead of time this morning.
6. if he/she remembers to do the homework every night.

Deuxième étape

Point de départ:

Le château de Chambord

■■■■■■■■■■■■■■■■■■■■■■■■■■■■

Chambord est avec ses 128 m de façade, ses 440 pièces et ses 365 cheminées le plus vaste des châteaux de la Loire. On attribue volontiers sa structure d'inspiration italienne à Léonard de Vinci qui travaillait **auprès** du **roi-bâtisseur** depuis plusieurs années.

with
king (who built it)

La visite des appartements, **tapissés** et meublés, permet de découvrir les personnages qui ont marqué le château de leur séjour: Henri II **fit** terminer la chapelle; Gaston d'Orléans, frère de Louis XIII, **entreprit** la première restauration; Louis XIV **ordonna** à Molière et à Lulli la création, en ce cadre grandiose, du *Bourgeois Gentilhomme* et créa un appartement **d'apparat** au centre de la façade principale; Stanislas Leczinski, roi de Pologne, y **vécut** son exil; le maréchal de Saxe y donna des fêtes superbes; enfin le comte de Chambord y signa son refus au **trône** de France.

filled with tapestries
had
undertook
commanded
ceremonial
lived

throne

Le domaine de Chambord est aujourd'hui une réserve **cynégétique** de 5 342 **hectares** où des observatoires sont **aménagés** afin de permettre au public d'observer **cervidés** et **sangliers** dans leur milieu naturel.

hunting
1 hectare = 2.47 acres /
    outfitted / deer family /
    wild boars

Exercice de familiarisation ■■■■■■■■■■■■■■■■■■

A. Answer the questions according to the information in the **Point de départ.**

1. What features make the château of Chambord one of the most important in the Loire Valley?
2. Which famous artist inspired the architectural design of the castle?
3. What was his nationality?
4. Which king was responsible for the completion of the chapel?
5. What are some of the important historical events that took place at Chambord?
6. What is the estate of Chambord being used for today?

B. **Vous connaissez?** Answer each question with two sentences, the first using **se souvenir de** and the second using **devenir** plus the cue in parentheses. Follow the model.

MODÈLE: Vous connaissez Jean? (architecte)
Oui, je me souviens de Jean. Il est devenu architecte.

1. Vous connaissez Yvonne Boucher? (médecin)
2. Tu connais mon frère? (professeur)
3. Elle connaît Robert? (ingénieur)
4. Ils connaissent Annie? (secrétaire)

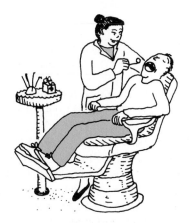

5. Vous connaissez ma tante? (dentiste)
6. Tu connais Philippe? (pharmacien)

STRUCTURE

The expression venir de

Pourquoi est-ce que tu as l'air si fatigué?	Why do you look so tired?
Je viens de me réveiller.	*I just woke up.*

Venir de followed by an infinitive is used to express the recent past—something that happened only a short time ago. When used in the present tense, **venir de** means *to have just* done something.

    Venir de may also be used in the imperfect tense to indicate that something *had just happened* before another action took place. In that case, the second action will be expressed through the **passé composé**:

Vous veniez de partir quand Simone est arrivée.	*You had just left* when Simone arrived.

Application ■■■■■■■■■■■■■■■■■■■■■■■■■■■■■

C.   Replace the word in italics and make the necessary changes.

1. *Je* viens de vous téléphoner. (elle / nous / ils / on / je)
2. *Ils* viennent de manger. (je / nous / elle / vous / tu / on / elles)
3. *Elle* vient de rentrer? (tu / vous / ils / elle)
4. *Vous* veniez de sortir quand Marie est arrivée. (ils / tu / je / on)
5. *Je* venais d'acheter les billets quand les prix ont changé. (nous / elle / tu / vous / ils / on)

D.   Use the expression **venir de** to express the time relationships. Follow the model.

MODÈLE: Il est maintenant 7h. Je me suis levé à 6h45.
               Je viens de me lever.

1. Il est maintenant 17h30. La banque a fermé à 17h.
2. Il est maintenant 9h. Je me suis levé à 8h55.
3. Il est maintenant midi. Il a commencé à pleuvoir il y a dix minutes.
4. Il est maintenant 10h du soir. Il sont partis à 9h45.
5. Il est maintenant 11h du soir. Je me suis lavé la tête à 10h30.

MODÈLE: René s'est couché à 10h30. Marceline a téléphoné à 10h40.
               René venait de se coucher quand Marceline a téléphoné.

6. Le train pour Marseille est parti à 23h05. Nous sommes arrivés à la gare à 23h10.
7. Claire a terminé ses études en juin. Elle a trouvé un job le 2 juillet.
8. Je me suis levée à 6h. Le taxi est arrivé à 6h10.
9. Nous sommes arrivés à Dakar le 9 mai. Le 10 nous avons trouvé un appartement.
10. Je me suis couché à 11h. Le téléphone a sonné à 11h05.

Lecture: *Chambord—Son et lumière*

Since the **spectacles "son et lumière"** were inaugurated at Chambord in 1952, such shows have become a standard part of the tourist activities available at many of the châteaux of the Loire Valley. A **son et lumière** presentation is intended to illustrate the history of a château and the daily life of its residents. This is usually done in dramatic fashion, with light projections focusing on various parts of the castle, with actors in period dress recreating scenes from history, and with a narrator telling the story of the castle and its inhabitants. The **son et lumière** at Chambord is particularly spectacular because of the tranquil setting of the surrounding forest. Imagine now such a visual representation as it would accompany the following narration.

Les visiteurs sont **priés de** consulter leur **dépliant** avec le plan détaillé du château. *asked to / brochure*

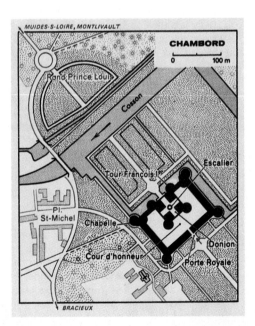

Nous vous invitons maintenant à **suivre** l'histoire de ce château *follow* extraordinaire par son architecture.

François Ier

enclosure

houses

no longer any
warrior
pleasure retreat
whose

Le plan de Chambord est d'inspiration féodale: un donjon central à quatre tours, qui constitue à lui seul un véritable château, et une **enceinte;** au cours de la construction sont ajoutées deux ailes: l'une **abrite** l'appartement royal, l'autre la chapelle. Mais la construction Renaissance n'évoque **plus aucun** souvenir **guerrier:** c'est une royale **demeure de plaisance, dont la** façade Nord-Ouest est particulièrement imposante.

Chambord est l'œuvre personnelle de François Ier. Si le nom de l'architecte ne nous est pas connu avec certitude, l'idée architecturale semble née dans l'**esprit** de Léonard de Vinci. François Ier ne **vit** pas son château **achevé.**

mind
see
completed

Louis XIV

Henri II

C'est Henri II qui **éleva** le second étage de la chapelle et Louis XIV qui en acheva la construction.

raised

À l'époque des rois, ce château avec ses forêts était un **endroit** préféré pour la **chasse.** Lorsque les hommes partaient à la chasse, les femmes se promenaient sur le **toit** parmi les cheminées.

place

hunting

roof

Le célèbre escalier **à double révolution** occupe le centre d'une **croix,** formée par quatre grandes salles de gardes. Cet escalier permet aux gens de monter et de descendre sans **s'apercevoir les uns les autres.** Même des ennemis n'avaient donc pas à se rencontrer quand ils rendaient visite au roi.

double

cross

seeing each other

C'est ici à Chambord que la célèbre pièce *Le Bourgeois Gentilhomme* a été présentée pour la première fois par son auteur Molière. Le roi Louis XIV a demandé à Molière et au compositeur Lulli de créer cette pièce.

Le Bourgeois Gentilhomme

Exercice de compréhension ■■■■■■■■■■■■■■■■■■■■

E. **Un spectacle «son et lumière».** Decide if the following statements are true or false according to what you learned in the **Lecture.** If a statement is false, correct it.

1. Le premier **spectacle «son et lumière»** date de 1950.
2. Un **son et lumière** raconte l'histoire du château.
3. Chambord est d'inspiration féodale, mais la construction pendant la Renaissance a beaucoup changé l'architecture du château.
4. C'est François Ier qui a terminé le château.
5. L'architecture de Chambord a été inspirée par Léonard de Vinci.
6. À l'époque des rois, les femmes allaient à la chasse avec les hommes.
7. L'escalier à double révolution permet aux gens de monter et de descendre sans s'apercevoir les uns les autres.
8. Louis XIV est l'auteur de la pièce *Le Bourgeois Gentilhomme*.
9. *Le Bourgeois Gentilhomme* a été présenté pour la première fois à Versailles.
10. Lulli a composé la musique pour *Le Bourgeois Gentilhomme*.

DÉBROUILLONS-NOUS !

F. **Une visite au château de Chambord.** After spending the day visiting Chambord, you and your classmates meet at a central place and tell each other where you *just were* and what you *just saw*. Use the information in the chapter and the verb **venir de** in your conversation.

MODÈLE: —*Je viens de visiter une salle de gardes.*
            —*Et nous, nous venons de visiter la chapelle. Etc.*

Lexique

Pour se débrouiller _____

Pour parler des actions récentes

Je viens de visiter Chambord.
Il est sorti il y a cinq minutes.
Elle venait de sortir quand il a commencé à pleuvoir.

Vocabulaire général _____

Nom	Verbes		
un château	devenir	se souvenir de	venir de
	revenir	venir	

Mise au point

Lecture: *Paysage français*

The following poem by Paul Claudel (1868–1955) evokes a country scene in the province of Burgundy **(la Bourgogne).** Read the poem once for the pleasure of the words. Then read it again and answer the questions that follow it.

La rivière sans se dépêcher
Arrive au fond[1] de la vallée

Assez large pour qu'un pont[2]
La traverse d'un seul bond[3]

Le clocher[4] par-dessus[5] la ville
Annonce une heure tranquille

Le dîner sera[6] bientôt prêt
Tout le monde l'attend, au frais,[7]

On entend les gens qui causent[8]
Les jardins sont pleins de roses

Le rose[9] propage et propose
L'ombre[10] rouge à l'ombre rose

La campagne[11] fait le pain
La colline[12] fait le vin

C'est une sainte besogne[13]
Le vin, c'est le vin de Bourgogne!

Le citoyen[14] fort et farouche[15]
Porte son verre à sa bouche

Mais la poule[16] pousse affairée[17]
Sa poulaille[18] au poulailler[19]

Tout le monde a fait son devoir[20]
En voilà[21] jusqu'à ce soir.

    Le soleil dit:
    Il est midi.

Vocabulaire:
[1] at the bottom
[2] bridge
[3] leap
[4] church steeple
[5] above
[6] will be
[7] in the fresh air
[8] chat
[9] the pink color
[10] shade
[11] fields
[12] hills
[13] task
[14] citizen
[15] fierce
[16] hen
[17] bustling, fussing
[18] chicks
[19] hen house
[20] duty
[21] that's it

Exercices de compréhension ■■■■■■■■■■■■■■■■■■

A. **Description.** Give your own description of the scene presented in the poem. Use the concrete elements provided by the poet and add some of your own that you think might fit well into the scene.

B. **Interprétations.** Answer the following questions based on the scene described in the poem.

1. The tone of Claudel's poem is one of peace and calm. What words and images most contribute to this tone?
2. What season is it and what is the weather like?
3. Why do you think the word **dîner** is used to refer to the noontime meal?
4. What are the principal agricultural products of the region? Which elements in the poem give greater importance to two of these products?
5. There is almost a religious and patriotic quality to this poem. Which words contribute to such a tone?

REPRISE

C. **Préparatifs au voyage.** You and your family have plans to visit the Loire Valley châteaux. Because all of you tend to do things at the last minute, indicate that you *just did* whatever you were supposed to do. Answer the questions using the expression **venir de.**

MODÈLE: Est-ce que ton père a payé les billets?
          Oui, il vient juste de payer les billets.

1. Est-ce que vous avez fait les valises?
2. Est-ce que tu as téléphoné à ton amie?
3. Est-ce qu'elle a acheté des vêtements?
4. Est-ce que vous avez fait la lessive?
5. Est-ce que ta mère a acheté un film?
6. Est-ce que tes frères ont rangé leur chambre?
7. Est-ce que tu as trouvé ton passeport?
8. Est-ce que vous avez réservé des chambres d'hôtel?

RÉVISION

In this **Révision,** you will review:

■ geographical names;
■ the imperfect and the *passé composé*;

- the irregular verb *voir;*
- the object pronouns *me, te, nous,* and *vous;*
- the irregular verb *venir;*
- the expression *venir de.*

Geographical names

la France	**en** France	*in/to* France
la Belgique	**en** Belgique	*in/to* Belgium
la Suisse	**en** Suisse	*in/to* Switzerland
l'Allemagne	**en** Allemagne	*in/to* Germany
l'Espagne	**en** Espagne	*in/to* Spain
l'Italie	**en** Italie	*in/to* Italy
le Luxembourg	**au** Luxembourg	*in/to* Luxemburg
le Portugal	**au** Portugal	*in/to* Portugal
le Canada	**au** Canada	*in/to* Canada
le Brésil	**au** Brésil	*in/to* Brazil

Remember that names of countries ending in **-e** are usually feminine and use the preposition **en** to express the idea of *in* or *to*. Names of countries ending in a letter other than **-e** are masculine and use the preposition **au.**

D. **Est-ce que tu es jamais allé(e). . .?** *(Have you ever gone. . .?)* Take a survey of your class to find out who has gone to the following countries. On a piece of paper, write each country's name. Then record the names of the students who have traveled there. When your teacher tells you to stop the activity, be prepared to tell the rest of the class what you found out.

MODÈLE: Chine
  —*Est-ce que tu es jamais allé(e) en Chine?*
  —*Oui, je suis allé(e) en Chine.* ou:
    Non, je ne suis jamais allé(e) en Chine.

1. Canada
2. France
3. Brésil
4. Suisse
5. Belgique
6. Luxembourg
7. Allemagne
8. Sénégal
9. Espagne
10. Japon
11. Italie
12. Portugal

The imperfect and the *passé composé:* Past actions

Imperfect	Passé composé
Quand **j'étais** jeune, **j'allais** chez mon grand-père tous les week-ends. *(habitual occurrence)*	La semaine dernière, **je suis allé** chez mon grand-père. *(single occurrence)*
Nous allions au cinéma ensemble. *(unspecified number of repetitions)*	Samedi et dimanche **nous sommes allés** au cinéma ensemble. *(specified number of repetitions)*
Mon grand-père parlait souvent de son enfance. *(indefinite time period)*	**Mon grand-père a parlé** de son enfance. *(definite time period)*

E. **Qu'est-ce que tu faisais quand tu étais très jeune?** Tell your group what you used to do when you were very young (between the ages of 6 and 10). Where did you used to spend your vacation? What did you do with your friends? How did you spend your free time? Etc. Use the imperfect tense in your description.

F. **Échange.** Use French to find out the following information about a classmate. He/she will then ask you for the same information. Use either the imperfect or the **passé composé** according to the context. Ask . . .

   1. how he/she spent winter vacation.
   2. if he/she has had a cold this spring.
   3. what he/she has been doing on weekends.
   4. if he/she has been going out a lot with friends.
   5. if he/she has been liking French class.
   6. if he/she has had a lot of homework.
   7. if he/she has had a birthday.
   8. what courses he/she has had.

The imperfect and the *passé composé:* Descriptions

The imperfect is generally used in four types of descriptions:

1. Physical   **Il avait** les cheveux blonds. **Je portais** un T-shirt.
2. Feelings   **Nous étions** contents. **Elle était** triste.
3. Attitudes and beliefs **Je pensais qu'il avait raison.**
4. State of health   **J'avais mal à la tête.**

The weather may be described using either the imperfect or the **passé composé.** If the description covers an indefinite period of time, use the imperfect: Quand j'allais chez mon grand-père, **il faisait toujours très beau.**

If the description covers a definite period of time, use the **passé composé:**

Hier il a fait très beau.

G. **Une journée.** Tell your classmate about your activities on a particular day in the past. Be very detailed in your description, starting with when you woke up. Explain how you felt, your state of health, someone you met or saw and what they looked like, etc. Use the imperfect or the **passé composé** according to the context.

The imperfect and the *passé composé:* Interrupted actions

Il travaillait en France quand **son fils est né.**	He was *working* in France when *his son was born.*
Il était au bureau quand **sa femme a téléphoné.**	He *was* in the office when *his wife called.*
Il parlait avec ses collègues quand **il a eu** la nouvelle.	He was *talking* with his colleagues when *he got* the news.

Each model sentence contains a verb in the imperfect and another in the **passé composé.** The imperfect describes what *was going on* when something else *happened.* The **passé composé** is used to interrupt an action already in progress. Note that in French the imperfect often corresponds to the progressive *was doing* or *were doing* in English.

H. **Où est-ce que tu étais quand. . .? Qu'est-ce que tu faisais quand. . .?**
Use the cues to ask your classmates questions. Be sure to use the imperfect in the first part of the sentence and the **passé composé** in the second part.

MODÈLE: tu / la navette Challenger a explosé
—*Où est-ce que tu étais quand la navette Challenger a explosé?*
—*J'étais dans ma classe d'anglais.*
—*Qu'est-ce que tu faisais?*
—*On parlait de Shakespeare.*

1. tu / ta mère t'a appelé pour le dîner (hier)
2. vous / la navette Challenger a explosé

3. ta mère (ton père) / le président Kennedy a été assassiné (1963)
4. tu / tu as commencé l'école primaire
5. tes amis / tu les a appelés au téléphone la dernière fois
6. tu / le prof de français a annoncé le dernier examen

The imperfect and the *passé composé*: Summary

Imperfect	Passé composé
Description **Elle était** très fatiguée.	
Habitual action **Ils parlaient** français tous les jours.	*Single occurrence* Ce matin **je me suis préparé** un bon petit déjeuner.
Indefinite period of time Quand **j'étais** jeune, **j'avais** un chien. **Il faisait** très beau.	*Definite period of time* En 1986, **j'ai passé** deux mois au Portugal. Hier, **il a fait** très beau.
Action repeated an unspecified number of times **Nous allions** souvent au parc.	*Action repeated a specified number of times* **Nous sommes allés** au parc dimanche dernier.

I. **Une histoire.** Working with your classmates, create a story in the past. One of you will start, and each of the others will add a sentence. Go around the group several times. One of you may write the story down. Be sure to use the imperfect and the **passé composé** as appropriate.

J. **Un voyage.** Tell your classmate about a trip you took. Where did you go? With whom? How long did you stay? What did you see? What did you do? What did you buy? Etc.

The irregular verb *voir*

voir	
je **vois**	nous **voyons**
tu **vois**	vous **voyez**
il, elle, on **voit**	ils, elles **voient**
Past participle: **vu** (avoir)	Imperfect stem: **voy-**

K. **Une journée spéciale.** Tell your classmates about a special day that you spent with other people. Whom did you see? How often do you see these people? When did you last see them? When are you going to see them next time? What are these people like?

The object pronouns *me, te, nous,* and *vous*

Me, te, nous, and **vous** are the first- and second-person object pronouns. They replace *both* direct- and indirect-object nouns *(me, to me; you, to you; us, to us)*.

All the rules for direct-object pronouns that you learned earlier apply to **me, te, nous,** and **vous.**

L. **Une interview.** Interview one of your classmates to find out the following information. Use the pronouns **me, te, nous,** and **vous** whenever appropriate. Ask . . .

1. if you may call him/her this evening.
2. if he/she can help you with the French homework.
3. if he/she can lend you a record (choose which record you want to borrow).
4. if you can see him/her and his/her friends tomorrow.
5. if they can go out to dinner with you and your friends.
6. if he/she can meet you and your friends at the mall this weekend.
7. if he/she called you last night.

The irregular verb *venir*

venir	
je **viens**	nous **venons**
tu **viens**	vous **venez**
il, elle, on **vient**	ils, elles **viennent**
Past participle: **venu** (être)	Imperfect stem: **ven-**
Revenir, devenir, and **se souvenir de** are conjugated like **venir.**	

M. **Alors. . . tu viens?** Whenever you make plans with people, you always have to wait for them and you're getting impatient about it. Use the pronouns to find out whether people are finally coming.

MODÈLE: tu
Alors. . . tu viens?

1. elle
2. vous
3. Jean et Suzanne
4. on

5. Jacques
6. tu
7. elles
8. il

The expression *venir de*

Pourquoi est-ce que tu as l'air
  si fatigué?
Je viens de me réveiller.

Why do you look so tired?

I just woke up.

Venir de followed by an infinitive is used to express the recent past—something that happened only a short time ago. When used in the present tense, **venir de** means *to have just* done something.

  Venir de may also be used in the imperfect tense to indicate that something *had just happened* before another action took place. In that case, the second action will be expressed through the **passé composé**:

Vous veniez de partir quand
Simone est arrivée.

You had just left when Simone
  arrived.

N. **Je viens de. . .** Tell the class what you and your friends did just before you came to class. Use the expression **venir de** in the present tense.

MODÈLE: *Je viens de quitter ma classe de mathématiques. Mon amie Susan vient de quitter sa classe d'histoire. Mes autres amis viennent de déjeuner. Etc.*

Point d'arrivée

■■■■■■■■■■■■■■■■■■■■■■■■■■■■■■■■■■

O. **Nous connaissons la France.** While referring to the map of France on p. 333, say as much as you can about the country. For example, talk about its geography, rivers, cities, regions, castles, etc.

P. **Parlons de notre jeunesse.** Tell the others in your group what you used to do when you were a child. Then find the experiences that you all have in common and report them to the rest of the class.

Q. **Une aventure.** Tell the others in your group about an interesting, strange, funny, or terrible experience you had in the past.

R. **Un château.** Go to the library to find out some details about one of the Loire Valley châteaux mentioned in this unit. Then tell your group what you found out. You may do this in English. Be sure to indicate where the castle is located, when it was built, who built it, and what it is like.

S. **Un voyage en Provence.** With your group, plan a trip to Provence. Decide what your itinerary will be (look at the map), how long you're going to stay in each place, what you want to see, etc. When you're done, share your itinerary with another group or the rest of the class.

Glossary of functions

The numbers in parentheses refer to the chapter in which the word or phrase may be found.

Describing weather/climate
Quel temps fait-il? (1)
  Il fait beau. (1)
    bon. (1)
    chaud. (1)
    frais. (1)
    froid. (1)
    mauvais. (1)
    du brouillard. (1)
    du soleil. (1)
    du vent. (1)
  Il est nuageux. (1)
  Il y a un orage. (1)
        du verglas. (1)
  Il neige. (1)
  Il pleut. (1)
  Le ciel est couvert. (1)

Giving the date
Quelle date sommes-nous? (1)
Quelle est la date aujourd'hui? (1)
Quelle est la date de. . . ? (1)
Nous sommes le 5 avril. (1)
Aujourd'hui, c'est le 5 avril. (1)
C'est aujourd'hui le 5 avril. (1)

Describing people
Il (elle) a les cheveux bruns. (3)
Il (elle) a les yeux bleus. (3)
Il (elle) a le visage rond. (3)
Il a une barbe (une moustache). (3)
Il (elle) est . . . (3)
Il (elle) fait un mètre. (12)
Il (elle) garde sa ligne. (12)
Il (elle) grandit. (12)
Il (elle) grossit. (12)
Il (elle) maigrit. (12)
Il (elle) pèse . . . kilos. (12)

Getting/paying for a hotel room
Je voudrais . . . (4)
J'ai besoin de . . . (4)
Il me faut une chambre pour deux personnes. (4)
              pour trois nuits. (4)

avec un grand lit. (4)
avec (sans) salle de
  bains. (4)
au premier étage. (4)
avec télévision
  (téléphone). (4)
Pourriez-vous préparer la note? (4)
Avez-vous la note pour la chambre . . . ? (4)
Je vais payer en espèces. (4)
        avec des chèques de voyage. (4)
        avec une carte de crédit. (4)

Expressing time relationships
Je suis à l'heure. (5)
      en avance. (5)
      en retard. (5)
Dans . . . (vingt minutes, etc.) (5)
Pendant . . . (une heure, etc.) (5)
Il y a . . . (un quart d'heure, etc.) (5)
Ça fait . . . (un an, etc.) (5)

To talk about missing someone (5)
Tu me manques. (5)
Il (elle) me manque. (5)
Vous me manquez. (5)
Ils (elles) me manquent. (5)

Thanking someone (5)
Je vous remercie (de tout mon cœur) de . . . (5)
Merci encore pour . . . (5)
Merci mille fois pour . . . (5)

Asking for and making clarifications
Que voulez-vous (veux-tu) dire? (6)
Que veut dire . . . ? (6)
Comment dit-on? (6)
Vous avez (tu as) dit que . . . ? (6)
Je veux dire que . . . (6)
Je ne sais pas comment dire . . . (6)
Qu'est-ce que vous en pensez (tu en penses)? (3)

Finding an apartment
Je préfère une résidence moderne. (6)
        un grand immeuble. (6)

être au rez-de-chaussé
(au quatrième étage). (6)
Est-ce qu'il y a un ascenseur? (6)
un parking? (6)
une piscine? (6)
Combien de pièces y a-t-il? (6)

Talking about daily routine
Je me réveille à ... (7)
Je reste au lit.
Je me lève à ... (7)
Je me brosse les dents. (7)
Je me lave ... (la tête, le visage, etc.) (7)
Je prends une douche. (7)
Je me rase. (7)
Je m'habille ... (7)
Je me maquille. (7)
Je me brosse les cheveux. (7)
Je déjeune à ... (7)
Je dîne à ... (7)
Je me couche à ... (7)

Making plans (for vacation)
J'ai une idée! (8)
J'ai envie de ... (8)
Allons ... (8)
Pourquoi pas ... ? (8)
Rendez-vous à ... (8)
Je vais au bord de la mer. (9)
dans les montagnes. (9)
Nous dormons à la belle étoile. (9)
sous une tente. (9)
Nous allons faire du camping. (9)
louer une caravane. (9)
passer les vacances à ... (9)
Je veux prendre du soleil. (9)
Je vais rendre visite à ... (9)
On va voir ... (9)

Talking about films
C'est ... une comédie. (8)
un drame psychologique. (8)
un film d'épouvante. (8)
un film fantastique. (8)
un film policier. (8)
un film de science fiction. (8)
On passe le film à ... (8)
Le film est interdit aux moins de treize ans. (8)

Preparing for a party
Je débarrasse la table. (7)
Je fais la vaisselle. (7)
Je m'occupe de ... (7)
Je fais les courses. (8)
Nous invitons des amis. (8)
La soirée commence à ... (8)

Talking about health and fitness
Il (elle) a eu un accident. (10)
J'ai mal à ... (10)
Il (elle) s'est blessé ... (10)
Il (elle) s'est cassé ... (10)
Il (elle) s'est fait mal à ... (10)
Il (elle) s'est foulé ... (10)
Je me sens bien (mal). (10)
Je me suis tombé malade. (10)
Tu (n')as (pas) bonne mine aujourd'hui. (10)
Tu te sens bien? (10)
Ça va? (10)
Tu es en forme? (10)
Qu'est-ce que tu as? (10)
Qu'est-ce qui ne va pas? (10)
Tu t'es fait mal? (10)
Tu as eu un accident? (10)
J'ai des allergies. (11)
Je suis allergique à ... (11)
J'ai le mal de l'air. (11)
J'ai le mal de mer. (11)
J'ai une grippe. (11)
J'ai des courbatures. (11)
J'ai de la fièvre. (11)
J'ai un rhume. (11)
Je suis enrhumé(e). (11)
J'ai le nez qui coule. (11)
J'ai le nes pris (bouché). (11)
J'éternue. (11)
Je tousse. (11)
J'ai le rhume des foins. (11)
J'ai le vertige. (11)

Talking about the past
Autrefois ... (10)
Tout d'un coup ... (10)
Une fois par jour (10)
Une fois par semaine (10)
Une fois par an (10)
Depuis combien de temps ... ? (12)
Depuis quand ... ? (12)
Il semblait ... (13)

Il (elle) avait l'air ... (13)
Je viens de ... (15)

Identifying medicines
J'ai besoin des anti-histamines. (11)
      de l'aspirine. (11)
      des gouttes pour le nez. (11)
      des gouttes pour les yeux. (11)
      des pastilles pour la gorge. (11)
Je prends un cachet. (11)
      un comprimé. (11)
      une gelule. (11)

Talking about geography
L'Allemagne est à l'est de la France. (13)
La Belgique est au nord de la France. (13)
La France est à l'ouest de la Suisse. (13)
L'Espagne est au sud de la France. (13)

Avoiding making a decision
On verra. (14)
On va voir. (14)
Je vais voir. (14)
Je ne sais pas. (14)
Je ne suis pas sûr(e) encore. (14)
Peut-être. (14)

Glossary

French–English

The numbers in parentheses refer to the chapter in which the word or phrase may be found.

A

à bientôt See you soon (A.1)
à cause de because of (13)
à côté de next to (B.1)
à droite (to the) right (B.2)
à gauche (to the) left (B.2)
à la belle étoile (under the stars) (9)
à la fois at the same time (15)
à l'est in the east (B.1)
à l'ouest in the west (B.1)
à mesure que as (14)
à moitié half (14)
à pied (on (by) foot) (B.2)
à tout à l'heure See you in a while (A.1)
à vélo (by) bicycle (B.2)
à vrai dire (to) tell the truth (6)
abricot *m.* apricot (C.1)
abriter (to) house (15)
acheter (to) buy (C.1)
actif(-ve) active (3)
adorer (to) love (A.1)
adresse *f.* address (5)
aérobic *m.* aerobics (10)
aéroport *m.* airport (B.1)
affaires *f. pl.* things (5) business
affiche *f.* poster (A.2)
âgé(e) old (3)
aile *f.* wing (15)
aimer (to) like/(to) love (A.1)
aîné(e) oldest (9)
allée *f.* (country) lane (3)
Allemagne *f.* Germany (13)
allemand(e) German (A.1)
aller (to) go (A.1)
aller à la pêche (to go) fishing (9)
allergie *f.* allergy (11)
allergique allergic (11)
alpinisme *m.* mountain climbing (9)
alsacien(ne) Alsatian (13)
amande *f.* almond (C.2)
ambitieux(-euse) ambitious (3)
améliorer (to) improve (12)
amener (to) take, (to) bring (a person) (B.2)
américain(e) American (A.1)
ami(e) *m. (f.)* friend (3)
amusant(e) fun (2)

ange *m.* angel (14)
année *f.* year (C.2)
anorak *m.* (ski) jacket (6)
anti-histamines *f. pl.* antihistamines (11)
août August (1)
appareil de gymnastique *m.* exercise machine (C.1)
appartement *m.* apartment (A.1)
appartenir (to) belong (12)
apporter (to) bring (a thing) (C.2)
après-midi *m.* afternoon (C.2)
arbre *m.* tree (3)
argent *m.* money (3)
armoire *f.* closet (5)
arracher (to) pull out (3)
arrivée *f.* arrival (5)
arrondissements *m. pl.* administrative divisons of Paris (4)
arrosé(e) irrigated (13)
artiste *m. ou f.* artist (2)
ascenseur *m.* elevator (4)
asperge *f.* asparagus (C.1)
aspirine *f.* aspirin (11)
assez enough (C.1)
assiette *f.* plate (6)
attendre (to) wait for (3)
Attention! Watch out! (10)
attirer (to) attract (13)
au bord de along, at the edge of, (on the) banks of (9)
au bout de (at the) end of (B.1)
au centre de (in the) center (B.1)
au coin de (at the) corner of (B.1)
au contraire (on the) contrary (2)
au-delà beyond (13)
au fond de (at the) bottom (15)
au milieu de (in the) middle of (14)
au moins at least (1)
au nord (in the) north (B.1)
au revoir goodbye (A.1)
au sud (in the) south (B.1)
aujourd'hui today (C.2)
autant de as much (C.1)
auto *f.* car (A.2)
autobus *m.* bus (B.2)
autocar *m.* bus (14)
automne Autumn (1)
autrefois formerly (10)

autrement otherwise (10)
auvergnat(e) from Auvergne (13)
aux fines herbes (with) mixed herbs (C.2)
avant before (7)
avare stingy (3)
avenue *f.* avenue (B.2)
avion *m.* plane (B.2)
avocat(e) *m. (f.)* lawyer (A.2)
avoir (to) have (A.2)
avoir besoin de (to) need (4)
avoir bonne mine (to) look well (10)
avoir de la chance (to be) lucky (10)
avoir de la fièvre (to have a) fever (11)
avoir des courbatures (to have) muscle pains, (to) ache (11)
avoir envie de (to) feel like (C.1)/ (to) want
avoir faim (to be) hungry (C.2)
avoir l'air (to) seem (3)
avoir le mal de l'air (to get) airsick (11)
avoir le mal de mer (to get) seasick (11)
avoir le nez bouché (to have a) stuffy nose (11)
avoir le nez pris (to have a) stuffy nose (11)
avoir le nez qui coule (to have a) runny nose (11)
avoir l'intention de (to) intend to (B.1)
avoir mal à (to have a) pain (10)
avoir mal au cœur (to) feel nauseated (10)
avoir un rhume (to have a) cold (11)
avoir une grippe (to have the) flu (11)
avouer (to) admit (12)
avril April (1)

B

bague *f.* ring (C.1)
baguette *f.* bread (long crispy loaf) (C.1)
se balader (to take a) walk (8)
balcon *m.* balcony (6)
balle de tennis *f.* tennis ball (C.1)
ballon *m.* ball (C.1)
banane *f.* banana (C.1)
bande magnétique *f.* audiotape (C.1)
banlieue *f.* suburb (6)
banque *f.* bank (B.1)
barbe *f.* beard (3)
barreaux *m. pl.* bars
basket *m.* basketball (A.1)
bateau *m.* boat (14)
bâtiment *m.* building (15)
bâtir (to) build (14)
beau (belle) beautiful (1)
beau-père *m.* step-father (A.2)
beaucoup very much
beaucoup de a lot of (C.1)
bébé *m.* baby (4)

Belgique *f.* Belgium (13)
belle-mère *f.* step-mother (A.2)
berger *m.* shepherd (14)
bête *f.* creature, animal (3); silly, stupid (10)
bêtise *f.* silliness, stupidity (5)
beurre *m.* butter (C.1)
bibliothèque *f.* library (B.1)
bidet *m.* low sink used for hygenic purposes (4)
bien entendu of course (C.2)
bifteck *m.* steak (C.1)
bijoux *m. pl.* jewelry (C.1)
bijouterie *f.* jewelry store (C.1)
bizarre odd bizarre (2)
blague *f.* joke (8)
blanc(he) white (2)
se blesser (à) (to) hurt (10)
bleu(e) blue (2)
boeuf *m.* beef (C.1)
bois *m.* woods (3)
bon(ne) good (1)
bon marché cheap (2)
bonbon *m.* candy (5)
bouche *f.* mouth (3); (10)
boucherie *f.* butcher shop (B.1) ✓
boucles d'oreilles *f. pl.* earrings (C.1)
bouger (to) move (3)
bouillabaisse *f.* fish soup (14)
boulangerie *f.* bakery that sells bread and rolls (B.1)
boulevard *m.* boulevard (B.2)
bourguignon(ne) (from) Bourgogne (13)
boût *m.* piece (C.1)
bouteille *f.* bottle (C.1)
bracelet *m.* bracelet (C.1)
bras *m.* arm (10)
Brésil *m.* Brazil (13)
brésilien(ne) Brazilian (A.1)
breton(ne) (from) Bretagne (13)
brioche *f.* light sweet bun raised with yeast and eggs
bronzé(e) tanned (3)
se brosser (to) brush (7)
bruit *m.* noise (3)
bureau *m.* desk (A.2)
bureau de poste *m.* post office (B.1)
bureau de tabac *m.* tobacco store (also sells stamps and newspapers) (B.1)

C

cabine téléphonique *f.* telephone booth (4)
cabinet de toilette *m.* bathroom (6)
cacher (to) hide (3)
cachet *m.* pill (11)
cadre *m.* setting (15)
café *m.* coffee (C.2); **café**

café au lait coffee with milk (C.2)
café crème coffee with cream (C.2)
cahier *m.* notebook (A.2)
calculatrice *f.* calculator (A.2)
calendrier *m.* calendar (C.1)
se calmer (to) calm down (9)
camarade *m. ou f.* friend (C.2)
camion *m.* truck (C.1)
campagne *f.* country-side (B.2)
camping *m.* camping (A.1)/
  campground (9)
Canada *m.* Canada (13)
canadien(ne) Canadian (A.1)
canapé *m.* sofa (6)
canard *m.* duck (C.1)
canton *m.* district (12)
caravane *f.* camper (9)
carnet *m.* (small) notebook (A.2)/book of metro
  tickets (B.2)
carotte *f.* carrot (C.1)
carré(e) square (3)
carte *f.* card (C.1); map
carte d'anniversaire *f.* birthday card (C.1)
carte de crédit *f.* credit card (4)
carte de Noël *f.* Christmas card (C.1)
se casser (to) hurt (10)
cassette *f.* (audio) cassette (A.2)
cassette vierge *f.* (blank) cassette (C.1)
cathédrale *f.* cathedral (B.1)
cauchemar *m.* nightmare (12)
causer (to) chat (15)
ce (cette) this (C.2)
célibataire single (3)
cellules *f. pl.* cells (12)
centre commercial *m.* shopping mall (B.1)
céréales *f. pl.* cereal (12)
cerise *f.* cherry (C.1)
c'est-à-dire that is to say (13)
chacun(e) each one (13)
chaîne *f.* neck chain (C.1)
chaîne stéréo *f.* stereo system (A.2)
chaleur *f.* heat (1)
chambre (à coucher) *f.* bedroom (A.2)
champs *m. pl.* fields (13)
champignon *m.* mushroom (C.1)
chance *f.* luck (1)
chanter (to) sing (A.1)
chaque each (11)
charcuterie *f.* delicatessen (C.1)
chasse *f.* hunting (15)
chat *m.* cat (A.2)
château *f.* castle (B.1); (14)
château fort *m.* (medieval) castle (14)
chaud(e) hot (1)
chauffage *m.* heat (6)

chauffeur *m.* driver (13)
chausson aux pommes *m.* a puff pastry filled
  with cooked apple slices (C.2)
chaussure *f.* shoe (10)
chef-d'oeuvre *m.* masterpiece (15)
chemise *f.* shirt (13)
chèques de voyage *m. pl.* (traveler's) checks (4)
cheveux *m. pl.* hair (3); (10)
cheville *f.* ankle (10)
chèvre *f.* goat (12)
chien *m.* dog (A.2)
Chine *f.* China (13)
chinois(e) Chinese (A.1)
chocolat *m.* hot chocolate (C.2)
choisir to choose (1)
chou *m.* cabbage (C.1)
chouette great, neat (2)
cinéma *m.* movies (A.1), movie theater (B.1)
citoyen(ne) *m. (f.)* citizen (15)
citron *m.* lemon (C.1)
citron pressé *m.* lemonade (C.2)
Coca *m.* Coca-Cola (C.2)
cochon *m.* pig (12)
cœur *m.* heart (10)
coin cuisine *m.* kitchenette (6)
colline *f.* hill (14)
combien (de) how many (A.2)
comédie *f.* comedy (8)
comique comic (8)
commencer to begin (5)
commissariat de police *m.* police station (B.1)
commode *f.* dresser (5); convenient (7)
comprendre to understand (C.2)
comprimé *m.* pill (11)
compris(e) included (4)
comte *m.* count (15)
concombre *m.* cucumber (C.1)
connaître to know (12)
consommation *f.* drink (B.2)
contre against (3)
copain (copine) *m. (f.)* friend (A.1)
costaud strong, sturdy (3)
côté *m.* side (C.1)
cou *m.* neck (10)
se coucher to go to bed (7)
coude *m.* elbow (10)
couloir *m.* hallway (4)
courageux(-se) brave (3)
courgette *f.* squash (C.1)
court(e) short (3)
cousin(e) *m. (f.)* cousin (A.2)
couteau *m.* knife (6)
couter to cost (B.2)
couvert(e) covered (1)
crayon *m.* pencil (C.1)

crème *f.* cream (C.1)
crêpe *f.* light pancake (9)
crevé(e) exhausted (12)
croissant *m.* croissant (C.1)
croix *f.* cross (15)
croque-madame *m.* open-faced grilled ham and cheese sandwich with egg (C.2)
croque-monsieur *m.* open-faced grilled ham and cheese sandwich (C.2)
croustillant(e) crispy (C.1)
cruel(le) cruel (3)
cuillére *f.* spoon (6)
cuisine *f.* kitchen (6)
cuisinière *f.* stove (9)

D

d'accord OK (C.2)
d'après according to (14)
dans in (B.1)
danser to dance (A.1)
davantage more (12)
de temps en temps from time to time (B.1)
de toute façon in any case (7)
déballer to unpack (6)
débarrasser la table to clear the table (7)
décembre December (1)
déjeuner to eat lunch (B.1)
délicat(e) delicate (3)
demain tomorrow (C.2)
déménager to move (5)
demi-kilo *m.* half a kilogram (C.1)
dents *f. pl.* teeth (7); (10)
départ *m.* departure (5)
département *m.* administrative divisions of France (13)
se dépêcher to hurry (7)
dépliant *m.* brochure (15)
depuis since (12)
depuis combien de temps for how long (12)
depuis quand since when (12)
dernier(-ère) last (B.2); latest
derrière behind (B.1)
descendre to get off (B.2)
désolé(e) sorry (3)
dessiner to draw (6)
devant in front of (B.1)
devenir to become (15)
d'habitude usually (B.2)
diabolo citron *m.* soft drink with lemon flavored syrup (C.2)
diabolo fraise *m.* soft drink with strawberry flavored syrup (C.2)
diabolo menthe *m.* soft drink with mint flavored syrup (C.2)

difficile difficult (2)
digérer to digest (11)
dimanche Sunday (B.2)
dire to say (6)
dis donc hey! well! (6)
discothèque *f.* disco (B.1)
discret(-ète) discreet (3)
se disputer to argue (10)
disque *m.* record (A.2)
disque compact *m.* compact disc (C.1)
divorcé(e) divorced (A.2)
doigt *m.* finger (10)
doigt de pied *m.* toe (10)
donner la main à to shake someone's hand (6)
dormir to sleep (4); (12)
dos *m.* back (10)
doucement softly (3)
douche *f.* shower (4)
douzaine *f.* dozen (C.1)
drame psychologique *m.* drama (8)
droite *f.* right (5)
du moins at least (12)
durée *f.* length (5)
durer to last (7)
dynamique dynamic (3)

E

échelle *f.* ladder (12)
école *f.* school (general or elementary) (A.2)
économique economical (2)
écroulé(e) collapsed (14)
effacer to erase (3)
église *f.* church (B.1)
égyptien(ne) Egyptian (A.1)
élégant(e) elegant (2)
élève *m. or f.* pupil (A.2)
embrasser to kiss (14)
émission *f.* television program (2)
émouvant(e) moving (2)
en autobus by bus (B.2)
en avion by plane (B.2)
en espèces in cash (4)
en face de across from (B.1)
en métro by subway (B.2)
en moyenne on an average (12)
en plein air open-air (C.1)
en ville to town, downtown (B.2)
en voiture by car (B.2)
enceinte *f.* enclosure (15)
enchanté(e) delighted (A.1)
endroit *m.* place (15)
énergique energetic (3)
s'énerver to get annoyed (9)
enfant *m. or f.* child (A.2)

s'enfermer to lock oneself in (7)
s'ennuyer to get bored (8)
ennuyeux(-se) boring (1)
enregistreur à cassette *m.* cassette recorder (C.1)
ensemble together (7)
entendu agreed; understood (11)
entouré(e) surrounded (15)
s'entraîner to work out (10)
entre between (B.1)
entretenir to maintain (12)
enveloppe *f.* envelope (C.1)
environ about (B.1)
épaules *f. pl.* shoulders (10)
épicerie *f.* neighborhood grocery store (B.1)
équitation *f.* horseback riding (9)
escalier *m.* staircase (15); escalator
Espagne *f.* Spain (13)
espagnol(e) Spanish (A.1)
espérer to hope (B.1)
est *m.* east (13)
estomac *m.* stomach (10)
étage *m.* floor (4)
étagère *f.* bookcase (5)
état *m.* state (5)
éternuer to sneeze (11)
être to be (A.1)
être en avance to be early (5)
être en forme to be in shape (10)
être à l'heure to be on time (5)
être en retard to be late (5)
être enrhumé(e) to have a cold (11)
étudier to study (A.1)
évidemment evidently (4)
excursion *f.* trip (14)
express *m.* espresso (C.2)
s'exprimer to express oneself (14)

F

facile easy (B.2)
faible weak (B.2)
faiblesse *f.* weakness (12)
faire des achats to go shopping (C.1)
faire des randonnées to take hikes (9)
faire du camping to go camping (9)
faire du lèche-vitrine to go window shopping (B.2)
faire du ski to go skiing (B.1)
faire la grasse matinée to sleep late (7); (12)
faire la lessive to do the laundry (5)
faire la sieste to take a nap (12)
faire la vaisselle to do the dishes (7)
faire la valise to pack (4)
se faire mal à to hurt (10)

faire un cauchemar to have a nightmare (12)
faire une course to do an errand (C.1)
faire un mètre to be one meter (tall) (12)
faire un pique-nique to go on a picnic (1)
faire une promenade to take a walk (B.2)
famille *f.* family (A.2)
farine *f.* flour (C.1)
farouche fierce (15)
fatigué(e) tired (12)
faute *f.* fault (7)
fautif(-ve) at fault (12)
ferme *f.* farm (12)
feuillage *m.* leaves (3)
février February (1)
fiche *f.* form (11)
fier(-ère) proud (5)
fille *f.* daughter (A.2); girl
film d'épouvante *m.* horror film (8)
film fantastique *m.* fantasy film (8)
film policier *m.* mystery film (8)
film de science fiction *m.* science fiction film (8)
fils *m.* son (A.2)
finir to finish (1)
flèche *f.* arrow (13)
fleur *f.* flower (6)
fleuve *m.* river (13)
foi *f.* faith (14)
foire *f.* fair (14)
football *m.* soccer (A.1)
football américain *m.* football (A.1)
fort(e) strong (10)
fossé *m.* moat (14)
fou (folle) crazy (6)
se fouler to twist (10)
four *m.* oven (6)
four à micro-ondes *m.* microwave oven (6)
fourchette *f.* fork (6)
fournir to provide (13)
fraîcheur *f.* freshness (3)
frais (fraîche) fresh (C.1); cool (1)
fraise *f.* strawberry (C.1)
framboise *f.* raspberry (C.1)
France *f.* France (13)
français(e) French (A.1)
franc-comtois(e) from Franche-Comté (13)
fréquemment frequently (10)
frère *m.* brother (A.2)
frigo *m.* refrigerator (6)
frisé(e) curly (3)
frivole frivolous (3)
froid(e) cold (1)
fromage *m.* cheese (C.1)
frontière *f.* border (11); (13)
fruit *m.* fruit (C.1)

G

gagner to earn (money) (A.1); to win
gant *m.* glove (6)
gant de toilette *m.* wash cloth (5)
garage *m.* garage (6)
garder to keep (9)
garder sa ligne to keep one's figure (12)
gare *f.* train station (B.1)
gauche left (5)
gelule *f.* capsule (11)
généreux(-euse) generous (3)
genou *m.* knee (10)
gens *m. pl.* people (C.2)
géographie *f.* geography (13)
gigot *m.* leg of lamb (C.1)
glace *f.* ice cream (C.1)
golf *m.* golf (9)
gomme *f.* eraser (A.2)
gorge *f.* throat (10)
gouttes *f. pl.* drops (11)
grâce à thanks to (14)
gramme *m.* gram (C.1)
grand(e) big, tall (B.1)
grandir to grow (12)
grand-mère *f.* grandmother (A.2)
grand-père *m.* grandfather (A.2)
gratuit(e) free (12)
grave serious (10)
grille-pain *m.* toaster (6)
gros(se) fat (3)
grossir to get fat (12)
guérir to cure (12)
guerre *f.* war (13)

H

s'habiller to get dressed (7)
habitant(e) *m. (f.)* inhabitant (B.1)
habiter to live (A.1)
hamburger *m.* hamburger
haricots verts *m. pl.* green beans (17)
herbe *f.* grass (3)
heureusement fortunately (7)
heureux(-euse) happy (3)
hier yesterday (C.2)
hier soir last evening (C.2)
hiver winter (1)
honnête honest (3)
hôpital *m.* hospital (B.1)
horloge *f.* clock (13)
hôtel *m.* hotel (B.1)
hôtel de ville *m.* town hall (B.1)
huiles *f. pl.* oils (14)

I

idéaliste idealistic (3)
idée *f.* idea (8)
il faut it is necessary (7)
il me faut I need (7)
immeuble office or apartment building (6)
impatient(e) impatient (3)
impôts *m. pl.* taxes (13)
indépendant(e) independent (3)
inoubliable unforgettable (5)
s'inquiéter to worry (9)
installé(e) settled (6)
intellectuel(le) intellectual (3)
intelligent(e) intelligent (3)
intéressant(e) interesting (2)
Italie *f.* Italy (13)
italien(ne) Italian (A.1)

J

jambe *f.* leg (10)
jambon *m.* ham (C.1)
janvier January (1)
Japon *m.* Japan (13)
japonais(e) Japanese (A.1)
jardin *m.* garden (3)
jaune yellow (2)
jeu vidéo *m.* video game (C.1)
jeudi Thursday (B.2)
jeune young (3)
jogging *m.* jogging (9)
joli(e) pretty (2)
joue *f.* cheek (3)
jouer to play (A.1)
jouer un tour à to play a joke on (10)
jouet *m.* toy (C.1)
jour day (B.2)
jour de congé *m.* a day off (12)
journal *m.* newspaper (2)
joyeux(-euse) joyful (2)
juillet July (1)
juin June (1)
jus de pomme *m.* apple juice (12)
jusqu'à to, until (B.2)

K

kilo *m.* kilogram (C.1)

L

là there (B.2)
laid(e) ugly (2)
laisser to leave (5)

lait fraise *m.* milk with strawberry syrup (C.2)
lampe *f.* light (4)
langues *f. pl.* languages (A.1)
large wide (15)
lavabo *m.* sink (4)
se laver to wash (7)
léger(-ère) light (2)
légumes *m. pl.* vegetables (C.1)
lentement slowly (7)
lenteur *f.* slowness (3)
se lever to get up (7)
librairie *f.* bookstore (B.1)
ligne *f.* line (B.2)
limonade *f.* a sweet carbonated soft drink (C.2)
linge *m.* laundry (5)
lit *m.* bed (A.2)
litre *m.* liter (C.1)
littérature *f.* literature (A.1)
livre *m.* book (A.2)
livre *f.* a half a kilogram (C.1); (French) pound
loin de far from (B.1)
long(ue) long (3)
lorrain(e) from Lorraine (13)
lors de at the time of (15)
louer to rent (6)
lourd(e) heavy (2)
loyer *m.* rent (6)
lumière *f.* light (14)
lundi Monday (B.2)
Luxembourg *m.* Luxembourg (13)
lycée *m.* high school (B.1)
lycéen(ne) *m. (f.)* high school student (7)

M

machine à écrire *f.* typewriter (A.2)
machine à laver washing machine (9)
magasin *m.* store (C.1)
magasin de jouets *m.* toy store (C.1)
magnétophone *m.* tape recorder (C.1)
magnétoscope *m.* video player (A.2)
maigrir to lose weight (10)
maintenant now (C.2)
mai May (1)
maigrir to get thin (1); (12)
main *f.* hand (10)
maison *f.* house (A.1)
malade sick (10)
malgré in spite of (14)
malheureusement unfortunately (13)
malhonnête dishonest (3)
manger to eat (A.1)
manteau *m.* coat (6)
manquer (de) to be lacking, to be missing (5)

se maquiller to put on make-up (7)
marais *m.* marshs (14)
marcher to work (machinery) (2)
mardi Tuesday (B.2)
marié(e) married (A.2)
marron chestnut (2)
mars March (1)
mathématiques *f. pl.* mathematics (A.1)
matin *m.* morning (C.2)
mauvais(e) bad (1)
mayonnaise *f.* mayonnaise (C.1)
melon *m.* melon (C.1)
même even (6)
mercredi Wednesday (B.2)
mère *f.* mother (A.2)
métro subway (B.2)
mettre (to) put or place (6)
mettre le couvert to set the table (6)
meublé(e) furnished (6)
mexicain(e) Mexican (A.1)
microbes *m. pl.* germs (11)
midi noon (B.2)
mince thin (3)
minuit midnight (B.2)
minute *f.* minute (B.2)
miroir *m.* mirror (4)
mobilier *m.* furniture (15)
moche ugly, plain (2)
moderne modern (2)
moins de less (C.1)
mois *m.* month (C.3)
montagne *f.* mountain (1)
montre *f.* watch (C.1)
morceau *m.* piece (C.1)
mort(e) dead (A.2)
motocyclette *f.* motorcycle (A.2)
moustache *f.* moustache (3)
moyen(ne) middle, average (4)
moyen âge *m.* Middle Ages (14)
mur *m.* wall (15)
musculation *f.* weight lifting (10)
musée *m.* museum (B.1)
musique *f.* music (A.1)

N

naïf(-ve) naive (3)
nager to swim (9)
natation *f.* swimming (1)
nature *f.* nature (A.1)
ne ... jamais never (B.1)
neige *f.* snow (1)
neiger to snow (1)
neuf(-ve) new (2)

nez *m.* nose (3); (10)
noir(e) black (2)
nom de famille *m.* last name (5)
nombreux(-euse) numerous, big (A.2)
nord *m.* north (13)
normalement normally (C.2)
normand(e) from Normandie (13)
note *f.* bill (4)
nourriture *f.* food (8)
nouveau (nouvelle) new (2)
nouvelle *f.* news (13)
novembre November (1)
nuit *f.* night (4)

O

obéir (à) to obey (1)
occidental(e) western (13)
s'occuper de to take care of (7)
octobre October (1)
oeil *m.* eye (10)
offrir to offer (13)
oignon *m.* onion (C.1)
oiseau *m.* bird (3)
ombre *f.* shade (15)
omelette *f.* omelet (C.2)
oncle *m.* uncle (A.2)
optimiste optimistic (3)
orage *m.* storm (1)
orange *f.* orange (C.1)
orange pressée *f.* orangeade (C.2)
Orangina *m.* orange-flavored soft drink (C.2)
ordinateur *m.* computer (A.2)
oreille *f.* ear (10)
os *m. pl.* bones (12)
où where (A.2)
ouest *m.* west (13)
ouvert(e) open (4)
ovale oval (3)

P

pain *m.* bread (C.1)
pain au chocolat *m.* a roll with a piece of chocolate in the middle (C.1)
pain aux raisins *m.* a roll with raisins (C.2)
pain de campagne *m.* a round loaf of bread (C.1)
paix *f.* peace (13)
palais *m.* palace (3)
pansement *m.* bandage
papeterie *f.* stationery store (C.1)
papier *m.* paper (C.1)

par contre on the other hand (12)
par-dessus above (15)
par le train by train (B.2)
parc *m.* park (B.1)
paresseux(-euse) lazy (3)
parfum *m.* perfume (14)
parking *m.* parking (6)
parler to speak (A.1)
part de pizza *f.* a slice of pizza (C.2)
partager to share (13)
partir to leave (4)
partout everywhere (12)
pas encore not yet (13)
passer (un film) to show (a movie) (6)
passer le temps à to spend time (7)
pastille *f.* lozenge (11)
pâté *m.* meat spread (C.1)
pâtes *f. pl.* pasta (C.1)
patient(e) patient (3)
patio *m.* patio (3)
pays *m.* country (5)
paysage *m.* countryside (13)
pêche *f.* peach (C.1)
peindre to paint (3)
peinture *f.* painting (2)
pendant for, during (5)
pendentif *m.* pendant (C.1)
pension *f.* payment for board or board and lodging (5)
père *m.* father (A.2)
peser to weigh (12)
pessimiste pessimistic (3)
pétanque *f.* (French) game played with metal and wooden balls (14)
petit(e) small (A.3)
petite-fille *f.* granddaughter (3)
petites annonces *f. pl.* classified ads (6)
petit pain *m.* small breakfast roll (C.1)
petits pois *m. pl.* peas (C.1)
peu little (C.1)
peut-être perhaps (11)
pharmacie *f.* drug store (B.1)
pick-up *m.* record player (8)
pièce *f.* room (2); (6)
pied *m.* foot (10)
pinceau *m.* brush (3)
piscine *f.* swimming pool (B.1)
pistolet *m.* gun (13)
place *f.* square (B.2)
plage *f.* beach (1)
plaintes *f. pl.* complaints (12)
plan *m.* map (15)
planche à voile *f.* wind surfing (9)
plante verte *f.* green plant (A.2)
plaque d'immatriculation *f.* license plate (13)

plat *m.* dish (6)
plein(e) full (15)
pleuvoir to rain (1)
pluie *f.* rain (1)
plume *f.* feather (3)
la plupart des most (4)
plus de more (C.1)
poignet *m.* wrist (10)
poisson *m.* fish (8)
poire *f.* pear (C.1)
poitrine *f.* chest (10)
poivre *m.* pepper (C.1)
politique *f.* politics (A.1)
pomme *f.* apple (C.1)
pomme de terre *f.* potato (C.1)
pont *m.* bridge (15)
porte *f.* door (3)
portefeuille *m.* wallet (A.2)
portrait *m.* portrait (3)
Portugal *m.* Portugal (13)
poster *m.* poster (A.2)
poulet *m.* chicken (C.1)
poupée *f.* doll (C.1)
pourquoi pas why not (C.2)
poussière *f.* dust (3)
pouvoir to be able to (11)
pouvoir *m.* power (13)
pratique practical (2)
premier(-ère) first (4)
prendre to take (B.2)
prendre du soleil to sunbathe, to get some sun (9)
prendre un coup de soleil to get a sunburn (11)
prendre une douche to take a shower (7)
prénom *m.* first name (5)
près de near (B.1)
prêt(e) ready (15)
printemps *m.* spring (1)
privé(e) private (4)
prochain(e) next (C.2)
produits laitiers *m. pl.* dairy products (12)
se promener to take a walk (7)
protéines *f. pl.* proteins (12)
provençal(e) from Provence (13)

Q

quel(le) what (A.2)
quelque chose something (C.2)
quelquefois sometimes (B.1)
quelques some (C.1)
qu'est-ce que what (A.2)
quiche *f.* an open-faced pie filled with an egg and cheese mixture (C.2)

quitter to leave (4)
quotidien(ne) daily (14)

R

raconter to tell (14)
radio-cassette *f.* cassette recorder with radio (A.2)
radio-réveil *m.* radio alarm clock (A.2)
radis *m.* radish (C.1)
raisonnable reasonable (1)
ranger to put in order (10)
raquette *f.* racket (C.1)
rarement rarely (B.1)
se raser to shave (7)
se rattraper to catch up (12)
réaliste realistic (3)
réception *f.* hotel desk (4)
reconnaître to recognize (12)
réfléchir (à) to think about (1)
regarder to look at; to watch (A.1)
régime *m.* diet (12)
remerciements *m. pl.* thanks (5)
remercier to thank (5)
rencontrer to meet (5)
rendre to make, to turn into (13)
se rendre compte to realize (12)
rendre visite à to visit (someone) (9)
rentrer to go back (5)
réponse *f.* answer (B.2)
se reposer to rest (9)
résidence *f.* dwelling (6)
respirer to breathe (12)
restaurant *m.* restaurant (B.1)
rester to stay; to remain (A.2)
se retrouver to meet (B.2); (7)
réussir (à) to succeed (1)
réussir à un examen to pass an exam (1)
rêve *m.* dream (6)
se réveiller to wake up (7)
revenir to come back (5)
rêver to dream (12)
rez-de-chaussée *m.* ground floor (4)
rhume *m.* cold (11)
rhume des foins *m.* hay fever (11)
rideau *m.* curtain (6)
rivière *f.* river (B.1); (13)
robot *m.* robot (C.1)
robe *f.* dress (13)
roi *m.* king (13)
roman *m.* novel (2)
rond(e) round (3)
ronfler to snore (12)
rôti *m.* roast (16)
rouge red (2)

roux red (hair) (3)
rue *f.* street (5)
russe Russian (A.1)

S

sac à dos *m.* backpack (A.2)
sac à main *m.* pocketbook (A.2)
salade *f.* salad; lettuce (C.1)
sale dirty (5)
salle à manger *f.* dining room (6)
salle de bains *f.* bathroom (4)
salle de séjour *f.* living room (6)
salut hi! (A.1)
samedi Saturday (B.2)
sandwich *m.* sandwich (C.2)
santé *f.* health (10)
saucisse *f.* sausage (C.1)
saucisson *m.* salami (C.1)
savoir to know (11)
savon *m.* soap (5)
savoyard(e) from Savoie (13)
sciences *f. pl.* science (A.1)
sculpture *f.* sculpture (A.1)
séjour *m.* stay (5)
sel *m.* salt (C.1)
semaine *f.* week (C.2)
sembler to seem (13)
sensationnel(le) sensational (2)
se sentir to feel (10)
septembre September (1)
sérieux(-euse) serious (3)
service *m.* service (4)
service compris service included (4)
serviette *f.* briefcase (A.2); towel (5)
seul(e) single, only (13)
seulement only (8)
sévère severe (6)
siècle *m.* century (B.1)
sincère sincere (3)
s'installer to move in (4)
ski nautique *m.* water skiing (9)
sœur *f.* sister (A.2)
se soigner to take care of oneself (12)
soir *m.* evening (C.2)
sofa *m.* sofa (6)
sommeil *m.* sleep (12)
somnoler to doze (12)
sonner to ring (13)
sortie *f.* exit (B.2)
sortir to go out (4)
soulever to lift (10)
se souvenir de to remember (15)
sous under (C.1)
souterrain(e) underground (C.1)

souvent often (B.1)
sportif(-ve) athletic (3)
sports *m. pl.* sports (A.1)
stade *m.* stadium (sports complex) (B.1)
statue *f.* statue (3)
style *m.* style (2)
stylo *m.* ball point pen (C.1)
sucre *m.* sugar (C.1)
sucré sweet (C.2)
sud *m.* south (13)
suisse Swiss (A.1)
suivre to follow (15)
suivre un régime to be on a diet (12)
supermarché *m.* supermarket (B.1)
supplément *m.* additional charge (4)
sur on (9)
surtout especially (3)
svelte slender (3)
sympathique nice (2)
synagogue *f.* synagogue (B.1)

T

table de nuit *f.* nightstand (4)
tableau *m.* painting (2)
taille-crayon *m.* pencil sharpener (A.2)
tandis que while (14)
tante *f.* aunt (A.2)
tantôt ... tantôt at one time ... at another time (13)
tapis *m.* rug (4)
tarte à l'oignon a kind of quiche made with onions (C.2)
tartelette *f.* a small open faced pie in various flavors (C.2)
taureau *m.* bull (6)
t-shirt *m.* tee-shirt (6)
se téléphoner to call one another (7)
téléviseur *m.* television set (A.2)
télévision *f.* television (A.2)
tellement so much (8)
témoigner to be witness to (14)
témoin *m.* witness (13)
température *f.* temperature (1)
tennis *m.* tennis (A.1)
tente *f.* tent (9)
terminer to finish (7)
terre earth (C.1)
tête *f.* head (10)
thé au lait *m.* tea with milk (C.2)
thé citron *m.* tea with lemon (C.2)
thé nature *m.* regular tea (C.2)
théâtre *m.* theater (A.1)
thon *m.* tuna (C.1)
timide timid (3)

tiroir *m.* drawer (5)
toile *f.* canvas (3)
tomate *f.* tomato (C.1)
toujours always (10)
tourner to turn (B.2)
tous deux both (7)
tousser to cough (11)
tout de même anyway (11)
tout droit straight ahead (B.2)
tout d'un coup suddenly (10)
tout le monde everybody (10)
train *m.* train (B.2)
train électrique *m.* electric train (C.1)
traîner to drag (on) (12)
tranche *f.* slice (C.1)
travailler to work (A.1)
triste sad (2)
se tromper to make a mistake (10)
trop too much (C.1)
trouver to find (B.1)
se trouver to be located (C.1)

U

université *f.* university (B.1)

V

vacances *f. pl.* vacation (1)
vache *f.* cow (12)
vaisselle *f.* dishes (6)
valise *f.* suitcase (2)
veau *m.* veal (C.1)
vélo *m.* bicycle (A.2)
vélomoteur *m.* moped (A.2)
vendredi Friday (B.2)
venir to come (8)
venir de to have just (15)
ventre *m.* belly (10)
verglas *m.* ice on road surface (1)
vérité *f.* truth (6)

vert(e) green (2)
vertige *m.* dizziness (11)
viande *f.* meat (C.1)
vidéo-clip *m.* music video (C.1)
vidéo vierge *f.* blank video (C.1)
vie *f.* life (2)
vieillir to get old (12)
vierge blank (C.1)
vieux (vieille) old (2)
vignobles *m. pl.* vineyards (13)
ville *f.* city (A.1)
violet(te) purple (2)
visage *m.* face (3); (10)
vitamines *f. pl.* vitamins (12)
vite quickly (3)
vitesse *f.* speed (3)
vivant(e) living (14)
voile *f.* sail; sailing (9)
voir to see (14)
voisin(e) *m. (f.)* neighbor (3); (13)
voiture *f.* car (A.2)
voix *f.* voice (14)
vol *m.* flight (5)
volet *m.* shutter (12)
voleur(-euse) *m. (f.)* thief (13)
volley *m.* volley ball (9)
vouloir dire to mean (6)
voyager to travel (A.1)
voyons let's see (1)

W

W.C. *m.* water closet, toilet (4)
walkman *m.* walkman (C.1)

Y

yaourt yogurt (C.1)
yeux *m. pl.* eyes (3); (10)

Glossary

English–French

The numbers in parentheses refer to the chapter in which the word or phrase may be found.

A

a lot of **beaucoup de** (C.1)
(to be) able to **pouvoir** (11)
about **environ** (B.1)
above **par-dessus** (15)
according to **d'aprés** (14)
across from **en face de** (B.1)
active **actif(-ve)** (3)
address **adresse** *f.* (5)
(to) admit **avouer** (12)
aerobics **aérobic** *m.* (10)
afternoon **aprés-midi** *m.* (C.2)
against **contre** (3)
agreed **entendu** (11)
airport **aéroport** *m.* (B.1)
(to get) airsick **avoir le mal de l'air** (11)
allergic **allergique** (11)
allergy **allergie** *f.* (11)
almond **amande** *f.* (C.2)
Alsatian **alsacien(ne)** (13)
always **toujours** (10)
ambitious **ambitieux(-euse)** (3)
American **américain(e)** (A.1)
angel **ange** *m.* (14)
animal **bête** *f.*
ankle **cheville** *f.* (10)
(to get) annoyed **s'énerver** (9)
answer **réponse** *f.* (B.2)
antihistamines **anti-histamines** *f. pl.* (11)
anyway **tout de même** (11)
apartment **appartement** *m.* (A.1)
apple **pomme** *f.* (C.1)
apple juice **jus de pomme** *m.* (12)
apricot **abricot** *m.* (C.1)
April **avril** (1)
(to) argue **se disputer** (10)
arm **bras** *m.* (10)
arrival **arrivée** *f.* (5)
arrow **flèche** *f.* (13)
artist **artiste** *m. ou f.* (2)
as much **autant de** (C.1)
asparagus **asperge** *f.* (C.1)
aspirin **aspirine** *f.* (11)
at fault **fautif(-ve)** (12)

at least **au moins** (1)
at one time ... at another time **tantôt ... tantôt** (13)
at the same time **à la fois** (15)
at the time of **lors de** (15)
athletic **sportif(-ve)** (3)
(to) attract **attirer** (13)
audiotape **bande magnétique** *f.* (C.1)
August **août** (1)
aunt **tante** *f.* (A.2)
Autumn **automne** (1)
(from) Auvergne **auvergnat(e)** (13)
avenue **avenue** *f.* (B.2)
average **moyen(ne)** (4)
(on an) average **en moyenne** (12)

B

baby **bébé** *m.* (4)
back **dos** *m.* (10)
backpack **sac à dos** *m.* (A.2)
bad **mauvais(e)** (1)
bakery that sells bread and rolls **boulangerie** *f.* (B.1)
balcony **balcon** *m.* (6)
ball **ballon** *m.* (C.1)
ball point pen **stylo** *m.* (C.1)
banana **banane** *f.* (C.1)
bandage **pansement** *m.*
bank **banque** *f.* (B.1)
(on the) banks of **au bord de** (9)
bars **barreaux** *m. pl.*
basketball **basket** *m.* (A.1)
bathroom **salle de bains** *f.* (4)
bathroom **cabinet de toilette** *m.* (6)
(to) be **être** (A.1)
beach **plage** *f.* (1)
beard **barbe** *f.* (3)
beautiful **beau (belle)** (1)
because of **à cause de** (13)
(to) become **devenir** (15)
(to go to) bed **se coucher** (7)
bed **lit** *m.* (A.2)
bedroom **chambre (à coucher)** *f.* (A.2)
beef **boeuf** *m.* (C.1)

before **avant** (7)
(to) begin **commencer** (5)
behind **derrière** (B.1)
Belgium **Belgique** (13)
belly **ventre** *m.* (10)
(to) belong **appartenir** (12)
between **entre** (B.1)
beyond **au-delà** (13)
bicycle **vélo** *m.* (A.2)
(by) bicycle **à velo** (B.2)
big **grand(e)** (B.1)
bill **note** *f.* (4)
bird **oiseau** *m.* (3)
birthday card **carte d'anniversaire** *f.* (C.1)
bizarre **bizarre** (2)
black **noir(e)** (2)
blank **vierge** (C.1)
blue **bleu(e)** (2)
boat **bateau** *m.* (14)
bones **os** *m. pl.* (12)
book **livre** *m.* (A.2)
book of metro tickets **carnet** *m.* (B.2)
bookcase **étagère** *f.* (5)
bookstore **librairie** *f.* (B.1)
border **frontière** *f.* (11); (13)
(to get) bored **s'ennuyer** (8)
boring **ennuyeux(-euse)** (1)
both **tous deux** (7)
bottle **bouteille** *f.* (C.1)
(at the) bottom **au fond de** (15)
boulevard **boulevard** *m.* (B.2)
(from) Bourgogne **bourguignon(ne)** (13)
bracelet **bracelet** *m.* (C.1)
brave **courageux(-euse)** (3)
Brazil **Brésil** (13)
Brazilian **brésilien(ne)** (A.1)
bread **pain** *m.* **(C.1)**
bread (long crispy loaf) baguette *f.* (C.1)
(to) breathe **respirer** (12)
(from) Bretagne **breton(ne)** (13)
bridge **pont** *m.* (15)
briefcase **serviette** *f.* (A.2)
(to) bring (a person) **amener** (B.2)
(to) bring (a thing) **apporter** (C.2)
brochure **dépliant** *m.* (15)
brother **frère** *m.* (A.2)
brush **pinceau** *m.* (3)
(to) brush **se brosser** (7)
(to) build **bâtir** (14)
building **bâtiment** *m.* (15)
bull **taureau** *m.* (12)
bus **autobus** *m.* (B.2); **autocar** *m.* (14)
(by) bus **en autobus** (B.2)
business **affaires** *f. pl.*
butcher shop **boucherie** *f.* (B.1)

butter **beurre** *m.* (C.1)
(to) buy **acheter** (C.1)

C

cabbage **chou** *m.* (C.1)
calculator **calculatrice** *f.* (A.2)
calendar **calendrier** *m.* (C.1)
(to) call one another **se téléphoner** (7)
(to) calm down **se calmer** (9)
camper **caravane** *f.* (9)
campground **camping** *m.* (9)
(to go) camping **faire du camping** (9)
Canada **Canada** (13)
Canadian **canadien(ne)** (A.1)
candy **bonbon** *m.* (5)
canvas **toile** *f.* (3)
capsule **gelule** *f.* (11)
car **auto** *f.;* **voiture** *f.* (A.2)
(by) car **en voiture** (B.2)
card **carte** *f.* (C.1)
carrot **carotte** *f.* (C.1)
(in) cash **en espèces** (4)
(audio) cassette **cassette** *f.* (A.2)
(blank) cassette **cassette vierge** *f.* (C.1)
cassette recorder **enregistreur à cassette** *m.* (C.1)
cassette recorder with radio **radio-cassette** *f.* (A.2)
castle **château** *m.* (B.1); (14)
(medieval) castle **château fort** *m.* (14)
cat **chat** *m.* (A.2)
(to) catch up **se rattraper** (12)
cathedral **cathédrale** *f.* (B.1)
cells **cellules** *f. pl.* (12)
(in the) center **au centre** (B.1)
century **siècle** *m.* (B.1)
cereal **céréales** *f. pl.* (12)
(to) chat **causer** (15)
cheap **bon marché** (2)
(traveler's) checks **chèques de voyage** (4)
cheek **joue** *f.* (3)
cheese **fromage** *m.* (C.1)
(with) cheese **au fromage** C.2)
cherry **cerise** *f.* (C.1)
chest **poitrine** *f.* (C.1)
chestnut **marron** (2)
chicken **poulet** *m.* (C.1)
child **enfant** *m. or f.* (A.2)
China **Chine** *f.* (13)
Chinese **chinois(e)** (A.1)
(hot) chocolate **chocolat** *m.* (C.2)
(to) choose **choisir** (1)
Christmas card **carte de Noël** *f.* (C.1)
church **église** *f.* (B.1)

citizen **citoyen(ne)** (15)
city **ville** *f.* (A.1)
classified ads **petites annonces** *f. pl.* (6)
clock **horloge** *f.* (13)
closet **armoire** *f.* (5)
coat **manteau** *f.* (6)
Coca-Cola **Coca** *m.* (C.2)
coffee **café** *m.* (C.2)
coffee with cream **café crème** *m.* (C.2)
coffee with milk **café au lait** *m.* (C.2)
cold **froid(e)** (1)
cold **rhume** *m.* (11)
(to have a) cold **être enrhumé(e); avoir un rhume** (11)
collapsed **écroulé(e)** (14)
(to) come **venir** (8)
(to) come back **revenir** (5)
comedy **comédie** *f.* (8)
comic **comique** (8)
compact disc **disque compact** *m.* (C.1)
complaints **plaintes** *f. pl.* (12)
computer **ordinateur** *m.* (A.2)
(on the) contrary **au contraire** (2)
convenient **commode** (7)
cool **frais (fraîche)** (1)
(at the) corner of **au coin de** (B.1)
(to) cost **coûter** (B.2)
(to) cough **tousser** (11)
count **comte** *m.* (15)
country **pays** *m.* (5)
country-side **campagne** *f.* (B.2)
cousin **cousin(e)** (A.2)
covered **couvert(e)** (1)
cow **vache** *f.* (12)
crazy **fou (folle)** (6)
cream **crème** *f.* (C.1)
creature **bête** *f.* (3)
credit card **carte de crédit** *f.* (4)
crispy **croustillant(e)** C.1)
croissant **croissant** *m.* (C.1)
cross **croix** *f.* (15)
cruel **cruel(le)** (3)
cucumber **concombre** *m.* (C.1)
(to) cure **guérir** (12)
curly **frisé(e)** (3)
curtain **rideau** *m.* (6)

D

daily **quotidien(ne)** (14)
dairy products **produits laitiers** *m. pl.* (12)
(to) dance **danser** (A.1)
daughter **fille** *f.* (A.2)
day **jour** *m.* (B.2)
day off **jour de congé** *m.* (12)

dead **mort(e)** (A.2)
December **décembre** (1)
delicate **délicat(e)** (3)
delicatessen **charcuterie** *f.* (C.1)
delighted **enchanté(e)** *f.* (A.1)
departure **départ** *m.* (5)
desk **bureau** *m.* (A.2)
diet **régime** *m.* (12)
(to be on a) diet **suivre un régime** (12)
difficult **difficile** (2)
(to) digest **digérer** (11)
dining room **salle à manger** *f.* (6)
dirty **sale** (5)
disco **discothèque** *f.* (B.1)
discreet **discret(-ète)** (3)
dish **plat** *m.* (6)
dishes **vaisselle** *f.* (6)
(to do the) dishes **faire la vaisselle** (7)
dishonest **malhonnête** (3)
divorced **divorcé(e)** (A.2)
dizziness **vertige** *m.* (11)
dog **chien(ne)** (A.2)
doll **poupée** *f.* (C.1)
door **porte** *f.* (3)
(to) doze **somnoler** (12)
dozen **douzaine** *f.* (C.1)
(to) drag on **trainer** (12)
(to) draw **dessiner** (6)
drawer **tiroir** *m.* (5)
dream **rêve** *m.* (6)
(to) dream **rêver** (12)
dress **robe** *f.* (13)
(to get) dressed **s'habiller** (7)
dresser **commode** *f.* (5)
drink **consommation** *f.* (B.2)
driver **chauffeur** *m.* (13)
drops **gouttes** *f. pl.* (11)
drug store **pharmacie** *f.* (B.1)
duck **canard** *m.* (C.1)
during **pendant** (5)
dust **poussière** *f.* (3)
dwelling **résidence** *f.* (6)
dynamic **dynamique** (3)

E

each **chaque** (11)
each one **chacun(e)** (13)
ear **oreille** *f.* (10)
(to be) early **être en avance** (5)
(to) earn (money) **gagner** (A.1)
earrings **boucles d'oreilles** *f. pl.* (C.1)
earth **terre** *f.* (C.1)
east **est** (13)
easy **facile** (B.2)

(to) eat **manger** (A.1)
(to) eat lunch **déjeuner** (B.1)
economical **économique** (2)
Egyptian **égyptien(ne)** (A.1)
elbow **coude** *m.* (10)
electric train **train électrique** *m.* (C.1)
elegant **élégant(e)** (2)
elevator **ascenseur** *m.* (4)
enclosure **enceinte** (15)
(at the) end of **au bout de** (B.1)
energetic **énergique** (3)
enough **assez** (C.1)
envelope **enveloppe** *f.* (C.1)
(to) erase **effacer** (3)
eraser **gomme** *f.* (A.2)
(to do an) errand **faire une course** (C.1)
escalator **escalier** *m.*
especially **surtout** (3)
espresso **express** *m.* (C.2)
even **même** (6)
evening **soir** *m.* (C.2)
everybody **tout le monde** (0)
everywhere **partout** (12)
evidently **évidemment** (4)
exercise machine **appareil de**
 gymnastique *m.* (C.1)
exhausted **crevé(e)** (12)
exit **sortie** *f.* (B.2)
(to) express oneself **s'exprimer** (14)
eye **oeil** *m.* (10)
eyes **yeux** (3); (10)

F

face **visage** *m.* (3); (10)
fair **foire** *f.* (14)
faith **foi** *f.* (14)
family **famille** *f.* (A.2)
fantasy film **film fantastique** *m.* (8)
far from **loin de** (B.1)
farm **ferme** *f.* (12)
fat **gros(se)** (3)
(to get) fat **grossir** (12)
father **père** *m.* (A.2)
fault **faute** (7)
feather **plume** *f.* (3)
February **février** (1)
(to) feel **se sentir** (10)
(to) feel like **avoir envie de** (C.1)
(to) feel nauseated **avoir mal** (10)
(to have a) fever **avoir de la fièvre** (11)
fields **champs** *m. pl.* (13)
fierce **farouche** (15)
(to) find **trouver** (B.1)
finger **doigt** *m.* (10)

(to) finish **finir; terminer** (1)
first **premier(-ère)** (4)
first name **prénom** *m.* (5)
fish **poisson** *m.* (8)
fish soup **bouillabaisse** *f.* (14)
(to go) fishing **aller à la peche** (9)
flight **vol** *m.* (5)
floor **étage** *m.* (4)
flour **farine** *f.* (C.1)
flower **fleur** *f.* (6)
(to have the) flu **avoir une grippe** (11)
(to) follow **suivre** (15)
food **nourriture** *f.* (8)
foot **pied** *m.* (10)
(on) foot **à pied** (B.2)
football **football américain** *m.* (A.1)
for **pendant** (5)
fork **fourchette** *f.* (6)
form **fiche** *f.* (11)
formerly **autrefois** (10)
fortunately **heureusement** (7)
France **France** *f.* (13)
(from) Franche-Comté **franc-comtois(e)** (13)
free **gratuit(e)** (12)
French **français(e)** (A.1)
frequently **fréquemment** (10)
fresh **frais (fraîche)** (C.1)
freshness **fraîcheur** (3)
Friday **vendredi** (B.2)
friend **ami(e)** (3)
friend **copain (copine)** (A.1)
friend **camarade** *m. ou f.* (C.2)
frivolous **frivole** (3)
from time to time **de temps en temps** (B.1)
(in) front of **devant** (B.1)
fruit **fruit** *m.* (C.1)
full **plein(e)** (15)
fun **amusant(e)** (2)
furnished **meublé(e)** (6)
furniture **mobilier** *m.* (15)

G

(French) game played with metal and wooden
 balls **pétanque** *f.* (14)
garage **garage** *m.* (6)
garden **jardin** *m.* (3)
generous **généreux(-euse)** (3)
geography **géographie** *f.* (13)
German **allemand(e)** (A.1)
Germany **Allemagne** (13)
germs **microbes** *m. pl.* (11)
(to) get off **descendre** (B.2)
(to) get up **se lever** (7)
girl **fille** *f.*

glove **gant** *m.* (6)
(to) go **aller** (A.1)
(to) go back **rentrer** (5)
(to) go out **sortir** (4)
goat **chèvre** *f.* (12)
golf **golf** *m.* (9)
good **bon(ne)** (1)
goodbye **au revoir** (A.1)
gram **gramme** *m.* (C.1)
granddaughter **petite-fille** (3)
grandfather **grand-père** (A.2)
grandmother **grand-mère** (A.2)
grass **herbe** *f.* (3)
great **chouette**
green **vert(e)** (2)
green beans **haricots verts** (17)
ground floor **rez-de-chaussée** *m.* (4)
(to) grow **grandir** (12)
gun **pistolet** *m.* (13)

H

hair **cheveux** *m. pl.* (3); (10)
half **à moitié** (14)
half a kilogram **demi-kilo** *m.* (C.1)
hallway **couloir** *m.* (4)
ham **jambon** *m.* (C.1)
(with) ham **au jambon** (C.2)
hamburger **hamburger** *m.*
hand **main** *f.* (10)
happy **heureux(-euse)** (3)
(to) have **avoir** (A.2)
(to) have just **venir de** (15)
hay fever **rhume des foins** *m.* (11)
head **tête** *f.* (10)
health **santé** *f.* (10)
heart **cœur** *m.* (10)
heat **chaleur** *f.* (1)
heat **chauffage** *m.* (6)
heavy **lourd(e)** (2)
hey! **dis donc**
hi! **salut** (A.1)
(to) hide **cacher** (3)
high school **lycée** *m.* (B.1)
high school student **lycéen(ne)** (7)
hill **colline** *f.* (14)
honest **honnête** (3)
(to) hope **espérer** (B.1)
horror film **film d'épouvante** *m.* (8)
horseback riding **équitation** *f.* (9)
hospital **hôpital** *m.* (B.1)
hot **chaud(e)** (1)
hotel **hôtel** *m.* (B.1)
hotel desk **réception** *f.* (4)
(to) house **abriter** (15)

house **maison** *f.* (A.1)
how many **combien (de)** (A.2)
(to be) hungry **avoir faim** (C.2)
hunting **chasse** *f.* (15)
(to) hurry **se dépêcher** (7)
(to) hurt **se blesser (à)** (10)
(to) hurt **se casser** (10)
(to) hurt **se faire mal à** (10)

I

ice cream **glace** *f.* (C.1)
idea **idée** *f.* (8)
idealistic **idéaliste** (3)
impatient **impatient(e)** (3)
(to) improve **améliorer** (12)
in **dans** (B.1)
in any case **de toute façon** (7)
(to be) in shape **être en forme** (10)
in spite of **malgré** (14)
in the east **à l'est** (B.1)
in the west **à l'ouest** (B.1)
included **compris(e)** (4)
independent **indépendant(e)** (3)
inhabitant **habitant(e)** (B.1)
intellectual **intellectuel(le)** (3)
intelligent **intelligent(e)** (3)
(to) intend to **avoir l'intention de** (B.1)
interesting **intéressant(e)** (2)
irrigated **arrosé(e)** (13)
it is necessary **il faut** (7)
Italian **italien(ne)** (A.1)
Italy **Italie** (13)

J

January **janvier** (1)
Japan **Japon** *m.* (13)
Japanese **japonais(e)** (A.1)
jewelry **bijoux** *m. pl.* (C.1)
jewelry store **bijouterie** *f.* (C.1)
jogging **jogging** *m.* (9)
joke **blaque** *f.* (8)
joyful **joyeux(-euse)** (2)
July **juillet** (1)
June **juin** (1)

K

(to) keep **garder** (9)
(to) keep one's figure **garder sa ligne** (12)
kilogram **kilo** *m.* (C.1)
(a half a) kilogram **livre** *f.;* **demi-kilo** *m.*
king **roi** *m.* (13)

(to) kiss **embrasser** (14)
kitchen **cuisine** *f.* (6)
kitchenette **coin cuisine** *m.* (6)
knee **genou** *m.* (10)
knife **couteau** *m.* (6)
(to) know **savoir** (11)
(to) know **connaître** (12)

L

(to be) lacking **manquer (de)**
ladder **échelle** *f.* (12)
(leg of) lamb **gigot** *m.* (C.1)
(country) lane **allée** *f.* (3)
languages **langues** *f. pl.* (A.1)
(to) last **durer** (7)
last **dernier(-ère)** (B.2)
last evening **hier soir** (C.2)
last name **nom de famille** *m.* (5)
(to be) late **être en retard** (5)
latest **dernier(-ère)**
(to do the) laundry **faire la lessive** (5)
laundry **linge** *m.* (5)
lawyer **avocat(e)** (A.2)
lazy **paresseux(-se)** (3)
(to) leave **partir** (4)
(to) leave **quitter** (4)
(to) leave **laisser** (5)
leaves **feuillage** *m.* (3)
left **gauche** (5)
(to the) left **à gauche** (B.2)
leg **jambe** *f.* (10)
lemon **citron** *m.* (C.1)
lemonade **citron pressé** *m.* (C.2)
length **durée** *f.* (5)
less **moins** (C.1)
let's see **voyons** (1)
lettuce **salade** *f.*
library **bibliothèque** *f.* (B.1)
license plate **plaque d'immatriculation** *f.* (13)
life **vie** *f.* (2)
(to) lift **soulever** (10)
light **léger(-ère)** (2)
light **lampe** *f.* (4)
light **lumière** *f.* (14)
(to) like **aimer**
line **ligne** *f.* (B.2)
liter **litre** *m.* (C.1)
literature **littérature** *f.* (A.1)
little **peu** *m.* (C.1)
(to) live **habiter** (A.1)
living **vivant(e)** (14)
living room **salle de séjour** *f.* (6)
(to be) located **se trouver** (C.1)
(to) lock oneself in **s'enfermer** (7)

long **long(ue)** (3)
(to) look at **regarder**
(from) Lorraine **lorrain(e)** (13)
(to) lose weight **maigrir** (10)
(to) love **adorer, aimer** (A.1)
lozenge **pastille** *f.* (11)
luck **chance** *f.* (1)
(to be) lucky **avoir de la chance** (10)
Luxembourg **Luxembourg** (13)

M

(to) maintain **entretenir** (12)
(to) make a mistake **se tromper** (10)
(to) make **rendre** (13)
(to put on) make-up **se maquiller** (7)
map **plan** *m.* (15)
map **carte** *f.*
March **mars** (1)
married **marié(e)** (A.2)
marshes **marais** *m.* (14)
masterpiece **chef-d'oeuvre** *m.* (15)
mathematics **mathématiques** *f. pl.* (A.1)
May **mai** (1)
mayonnaise **mayonnaise** *f.* (C.1)
(to) mean **vouloir dire** (6)
meat **viande** *f.* (C.1)
(to) meet **rencontrer** (5)
(to) meet **se retrouver** (B.2); (7)
melon **melon** *m.* (C.1)
(to be one) meter (tall) **faire un mètre** (12)
Mexican **mexicain(e)** (A.1)
microwave oven **four à micro-ondes** *m.* (6)
Middle Ages **moyen âge** *m.* (14)
(in the) middle of **au milieu de** (14)
middle **moyen(ne)**
midnight **minuit** (B.2)
milk with strawberry syrup **lait fraise** *m.* (C.2)
minute **minute** *f.* (B.2)
mirror **miroir** *m.* (4)
(to be) missing **manquer (de)** (5)
(with) mixed herbs **âux fines herbes** (C.2)
moat **fossé** *m.* (14)
modern **moderne** (2)
Monday **lundi** (B.2)
money **argent** *m.* (3)
month **mois** *m.* (C.3)
moped **vélomoteur** *m.* (A.2)
more **davantage** (12)
more **plus de** (C.1)
morning **matin** *m.* (C.2)
most **la plupart des** (4)
mother **mère** *f.* (A.2)
motorcycle **motocyclette** *f.* (A.2)
mountain **montagne** *f.* (A.2)

mountain climbing **alpinisme** *m.* (9)
moustache **moustache** *f.* (3)
mouth **bouche** *f.* (3); (10)
(to) move **bouger** (3) **déménager** (5)
(to) move in **s'installer** (4)
movie theater **cinéma** *m.* (B.1)
movies **cinema** (A.1)
moving **émouvant(e)** (2)
museum **musée** *m.* (B.1)
mushroom **champignon** *m.* (C.1)
music **musique** *f.* (A.1)
mystery film **film policier** *m.* (8)

N

naive **naïf(-ve)** (3)
nature **nature** *f.* (A.1)
near **près de** (B.1)
neat **chouette** (2)
neck **cou** *m.* (10)
neck chain **chaîne** *f.* (C.1)
(to) need **avoir besoin de** (4)
neighbor **voisin(e)** (3), (13)
neighborhood grocery store **épicerie** *f.* (B.1)
never **ne ... jamais** (B.1)
new **neuf(-ve)** (2)
new **nouveau (nouvelle)** (2)
news **nouvelle** *f.* (13)
newspaper **journal** *m.* (2)
next **prochain(e)** (C.2)
next to **à côté de** (B.1)
nice **sympathique** (2)
night **nuit** *f.* (4)
nightmare **cauchemar** *m.* (12)
(to have a) nightmare **faire un cauchemar** (12)
nightstand **table de nuit** *f.* (4)
noise **bruit** *m.* (3)
noon **midi** (B.2)
normally **normalement** (C.2)
(from) Normandie **normand(e)** (13)
north **nord** *m.* (13)
(in the) north **au nord** (B.1)
nose **nez** *m.* (3); (10)
not yet **pas encore** (13)
notebook **cahier** *m.* (A.2)
(small) notebook **carnet** *m.* (A.2)
novel **roman** *m.* (2)
November **novembre** (1)
now **maintenant** (C.2)
numerous, big **nombreux(-euse)** (A.2)

O

(to) obey **obéir (à)** (1)
October **octobre** (1)

odd **bizarre** (2)
of course **bien entendu** (C.2)
(to) offer **offrir** (13)
office or apartment building **immeuble** (6)
often **souvent** (B.1)
oils **huiles** *f. pl.* (14)
OK **d'accord** (C.2)
old **vieux (vieille)** (2)
old **âgé(e)** (3)
(to get) old **vieillir** (12)
oldest **aîné(e)** (9)
omelet **omelette** *f.* (C.2)
on **sur** (9)
on the other hand **par contre** (12)
onion **oignon** *m.* (C.1)
only **seulement** (8)
only **seul(e)** (13)
open **ouvert(e)** (4)
open-air **en plein air** (C.1)
optimistic **optimiste** (3)
orange **orange** *f.* (C.1)
orange-flavored soft drink **Orangina** (C.2)
orangeade **orange pressée** *f.* (C.2)
(to put in) order **ranger** (10)
otherwise **autrement** (10)
oval **ovale** (3)
oven **four** *m.* (6)

P

(to) pack **faire la valise** (4)
(to have a) pain **avoir mal à** (10)
(to) paint **peindre** (3)
painting **peinture** *f.* (2)
painting **tableau** *m.* (2)
palace **palais** *m.* (3)
(light) pancake **crêpe** *f.* (C.1)
paper **papier** *m.* (C.1)
park **parc** *m.* (B.1)
parking **parking** *m.* (6)
(to) pass an exam **réussir à un examen** (1)
pasta **pâtes** *f. pl.* (C.1)
patient **patient(e)** (3)
patio **patio** *m.* (C.1)
peace **paix** *f.* (13)
peach **pêche** *f.* (C.1)
pear **poire** *f.* (C.1)
peas **petits pois** *m. pl.* (C.1)
pencil **crayon** *m.* (C.1)
pencil sharpener **taille-crayon** *m.* (A.2)
pendant **pendentif** *m.* (C.1)
people **gens** *m. pl.* (C.2)
pepper **poivre** *m.* (C.1)
perfume **parfum** *m.* (14)
perhaps **peut-être** (11)

pessimistic **pessimiste** (3)
(to go on a) picnic **faire un pique-nique** (1)
piece **boût** *m.* (C.1)
piece **morceau** *m.* (C.1)
pig **cochon** *m.* (12)
pill **cachet** *m.* (11)
pill **comprimé** *m.* (11)
place **endroit** *m.* (15)
plane **avion** *m.* (B.2)
(by) plane **en avion** (B.2)
plant **plante verte** (A.2)
plate **assiette** *f.* (6)
(to) play **jouer** (A.1)
(to) play a joke on **jouer un tour à** (10)
pocketbook **sac à main** *m.* (A.2)
police station **commissariat de police** *m.* (B.1)
politics **politique** *f.* (A.1)
portrait **portrait** *m.* (3)
Portugal **Portugal** *m.* (13)
post office **bureau de poste** *m.* (B.1)
poster **affiche** *f.*, **poster** *m.* (A.2)
potato **pomme de terre** *f.* (C.1)
power **pouvoir** *m.* (13)
practical **pratique** (2)
pretty **joli(e)** (2)
private **privé(e)** (4)
proteins **protéines** *f. pl.* (12)
proud **fier(-ère)** (5)
(from) Provence **provençal(e)** (13)
(to) provide **fournir** (13)
(to) pull out **arracher** (3)
pupil **élève** *m. ou f.* (A.2)
purple **violet(te)** (2)
(to) put or place **mettre** (6)

Q

quickly **vite** (3)

R

racket **raquette** *f.* (C.1)
radio alarm clock **radio-réveil** *m.* (A.2)
radish **radis** *m.* (C.1)
(to) rain **pleuvoir** (1)
rain **pluie** *f.* (1)
rarely **rarement** (B.1)
raspberry **framboise** *f.* (C.1)
ready **prêt(e)** (15)
realistic **réaliste** (3)
(to) realize **se rendre compte** (12)
reasonable **raisonnable**
(to) recognize **reconnaître** (12)
record **disque** *m.* (A.2)
record player **pick-up** *m.* (8)

red **rouge** (2)
red (hair) **roux** (6)
refrigerator **frigo** *m.* (6)
regular tea **thé nature** *m.* (C.2)
(to) remain **rester** (A.2)
(to) remember **se souvenir de** (15)
(to) rent **louer** (6)
rent **loyer** (6)
(to) rest **se reposer** (9)
restaurant **restaurant** *m.* (B.1)
right **droite** (5)
(to the) right **à droite** (B.2)
(to) ring **sonner** (13)
ring **bague** *f.* (C.1)
river **fleuve** *m.* (13)
river **rivière** *f.* (B.1), (13)
roast **rôti** *m.* (16)
robot **robot** *m.* (C.1)
(small breakfast) roll **petit pain** *m.* (C.1)
room **pièce** *f.* (2), (6)
round **rond(e)** (3)
rug **tapis** *m.* (4)
(to have a) runny nose **avoir le nez qui coule** (11)
Russian **russe** (A.1)

S

sad **triste** (2)
sail **voile** *f.*
sailing **voile** (9)
salad **salade** *f.* (C.1)
salami **saucisson** *m.* (C.1)
salt **sel** *m.* (C.1)
sandwich **sandwich** *m.* (C.2)
Saturday **samedi** (B.2)
sausage **saucisse** *f.* (C.1)
(from) Savoie **savoyard(e)** (13)
(to) say **dire** (6)
school (general or elementary) **école** *f.* (A.2)
science **sciences** *f. pl.* (A.1)
science fiction film **film de science fiction** *m.* (8)
sculpture **sculpture** *f.* (A.1)
(to get) seasick **avoir le mal de mer** (11)
(to) see **voir** (14)
See you in a while **à tout à l'heure** (A.1)
See you soon **à bientôt** (A.1)
(to) seem **avoir l'air** (3)
(to) seem **sembler** (13)
sensational **sensationnel(le)** (2)
September **septembre** (1)
serious **sérieux(-euse)** (3)
serious **grave** (10)
service **service** *m.* (4)

service included **service compris** (4)
(to) set the table **mettre le couvert, mettre la table** (6)
setting **cadre** *m.* (15)
settled **installé(e)** (6)
severe **sévère** (6)
shade **ombre** *f.* (15)
(to) shake someone's hand **donner la main à** (6)
(to) share **partager** (13)
(to) shave **se raser** (7)
shepherd **berger** *m.* (14)
shirt **chemise** *f.* (13)
shoe **chaussure** *f.* (10)
(to go) shopping **faire des achats** (C.1)
shopping mall **centre commercial** *m.* (B.1)
short **court(e)** (3)
shoulders **épaules** *f. pl.* (10)
(to) show a movie **passer (un film)** (6)
shower **douche** *f.* (4)
(to take a) shower **prendre une douche** (7)
shutter **volet** *m.* (12)
sick **malade** (10)
side **côté** *m.* (C.1)
silliness, stupidity **bêtise** *f.* (5)
since **depuis** (12)
since when **depuis quand** (12)
sincere **sincère** (3)
(to) sing **chanter** (A.1)
single **seul(e), célibataire** (3)
sink **lavabo** *m.* (4)
sister **sœur** *f.* (A.2)
(to go) skiing **faire du ski** (B.1)
(to) sleep **dormir** (4); (12)
sleep **sommeil** *m.* (12)
(to) sleep late **faire la grasse matinée** (7); 12)
slender **svelte** (3)
slice **tranche** (C.1)
slowly **lentement** (7)
slowness **lenteur** (3)
small **petit(e)** (A.3)
(to) sneeze **éternuer** (11)
(to) snore **ronfler** (12)
snow **neige** *f.* (1)
(to) snow **neiger** (1)
so much **tellement** (8)
soap **savon** *m.* (5)
soccer **football** *m.* (A.1)
sofa **canapé** *m.* (6)
sofa **sofa** *m.* (6)
softly **doucement** (3)
some **quelques** (C.1)
something **quelque chose** (C.2)
sometimes **quelquefois** (B.1)
son **fils** *m.* (A.2)
sorry **désolé(e)** (3)

south **sud** *m.* (13)
(in the) south **au sud** (B.1)
Spain **Espagne** *f.* (13)
Spanish **espagnol(e)** (A.1)
(to) speak **parler** (A.1)
speed **vitesse** (3)
(to) spend time **passer le temps à** (7)
spoon **cuillère** *f.* (6)
sports **sports** *m. pl.* (A.1)
spring **printemps** *m.* (1)
square **carré(e)** (3)
square **place** *f.* (B.2)
squash **courgette** *f.* (C.1)
stadium (sports complex) **stade** *m.* (B.1)
staircase **escalier** *m.* (15)
state **état** *m.* (5)
stationery store **papeterie** *f.* (C.1)
statue **statue** *f.* (3)
stay **séjour** *m.* (5)
stay **rester**
steak **bifteck** *m.* (C.1)
step-father **beau-père** *m.* (A.2)
step-mother **belle-mère** *f.* (A.2)
stereo system **chaîne stéréo** *f.* (A.2)
stingy **avare** (3)
stomach **estomac** *m.* (10)
store **magasin** *m.* (C.1)
storm **orage** *m.* (1)
stove **cuisinière** *f.* (9)
straight ahead **tout droit** (B.2)
strawberry **fraise** *f.* (C.1)
street **rue** *f.* (5)
strong **fort(e), costaud** (10)
(to) study **étudier** (A.1)
(to have a) stuffy nose **avoir le nez bouché (pris)** (11)
style **style** *m.* (2)
suburb **banlieue** *f.* (6)
(by) subway **en métro** (B.2)
subway **métro** (B.2)
(to) succeed **réussir (à)** (1)
suddenly **tout d'un coup** (10)
sugar **sucre** *m.* (C.1)
suitcase **valise** *f.* (2)
(to) sunbathe, (to get some) sun **prendre du soleil** (9)
(to get a) sunburn **prendre un coup de soleil** (11)
Sunday **dimanche** (B.2)
supermarket **supermarché** *m.* (B.1)
surrounded **entouré(e)** (15)
sweet **sucré** (C.2)
(to) swim **nager** (9)
swimming **natation** *f.* (1)
swimming pool **piscine** *f.* (B.1)

Swiss **suisse** (A.1)
synagogue **synagogue** *f.* (B.1)

T

(to) take **prendre** (B.2)
(to) take a nap **faire la sieste** (12)
(to) take care of **s'occuper de** (7)
(to) take care of oneself **se soigner** (12)
(to) take hikes **faire des randonnées** (9)
(to) take **amener** (B.2)
tall **grand(e)** (B.1)
tanned **bronzé(e)** (3)
tape recorder **magnétophone** *m.* (C.1)
taxes **impots** *m. pl.* (13)
tea with lemon **thé citron** *m.* (C.2)
tea with milk **thé au lait** *m.* (C.2)
tee-shirt **t-shirt** (6)
teeth **dents** *f. pl.* (7); (10)
telephone booth **cabine téléphonique** *f.* (4)
television **télévision** *f.* (A.2)
television program **émission** *f.* (2)
televsion set **téléviseur** *m.* (A.2)
(to) tell **raconter** (14)
temperature **température** *f.* (1)
tennis **tennis** *m.* (A.1)
tennis ball **balle de tennis** (C.1)
tent **tente** *f.* (9)
(to) thank **remercier** (5)
thanks **remerciements** *m. pl.* (5)
thanks to **grace à** (14)
theater **théâtre** *m.* (A.1)
there **là** (B.2)
thief **voleur(-euse)** (13)
(to get) thin **maigrir** (1); (12)
thin **mince** (3)
things **affaires** *f. pl.* (5)
(to) think about **réfléchir (à)** (1)
this **ce (cette)** (C.2)
throat **gorge** *f.* (10)
Thursday **jeudi** (B.2)
(to be on) time **être à l'heure** (5)
timid **timide** (3)
tired **fatigué(e)** (12)
to **jusqu'à** (B.2)
toaster **grille-pain** *m.* (6)
tobacco store (also sells stamps and
  newspapers **bureau de tabac** *m.* (B.1)
today **aujourd'hui** (C.2)
toe **doigt de pied** *m.* (0)
together **ensemble** (7)
tomato **tomate** *f.* (C.1)
tomorrow **demain** (C.2)
too much **trop** (C.1)
towel **serviette** *f.* (5)

town hall **hôtel de ville** *m.* (B.1)
(to) town, downtown **en ville** (B.2)
toy **jouet** *m.* (C.1)
toy store **magasin de jouets** *m.* (C.1)
(by) train **par le train** (B.2)
train **train** *m.* (B.2)
train station **gare** *f.* (B.1)
(to) travel **voyager** (A.1)
tree **arbre** *m.* (3)
trip **excursion** *f.* (14)
truck **camion** *m.* (C.1)
truth **vérité** *f.* (6)
Tuesday **mardi** (B.2)
tuna **thon** *m.* (C.1)
(to) turn **tourner** (B.2)
(to) turn into **rendre** (13)
(to) twist **se fouler** (10)
typewriter **machine à écrire** *f.* (A.2)

U

ugly **laid(e)** (2)
ugly, plain **moche** (2)
uncle **oncle** *m.* (A.2)
under **sous** (C.1)
underground **souterrain(e)** (C.1)
(to) understand **comprendre** (C.2)
understood **entendu** (11)
unforgettable **inoubliable** (5)
unfortunately **malheureusement** (13)
university **université** *f.* (B.1)
(to) unpack **déballer** (6)
usually **d'habitude** (B.2)
until **jusqu'à** (B.2)

V

vacation **vacances** *f. pl.* (1)
veal **veau** *m.* (C.1)
vegetables **légumes** *m. pl.* (C.1)
very much **beaucoup**
(blank) video **vidéo vierge** *f.* (C.1)
(music) video **vidéo-clip** *m.* (C.1)
video game **jeu vidéo** *m.* (C.1)
video player **magnétoscope** *m.* (A.2)
vineyards **vignobles** *m. pl.* (13)
(to) visit (someone) **rendre visite à** (9)
vitamins **vitamines** *f. pl.* (12)
voice **voix** *f.* (14)
volley ball **volley** *m.* (9)

W

(to) wait for **attendre** (3)
(to) wake up **se réveiller** (7)

(to take a) walk **se promener** (7)
(to take a) walk **se balader** (8)
(to take a) walk **faire une promenade** (B.2)
walkman **walkman** *m.*
wall **mur** *m.* (15)
wallet **portefeuille** *m.* (A.2)
(to) want **avoir envie de**
war **guerre** *f.* (13)
(to) wash **se laver** (7)
wash cloth **gant de toilette** *m.* (5)
washing machine **machine à laver** *f.* (9)
(to) watch **regarder** (A.1)
watch **montre** *f.* (C.1)
Watch out! **Attention!** (10)
water closet, toilet **W.C.** *m.* (4)
water skiing **ski nautique** *m.* (9)
weak **faible** (10)
weakness **faiblesse** (12)
Wednesday **mercredi** (B.2)
week **semaine** *f.* (C.2)
(to) weigh **peser** (12)
weight lifting **musculation** *f.* (10)
well! **dis donc!** (6)
west **ouest** *m.* (13)
western **occidental(e)** (13)
what **qu'est-ce que** (A.2)
what **quel(le)** (A.2)
where **où** (A.2)

while **tandis que** (14)
white **blanc(he)** (2)
why not **pourquoi pas** (C.2)
wide **large** (15)
(to) win **gagner**
wind surfing **planche à voile** *f.* (9)
(to go) window shopping **faire du
    lèche-vitrine** (B.2)
wing **aile** *f.* (15)
winter **hiver** (1)
witness **témoin** *m.* (13)
(to) witness **témoigner** (14)
woods **bois** *m.* (3)
(to) work **travailler** (A.1)
(to) work (machinery) **marcher** (2)
(to) work out **s'entraîner** (10)
(to) worry **s'inquiéter** (9)
wrist **poignet** *m.* (10)

Y

year **année** *m.* (C.2)
yellow **jaune** (2)
yesterday **hier** (C.2)
yogurt **yaourt** (C.1)
young **jeune** (3)

Index

TEXT PERMISSIONS

We wish to thank the authors, publishers and holders of copyright for their permission to reprint the following:

p. 29 Montréal Métro map, p. 33 "Accès à la région", p. 45 "Bijouteries, Centres Commerciaux, Disquaires, Fleuristes, Souvenirs" reprinted from *Montréal*, Montréal Cartes Touristiques, 1987/88; p. 68 *Extrait de Guy Michaud et Georges Torrès:* Le Nouveau Guide France. Hachette, Editeur; p. 76 map from Centre Daily Times, March 1, 1988, copyright Accu-weather, Inc., 1988; p. 93 "La télévision qui réveille" reprinted from *La Redoute* Catalogue, Printemps-été 1987; p. 101 "The Other Ones, Holiday" reprinted from *Wow!*, Volume 3, No. 9, September 1987; p. 123 "Pour faire le portrait d'un oiseau" Jacques Prévert, © Editions Gallimard; p. 130 Restaurant Shogun review reprinted from *Pariscope;* p. 137 "Classe et Confort", "l'Installation", p. 138 "Rennes Montparnasse", pp. 139–140 "Les Hôtels de Besançon", p. 149 "Mercure" reprinted from *Michelin France*, pneu Michelin, 1986; pp. 143, 145, 151 courtesy of the Grand Hôtel des Balcons, Paris; p. 181 "Télé-cinéma" reproduced from *Télé-Presse;* p. 192 "Passy-Kennedy" reproduced from *Le Figaro*, March 1986; p. 250 illustration reproduced from "Camping caravaning la presqu'île", Syndicat d'Initiative ville d'Hyères; p. 256 "Idées pour l'été" reprinted from *Phosphore*, juillet 1986, courtesy of Bayard Presse; pp. 274–275 "Corine et Lucille Renié" adapted from *Vital* No. 72, 9/86; p. 305 chart by Ricq Etienne reproduced from *Le Chasseur Français*, février 1986; p. 312 "Les Lycéens dorment mal" reprinted from *Phosphore* mai 1988; pp. 321–322 *Knock*, Jules Romains, © Editions Gallimard, 1924; pp. 349–350 "Le réveil de la province" reproduced from *Vivre au pays*, Leroy, Nahnias and Steele, Hatier-Didier 1986; p. 354 *Extrait de Guy Michaud et Georges Torrès:* Nouveau Guide France, Hachette, Editeur; p. 359 text reprinted from *Provence*, Michèle Moustashar, Hachette Guides Bleus, 1985; map reprinted from *Provence*, Lachenal, Hachette les petits bleus, 1985; pp. 360, 361 "Cars Lieutaud SNCF" adapted from "Excursions SNCF" courtesy of SNCF; p. 365 "Aimer la Provence" Jean-François Lemoine, *Ouest-France*, 1985; p. 367 "Mireio, Grands Bateaux de France" reproduced from "Excursions" courtesy of SNCF tourisme; p. 368 "Beaucaire", p. 375 "La côte d'Azur" adapted from *Le français chante en provence*, Wolfgang Maier et al., Editions Magnard, 1981; pp. 379, 380, 385, 386, 391, 392 "Chateaux de la Loire" text and illustrations adapted from *Chateaux de la Loire/Guide de Tourisme*, Michelin Guides and Maps, 1985; p. 395 "Paysage français", Paul Claudel reprinted from *Oeuvre Poétique*, © Editions Gallimard, 1928.

PHOTO CREDITS

All photos were taken by **Stuart Cohen** except the following: page 87 **Jacques Delière;** 134 **Comstock Inc./Stuart Cohen;** 139 **Alain Mingam;** 142 **Alain Mingam;** 150 **Alain Mingam;** 157 **Alain Mingam;** 173 **Image Works/ Lepetit/Gontier;** 200 **Comstock Inc./Hartman-Dewitt;** 206 **Alain Mingam;** 264 **Image Works/Irene Joab;** 266 **Image Works/Irene Joab;** 330 **Comstock Inc./Tom Grill;** 332 **Comstock Inc./Marvin Koner;** p 360 (top left) **Image Works/IPA,** (top right) **Comstock, Inc./Stuart Cohen,** (bottom left) **Image Works/Francis de Richemond,** (bottom right) **Image Works/ Francis de Richemond;** 368 (top) **Image Works/Mark Antman;** 375 **Comstock Inc./Stuart Cohen;** 382 **Image Works/Topham.**

Cover photos: **Peter Menzel** (left front), **Colour Library Books** (front), **Stuart Cohen** (back)

Maps provided by **Herb Heidt/Mapworks.**